国家自然科学基金青年项目资助（项目编号：71901206）

城市轨道交通建设项目
安全风险数据挖掘及量化评估

Data Mining and Quantitative Evaluation of Safety Risks in
Urban Rail Transit Construction Project

许 娜 著

中国建筑工业出版社

图书在版编目（CIP）数据

城市轨道交通建设项目安全风险数据挖掘及量化评估＝
Data Mining and Quantitative Evaluation of Safety
Risks in Urban Rail Transit Construction Project /
许娜著 . —北京：中国建筑工业出版社，2022.6
　　ISBN 978-7-112-27264-8

　　Ⅰ.①城…　Ⅱ.①许…　Ⅲ.①城市铁路—铁路工程—
工程项目管理—风险管理—数据采集—研究　Ⅳ.
①U239.5

中国版本图书馆 CIP 数据核字（2022）第 054919 号

　　　　本书面向城市轨道交通建设项目，运用数据挖掘技术对施工安全风险进行识别、分析、评估
　　与应对，内容共7章，包括：绪论、城市轨道交通建设项目安全风险传递理论和方法研究、城市
　　轨道交通建设项目安全风险因素识别研究、城市轨道交通建设项目安全风险传递关系研究、城市
　　轨道交通建设项目安全风险评估研究、案例研究、结论与展望。
　　　　本书创造性地将数据挖掘技术引入城市轨道交通建设项目安全风险分析领域，构建了基于大
　　数据和风险传递的安全风险评估模型，提出了基于反传递的安全风险分级应对和精准应对策略，
　　为安全风险应对提供了新的视角。
　　　　本书适合建筑企业管理者、业务管理者及相关从业者参考使用。

　　　　责任编辑：徐仲莉
　　　　责任校对：赵　菲

城市轨道交通建设项目安全风险数据挖掘及量化评估
Data Mining and Quantitative Evaluation of Safety Risks in Urban Rail Transit Construction Project
许　娜　著
*
中国建筑工业出版社出版、发行（北京海淀三里河路9号）
各地新华书店、建筑书店经销
华之逸品书装设计制版
北京建筑工业印刷厂印刷
*
开本：787 毫米×1092 毫米　1/16　印张：16¾　字数：305 千字
2022 年 6 月第一版　　2022 年 6 月第一次印刷
定价：**78.00** 元
ISBN 978-7-112-27264-8
（39021）

序
PREFACE

———

我国的高速城镇化进程引发了大建造的浪潮，有多个领域居世界第一，如超高层建筑、桥梁工程、隧道工程、城市轨道交通工程等。我国在城市轨道交通建设项目中积累了大量数据和工程经验，但这些数据没有得到有效利用，粗放式发展模式带来的安全生产效益低下等问题依旧突出。与此同时，发达国家和地区相继发布了建筑业发展战略，如英国《Construction 2025》、日本《i-Construction》等，均强调建筑业应通过工业化、数字化、智能化等方式增强产业竞争力。我国住房和城乡建设部、国家发展和改革委员会以及工业和信息化部等多部门相继出台多个推动数字建造的政策，虽然我国建造产业科技创新相比国外发达国家起步较晚，但推动力度大、执行力高，发展以大数据为代表的新信息技术，已成为提升中国建造创新能力的重要举措。

针对我国城市轨道交通建设项目的安全问题，本书作者提出利用数据挖掘技术研究城市轨道交通建设项目安全风险传递关系及演化过程，以改善传统风险管理中忽略安全风险多因素相互作用且主观性较强的问题，为城市轨道交通建设项目安全风险分析和应对研究提供新的思路和方法。

本书是在许娜博士毕业论文研究成果基础上的深化，同时也是国家自然科学基金青年项目、中央高校科技研究基金项目的研究成果。本书无论从研究视角、研究方法还是成果，都具有较好的创新性和一定的学术价值，为工程安全管理研究提供了新的思路和启发，对工程管理实践具有指导作用。

作为许娜的博士生导师，很高兴能够在第一时间读到这本书。是为序，一则读后有感而发，二则期待他们在学术上不断有新的成就。

王建平

2022 年 2 月 12 日

前言

FOREWORD

随着知识发现（Knowledge Discovery）和数据挖掘（Data Mining）技术的产生，人们处理海量数据并从中提取知识的能力大大增加。2015年8月，国务院发布了《促进大数据发展行动纲要》，从政策层面全方位推进大数据在政府、建筑等领域的建设和应用。中共中央总书记习近平在中共中央政治局第二次集体学习时强调：审时度势、精心谋划、超前布局、力争主动，实施国家大数据战略，加快建设数字中国。其中提出"要充分利用大数据平台，综合分析风险因素，提高对风险因素的感知、预测、防范能力"。说明大数据和数据挖掘技术已经上升到国家战略层面。建筑业是国民经济的支柱产业，为我国经济持续健康发展提供有力支撑。但建筑业生产方式仍然比较粗放，迫切需要通过建造大数据赋能精益管理，走出一条内涵集约式高质量发展新路。

传统事故致因模型中主要依靠专家经验估计致因因素及其发生概率，数据来源较为主观，且受专家知识储备和主观偏见的影响。虽然致因因素在单个项目中体现出潜在性、偶发性特征，很难评估与预测，但对大量项目安全风险的分析则能够较客观地提取出致因演化为事故的过程。因此，从大数据的角度分析城市轨道交通建设项目安全具有重要价值。从数据的角度看，城市轨道交通建设项目安全事故的发生原因和发生过程一般均以报告的形式记录在案，这些报告集蕴藏了长期实践中积累的经验和教训知识，但一般作为历史资料被存档，已积累的知识并没有得到有效利用。综上所述，利用数据挖掘技术从大量事故案例数据中发现安全事故的发生规律，能够弥补传统安全管理中评估模型主观性强的不足，为城市轨道交通建设项目事故致因分析和研究提供新的思路和方法。

城市轨道交通建设项目具有规模大、周期长、参与方多、地下环境复杂、社会关注度高等特点，因而施工难度大、安全风险高。传统安全风险管理过程以独立风险因素为研究对象，依赖专家主观经验构建风险分析模型、划分风险因素等级、制定风险应对措施，忽略了安全风险因素间的传递作用，难以适应城市轨道交通建设项目安全风险管理的需要。从施工项目已发生的安全事故看，事故的发生看似偶然、杂乱无章，但引发事故的原因大多是致因因素共同作用的结果。作为复杂系统，工程事故致因因素数量多且相互作用，形成具有复杂相互作用的事故致因网络，使得个别因素在致因网络中被逐级放大，从而演化为安全事故。事故致因因素的相互作用具有较高的隐藏性和破坏性，例如，如果忽视了"管理效果"对"材料供应"的因果作用，则会低估"管理效果"的风险值，使得该因素得不到有效应对，从而继续引发"材料供应"因素或其他相邻因素的发生。因此，相较于独立事故致因因素的研究，从相互作用的视角对城市轨道交通建设项目进行事故致因分析和预控，更具有理论和实践意义。

鉴于此，本书利用数据挖掘技术研究城市轨道交通建设项目安全风险传递关系及演化过程，构建基于客观数据和风险传递的安全风险评估模型，完善传统风险管理过程，以促进城市轨道交通建设项目安全风险管理水平的持续改进和提升。具体研究内容包括：

基于系统工程理论，分析城市轨道交通建设项目安全风险系统的构成和特性，提出安全风险传递的来源、概念、类型和数学表达，构建安全风险传递网络，为城市轨道交通建设项目安全风险传递研究提供理论和方法支撑。

以城市轨道交通建设项目安全事故调查报告为语料库进行文本挖掘，通过构建专业词库提升文本分词效果，引入信息熵，提出基于累积熵权词频的特征选择方法，筛选出表征安全风险因素的词汇，形成城市轨道交通建设项目安全风险因素清单，实现安全事故调查报告文本的结构化处理，经与国家标准分析比较，验证了安全风险因素的合理性和全面性。

结合关联规则和自然语言处理（NLP）技术，研究安全风险因素间的因果和耦合关系。在支持度、置信度的关联规则框架下，构建多指标的有趣性关联规则筛选条件，从大数据中挖掘可能具有传递关系的安全风险因素关联规则。利用自然语言处理技术，构建基于语义依存关系的因果和耦合关系抽取模式，将事故调查报告中的因果和耦合语义转化为计算机能够理解的数据形式，形成安全风险传递数值矩阵。运用决策实验室方法（DEMATEL），从影响度、被影响度、原因度、中心度四个维度分析安全风险传递强度，揭示了城市轨道交通建设项目安全风险的传递关系。

为研究风险传递作用下城市轨道交通建设项目安全风险系统的状态，构建基于贝叶斯网络（BN）的安全风险评估模型。借助解释结构模型（ISM）构建安全风险系统结构层级，转换为安全风险评估模型拓扑结构，通过机器学习自动生成贝叶斯网络概率参数，弥补了贝叶斯网络应用中先验概率主要依靠专家判断的不足。运用因果推理分析城市轨道交通建设项目安全风险状态，运用诊断推理分析安全风险因素在因果和耦合作用下的发生概率和风险传递关键路径，揭示了风险传递作用下城市轨道交通建设项目安全风险系统的演化过程。综合安全风险因素发生概率、风险传递强度及安全风险系统结构层级，构建基于重要度–紧急度的多维度安全风险评估标准，从降低安全风险因素发生概率和阻断风险传递的角度，提出基于反传递的安全风险分级应对和精准应对策略，为安全风险应对提供了新的视角。

最后，在 X 项目中进行案例分析和示范应用，研究表明基于风险传递的安全风险评估模型能够较好地仿真安全风险系统的演化过程，验证了数据挖掘方法在城市轨道交通建设项目安全风险分析领域的适用性，能够为城市轨道交通建设各单位提供有效的安全风险评估和预控，提高安全风险应对的效率。

我怀着热忱的心将自身的思考、心得、研究等汇入此书，相信能对锐意变革的建筑企业管理者提供有益的参考价值。感谢我的导师王建平教授对我的教诲，我将受益终身。感谢我的儿子张钦洋，你的存在让我无比幸福。希望此书能为建筑行业的企业数字化管理提升，为建设项目的管理变革贡献一点微薄之力。

许娜

2022 年 2 月

目录
CONTENTS

1

绪　论

1.1
研究背景

1.1.1　轨道交通建设项目安全形势严峻

城市轨道交通属于资源环境友好型的交通方式，是解决城镇化进程中因城市人口过度聚集引发的诸如交通拥堵、环境破坏等"城市病"的最优方法之一。完善的地铁交通网络，在一定程度上解决了交通拥挤与居民出行困难等问题，并体现出其他市内交通方式无法比拟的优势，因此国内各大中型城市都先后加入建设地铁的行列。据交通运营部数据，截止到2020年12月31日，全国（不含港澳台）共有44个城市开通地铁线路233条，运营里程高达7545.5km，车站4600座，完成客运量175.9亿人次。随着我国城市圈、都市群的发展加快，地铁已经进入稳定的发展建设阶段，在"十四五"期间有望新增运营里程约5000km，年均新增约1000km，总计里程达到1.3万千米。

我国轨道交通建设经过50余年的发展，攻克了大量的世界性难题，取得令人瞩目的成绩，然而，城市轨道交通项目是典型的高风险复杂项目，在快速发展的同时，施工安全问题也同样值得关注。中国和全球其他国家一样，城市轨道交通建设项目（Urban Rail Transit Construction，以下简称URTC项目）安全事故多发，造成大量的人员伤亡和财产损失，并且建筑工人相比于其他工业领域的工人更可能受到伤害[1]。轨道交通工程一般以深基坑和地下工程为主，穿越城市交通要道、人口密集区和商业繁华区，工程地质条件、水文条件、工程周边环境复杂多变，不确定性因素众多，天气条件、周围环境、施工技术、项目管理、人为等因素都可能引发各类安全事故。住房和城乡建设部的数据显示，2015年我国市政工程发生事故442起，共造成551人死亡；2016年安全事故的数目呈现上升趋势，达到634起及死亡735人，其中城市轨道交通以30%的比例成为市政工程中发生事故最多的项目[2]。我国计划在2020年完成运营里程7000km的目标，在未来几年中城市轨道交通项目数量将逐年增加，这意味着可能会有更多的建筑工人伤亡和社会财产损失。

党的十九大报告中指出"树立安全发展理念，弘扬生命至上、安全第一的思想，健全公共安全体系，完善安全生产责任制，坚决遏制重特大安全事故，提升防灾减灾救灾能力"，对生产安全从预防的角度提出了更高要求。从工程安全理念的发展来看，安全管理正从"局部预防""事前预防"延伸为"全面预防""超前预控"。从现代项目管理发展来看，项目管理经历了从系统管理、目标管理到变化管理的发展历程。在复杂多变的环境下，项目很难按照原定的目标不进行任何变化就能完成，项目目标本身的不确定性加剧。项目管理的核心任务发展为面向对象的、目标导向的风险管理[3]。安全风险管理被认为是提高建筑行业安全管理绩效的关键[4]。

城市轨道交通项目安全的严峻形势是由中国轨道交通项目建设规模大、发展速度快、技术和管理力量难以充分保证的客观形势决定的。因此，URTC项目安全的严峻形势在短期内仍将持续，安全风险管理则成为预防和降低URTC项目施工安全事故的关键。

1.1.2 安全风险因素多且相互作用关系复杂

城市轨道交通建设项目存在以下特点[5]：①工程巨大，建设环境复杂；在地下施工，技术难度较大，施工技术烦琐；②一条线路的建设周期长，且投资额巨大；③周边建（构）筑物多，管道错综复杂；④水文地质条件复杂多变等。可以说，城市轨道交通建设项目与施工所在地的周边环境、水文条件、周围建筑物、施工方法以及地下管道情况等有着复杂的联系，再加上施工过程中工人及现场管理人员安全意识淡薄，瞎指挥，违章操作，不注重安全管理，忽视一些危险源，这些因素的相互作用导致发生安全事故，造成人员伤亡和财产损失。

城市轨道交通建设项目安全管理存在以下相应特征：

（1）**工程地质环境复杂**。例如上海市、广州市、深圳市等沿海城市或南方城市的工程地质水文地质条件复杂多变，城市轨道交通线路经过海积、海冲击、冲积平原台地等多种地貌单元，常位于"软硬交错"地层，还常遇到断裂破碎带和溶洞等特殊地质构造，穿越或邻近江河湖海，地下水丰富、水位高。

（2）**工程周边环境复杂**。由于城市轨道交通长距离穿行于城市交通要道和人口密集区域，建筑构造物、轨道交通设施、桥梁、隧道、道路、管线、地表水体等周边工程环境复杂，不确定因素多。

（3）**工程建设规模大**。城市轨道交通工程的每千米造价一般在5亿～7亿元，有的高达8亿～10亿元，一条线路投资动辄在100亿元以上，且工期一般在5～6年。

（4）**工程技术复杂**。城市轨道交通是由土建及机电设备等子系统组成的复杂、综合性系统工程，车站基坑深度一般在20m甚至30m，因此工程技术复杂，安全管理难度大。

（5）**涉及相关方多，工程协调量大**。城市轨道交通工程参建单位包括建设、勘察设计、施工、监理、监测、检测和材料设备供应等多个单位，作业之间时空交叉、组织协调量大。同时，工程与周边社区居民、工程周边环境、管理单位的利益攸关、关系密切。

以上城市轨道交通建设项目安全管理的特征决定了URTC项目安全风险因素多，且因素之间存在复杂的非线性作用。安全事故的发生是诸多安全风险因素之间共同作用的结果，风险因素的数量越多，内部的相互作用越复杂，系统的安全性就越脆弱，对安全风险的分析和评估也变得更加复杂，导致安全事故的预测和防控缺乏针对性，难以抓住真正的关键风险因素。

1.1.3 相似安全事故时有发生

URTC项目具有一次性特征，每个项目的安全风险水平和风险因素均不同，安全事故的发生看似偶然、杂乱无章，但从URTC项目已发生的安全事故上看，事故致因并非各不相同，而是存在一些由共性事故致因引发的类似安全事故[6]，例如下列4起坍塌事故发生在2001～2017年，都与降雨、不良地质条件、违章作业这三个因素密切相关。因此，分析已发生安全事故的事故致因有助于指导新建项目的安全施工，避免类似安全事故重复发生。

（1）2001年8月上海市某地铁车站工程所处地基软弱、土体抗剪强度低。在深基坑土方挖掘作业时，遭百年一遇特大降雨，且执行边坡留置方案时未严格执行有关规定，造成土坡坡度过陡，发生土方滑坡，造成4人死亡。

（2）2004年3月广州市某地铁施工时，当天下午有非常大的降雨，使工地竖井周围积聚了大量雨水，加上所处地段地质条件为淤泥，第三方监测单位没有做好土体压力的监测，发生土体滑坡，导致1人死亡。

（3）2013年7月郑州市某地铁施工中，将建筑材料堆放在管道上方，离基坑过近，未做任何加固处理，加之前期降雨、土层浸水松动，基坑结构上部土体失稳造成土方塌落，造成2死2伤。

（4）2017年5月深圳市某地铁施工中，挖掘机作业时局部超挖，坡顶超载，在此情况下，由于场地地质条件较差，受该地区普降中到大雨影响，基坑开挖面土体含水量增加，开挖失稳造成边坡滑塌事故，导致3死1伤。

以上类似安全事故的重复出现说明城市轨道交通建设项目安全风险的演化有其共性特征，已发生的安全事故对后续建设项目有较强的借鉴意义。我国长期大规模建设和发展城市轨道交通建设项目，已积累了大量的安全管理失败案例。此外，目前URTC项目的规划和施工在全国近60个城市全面展开，在工程实施的各个环节积累了大量的施工安全文档和电子数据。大量已建/在建项目资料形成了URTC项目安全管理的大数据，但这些数据在项目竣工验收后即被归档入库，没有得到充分利用，造成安全管理经验和资源的流失和浪费。

1.1.4 安全风险管理的新路径：数据挖掘

城市轨道交通建设项目安全管理具有环境复杂、建设规模大、技术复杂、相关方多等特点，随着URTC项目复杂程度的提升，在安全风险因素增多的同时，因素之间的相互作用也在增加，因此安全事故的发生不再是单因素的线性作用，而是多风险因素共同作用下的结果。尽管模糊数学、灰色理论、故障树、影响图、人工神经网络等风险分析方法的发展为复杂系统的安全风险分析提供了强大的量化平台[7]，但在URTC项目安全风险分析和预测方面还存在以下不足：

1.安全风险评估模型缺少多因素相互作用分析

从城市轨道交通建设项目已发生的安全事故看，安全事故的发生看似偶然、杂乱无章，但由于安全风险因素之间存在错综复杂的影响关系，事故的发生大多是风险因素和其他风险因素共同作用的结果[8]，即URTC项目安全风险具有传递特征。

参照PMI（项目管理协会）出版的《项目管理知识体系》（PMBOK）[3]、《城市轨道交通地下工程建设风险管理规范》GB 50652—2011[9]、《风险管理 风险评估技术》GB/T 27921—2011[10]及期刊文献中的安全风险识别和分析方法，列出城市轨道交通建设项目常用的安全风险分析方法，如表1-1所示。可以看出，无论是安全风险识别还是量化分析方法，其研究对象均为独立的风险因素，通过安全风险因素等级划分筛选出关键因素，然后针对单个因素提出相应的风险应对措施。这种对安全风险因素独立性的假设不能真实反映URTC项目安全风险真实演化过程，很可能忽略看似小但实际具有强传递性的风险因素，引起"雪球效应"（串行作用关系）或"共振效应"（并行作用关系），导致巨大的损失。

城市轨道交通建设项目安全风险分析方法 表1-1

安全风险识别方法	定性安全风险分析方法	定量安全风险分析方法
①安全检查表法	①概率与影响矩阵	①风险值法（VaR）
②问卷调查法	②主观评分法	②蒙特卡罗法（MC）
③德尔菲法	③安全检查表法	③层次分析法（AHP）
④头脑风暴法	④LEC法	④模糊综合评价法（FCE）
⑤结构化和半结构化访谈法	⑤失效模式和后果分析法（FMEA）	⑤决策树法（DT）
	⑥故障树法（FTA）	⑥神经网络法（ANN）
……	……	……

URTC项目施工过程中多个安全风险因素同时发生，形成了具有多因素相互作用的安全风险传递网络，具有相互作用的安全风险因素在风险系统中不断将风险值传递到相邻因素，形成了安全风险的传递性，而这种传递性正是目前主流URTC项目安全风险分析中缺失的重要一环。安全风险的多因素相互作用广泛存在于URTC项目中，具有较高的隐藏性和破坏性，例如，如果忽视了"管理效果"对"材料供应"的传递影响，则会低估"管理效果"的风险值，使得该因素得不到有效应对，从而继续引发"材料供应"因素或其他相邻因素的发生[11]。因此，相较于独立风险因素的研究，对具有相互作用的风险因素进行分析和应对，更具有理论和实践意义。

2.传统安全风险管理过程过于依赖主观经验

《项目风险管理 应用指南》GB/T 20032—2005/IEC 62198：2001提出，风险管理（Risk Management）是指与建立总体框架、识别、分析、评估、处理、监视以及沟通风险有关的管理方针、程序和惯例的系统应用[12]。PMBOK中指出风险管理包括风险规划、风险识别、风险评估（包括定性分析和定量分析）、风险应对和风险监控五个过程[3]。在《城市轨道交通地下工程建设风险管理规范》GB 50652—2011中也提出了类似的风险管理过程，即风险界定、风险辨识、风险估计、风险评价与控制[10]。结合上述风险管理过程和URTC项目安全风险管理实践，将URTC项目安全风险管理过程归纳为安全风险规划、安全风险识别、安全风险分析、安全风险评估、安全风险应对五个过程，如图1-1所示，图中实线表示传统安全风险管理过程，虚线表示该过程中存在不足的环节，"X"表示流程的阻断。

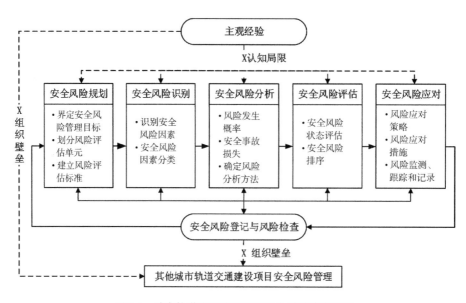

图1-1 城市轨道交通建设项目安全风险管理过程

对传统安全风险管理过程分析如下：①安全风险规划：在项目施工前，由项目经理及其管理团队制定安全风险管理规划，包括界定风险管理目标、划分风险评估单元、建立风险评估标准等，作为安全风险管理的纲领性文件；②安全风险识别：收集和分析项目水文、地质、工程图纸等相关资料，利用检查表、问卷调查、专家访谈等方式收集汇总项目干系人及外部专家经验，识别施工过程中可能遇到的安全风险因素，列出全部风险因素并进行分类；③安全风险分析：再次利用问卷调查、专家访谈等方式，由项目干系人及外部专家给出安全风险因素的发生概率、安全事故的损失，选定风险分析方法，为安全风险评估做准备。④安全风险评估：根据风险分析结果对安全风险状态进行评估，明确当前项目的整体风险水平，对安全风险因素进行排序，筛选出关键风险因素；⑤安全风险应对：针对不同等级的安全风险因素制定相应的风险应对措施，不断监测、跟踪和记录风险因素的变化、检查各项应对措施的效果。

上述五个过程贯穿于URTC项目全阶段，不断循环动态更新，一直到项目竣工验收交付使用，该过程存在以下不足：

（1）安全风险分析模型受人为因素影响，缺乏客观性数据的支撑。

目前安全风险的理论研究和实践应用都依赖于专家经验，即通过主观调研的方式识别风险因素、获取风险因素发生的概率、相对重要性以及风险损失等基础数据[13]，这些数据来源于管理人员和专家的知识储备以及他们对工程项目自身和所处环境的了解。由于URTC项目工序复杂、技术专业多、相关方多，因此安全风险因素来源广、范围大、数量多、相互作用复杂，而管理人员和专家的认知有限，因此很难准确评估出所有未知风险。此外，由于风险的感知特性[14]，专家在判断时受许多不确定因素的影响，如过度自信、专家缺乏代表性、保守主义等，有证据表明，性别甚至情绪状态也会影响风险感知[15]。因此，对主观经验的依赖使得安全风险分析模型存在过于主观性的不足，缺乏客观性数据的支撑。

（2）安全风险管理知识难以跨组织复用和共享到其他项目中。

尽管在安全风险管理过程中嵌入了"安全风险登记与风险检查"过程，能够动态更新安全风险管理知识，但仅限于在项目组织内部使用。由于组织壁垒的存在，在新建项目时必须重新组织相关管理人员和专家，再进行新一轮的风险管理过程，这些重复性的工作导致资源浪费和费用增加，同时阻碍了安全风险管理知识在其他项目中的复用和共享，使得类似安全事故时有发生。

因此，如何在安全风险管理过程中利用历史客观数据进行风险识别、多因素相互作用分析和风险评估，使风险评估模型和风险管理过程更具客观性，成为当前急需解决的问题。与此同时，我国URTC项目的蓬勃发展已积累了大量的安全管理资料，形成了安全风险管理大数据，为大数据和数据挖掘的应用奠定了较好的基础。

3.利用数据挖掘技术提升安全风险管理水平优势显著

数据是经过组织的数字、词语、声音、图像，是事物属性及其相互关系等的抽象表示。信息是反映现实世界的运动、发展和变化状态及规律的信号与消息。信息有客观信息和人工信息两大类。提取到的客观信息经过加工，成为人工信息。对数据来说，信息则是以有意义的形式加以排列和处理的数据，是有目的、有意义、有用途的数据。知识是对信息进行深加工，经过逻辑或非逻辑思维，认识事物的本质而形成的经验与理论，知识发现是从大量数据中提取可信的、新颖的、有效的并被人理解的模式的处理过程。在知识一层之上，还有智慧层，指除了获取与运用知识的能力外，还包括洞察力和预见性以及创造新知识的能力。如图1-2所示，知识管理思想和数据挖掘技术能够将城市轨道交通建设项目的客观历史数据转化为安全风险因素、事故致因机理的风险管理知识。

数据挖掘技术在城市轨道交通建设项目安全风险领域应用的优势体现在：

（1）传统数据统计和分析方法受案例库规模的限制，可能忽视或简化了一些风险因素，大数据将改变安全数据的采集、挖掘和分析方法，实现安全风险管理数据的全样本采集与分析，更加科学地解释安全风险因素和事故发生机理。

（2）基于专家经验的数据收集方式难以量化多因素间的复杂相互作用，而基

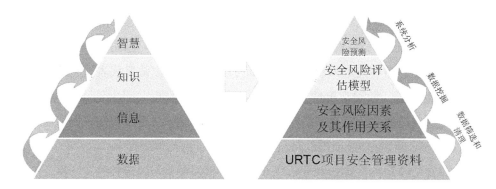

图1-2　安全风险管理数据与知识之间的转化关系

于数据挖掘的安全风险评估模型更善于处理多因素间复杂关系的分析。

（3）基于数据挖掘的预测技术有助于提前、快速地识别将要发生的事故，做到事故的超前预防。

综上所述，数据挖掘技术有利于工程建设方、政府主管部门等项目干系人之间实现安全风险信息的共享，通过数据积累和大数据分析，提升城市轨道交通建设项目安全风险的因素识别、分析和预测安全风险水平，降低类似安全事故重复出现的概率。

基于以上问题，本书以系统工程理论为指导，提出城市轨道交通建设项目安全风险传递的概念和分析方法，利用文本挖掘技术从城市轨道交通建设项目安全事故案例中挖掘安全风险因素，结合关联规则和自然语言处理技术抽取因素间的风险传递关系，构建基于贝叶斯网络的城市轨道交通建设项目安全风险评估模型，提出基于反传递的安全风险应对策略，并在某具体工程中进行实证研究。研究结论将丰富城市轨道交通建设项目安全风险分析理论和方法体系，推动城市轨道交通建设项目施工安全风险的超前预控，从大数据的角度加快施工安全风险管理水平的持续改进和提升。

1.2
相关概念

（1）**工程大数据（Big Data）**：工程大数据是工程全生命周期各阶段、各层级所产生的各类数据以及相关技术与应用的总称。工程大数据具有体量大、种类多、速度快、价值密度低等特征，应用重点在于将工程决策从经验驱动向数据驱动转变，从而提高生产力、提升企业竞争力、改善行业治理效率。

（2）**数据挖掘（Data Mining）**：数据挖掘是从大量数据中挖掘出有趣模式和知识的过程[16]。随着大数据时代的到来，数据量呈几何级数倍增长，数据结构极其复杂，数据存储能力极大提高，传统的统计学方法在分析和处理问题时遇到新的挑战，数据挖掘技术可以挖掘出隐藏在大量数据背后的有价值的信息[17]。

（3）**城市轨道交通（Urban Rail Transit，URT）**：城市轨道交通为采用轨道结构进行承重和导向的车辆运输系统，依据城市交通总体规划的要求，设置全封闭或部分封闭的专用轨道线路，以列车或单车形式，运送相当规模客流量的公共交通方式，包括城市地铁、市郊铁路、区域铁路、轻轨、单轨及导轨系统、磁悬浮铁路、有轨电车[18]，其中使用较为普遍的是地铁和轻轨系统。

（4）**安全（Safety）**：《职业健康安全管理体系　要求》GB/T 28001—2011中定义"安全是免除了不可接受的损害风险的状态"[19]。本书中，安全指在城市轨道交通建设项目实施过程中，人类的生命、财产、环境等不产生损害的状态。

（5）**风险（Risk）**：风险的本质特征是不确定性[20]。风险的定义一般有两种表述，一是指不确定事件发生的可能性[21]，二是指预期与实际结果间的差异[22]。《项目风险管理　应用指南》GB/T 20032—2005[12]中提出"风险指事件发生的可能性及其对项目目标影响的组合"。从广义上说，风险既包括威胁（不利事件），也包括机会（有利事件）。城市轨道交通建设项目的风险是客观存在的，从项目目标控制的角度，本书主要关注安全风险的损失性，安全风险发生的概率指可能带来损失的概率。

风险由三个要素组成：风险因素、风险事件、风险损失，三者之间组成了一条因果关系链条。因此，用安全风险因素、安全事故、事故损失三个要素描述安全风险作用链条（风险链），如图1-3所示。图1-3中，事故损失指安全事件造成的对城市轨道交通建设项目人身安全、财产安全、环境安全等的负面影响，严重时发生伤亡事故。

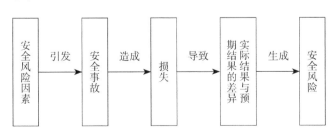

图1-3　安全风险作用链条

（6）**安全事故**（Safety Accident）：根据伯克霍夫（Berehkoff）的定义，事故是个人或集体在为实现某种意图而进行的活动过程中，突发的、违反人的意志的、迫使活动暂时或永久停止的事件[23]。安全事故指造成人员伤亡或财产损失的不利事件。

（7）**安全风险因素**（Safety Risk Factors）：《城市轨道交通地下工程建设风险管理规范》GB 50652—2011中提出"风险因素指导致风险发生的各种可能的主观或客观的有害因素、危险事件或人员错误行为"[10]，如施工方案、施工技术、施工设备、施工操作及工作活动等，通常表示为一种概率或概率分布。本书主要分析影响城市轨道交通建设项目施工安全的安全风险因素，即导致安全事件发生的各种可能的有害因素。

（8）**安全风险识别**（Safety Risk Identification）：有效的风险管理从根本上取决于对风险的识别[12]。安全风险识别的目的是发现、列举和描述可能影响到项目安全的潜在风险因素，并进行筛选、分类。

（9）**安全风险分析**（Safety Risk Analysis）：安全风险分析是对已识别安全风险因素的可能性、相互作用关系、损失等进行判断和计算，包括定性分析和定量分析。

（10）**安全风险评估**（Safety Risk Assessment）：安全风险识别和分析是进行安全风险评估的基础，安全风险评估是指对安全风险进行等级评定、安全风险因素排序与风险决策，常用风险值进行量化，即：

$$R = f\{P, C\} \tag{1-1}$$

式中，R表示风险值，P表示安全风险因素发生的可能性（概率），C表示安全风险因素可能造成损失的大小或影响程度，风险损失是指非故意的、非计划的和非预期的人身损害及财产经济价值的减少[10]。

（11）**安全风险应对**（Safety Risk Response）：PMBOK中对"风险应对"的定义是针对项目目标制定提高机会、降低威胁的方案和行动[3]。《项目风险管理 应用指南》GB/T 20032—2005中提出"风险处理"是决定和实施处理已识别风险的方案的过程，包括完全规避风险、降低风险发生的可能性、降低风险发生后的影响、转移或分担风险、保留风险并制订计划以补救其影响[12]。《城市轨道交通地下工程建设风险管理规范》GB 50652—2011中将"风险处置"和"风险监控"合并为"风险控制"，指制定风险处置措施及应急预案，实施风险监测、跟踪与记录，风险处置措施包括风险消除、风险降低、风险转移和风险自留四种方式[10]。本书采用PMBOK中"风险应对"的概念，认为风险应对是制定措施以降低风险的过程，包括风险规避、风险降低、风险转移和风险自留四种方式。

1.3
工程大数据与数据挖掘技术

1.3.1 工程大数据

1. 工程大数据

麦肯锡公司认为大数据一方面是指无法在一定时间内用传统数据库软件工具对其进行采集、存储、管理和分析的数据集合。另一方面是指处理数据的过程复杂。国际数据公司（IDC）将大数据描述为一个复杂的动态过程。大数据本身不仅是一个固定的主体，更是一个横跨很多信息技术边界的动态活动。

我国《促进大数据发展行动纲要》中提出，大数据（Big Data）是"以容量大、类型多、存取速度快、价值密度低为主要特征的数据集合，正快速发展为对数量巨大、来源分散、格式多样的数据进行采集、存储和关联分析，从中发现新知识、创造新价值、提升新能力的新一代信息技术和服务业态"。

在《信息技术　大数据　术语》GB/T 35295—2017中提出大数据是"具有体量巨大、来源多样、生成极快且多变等特征并且难以用传统数据体系结构有效处理的包含大量数据集的数据"。

在《智慧工地管理标准》T/CECS 651—2019中指出"大数据指无法在一定时间范围内用常规软件工具进行捕捉、管理和处理的数据集合，是需要新处理模式才能具有更强的决策力、洞察发现力和流程优化能力的海量、高增长率和多样化的信息资产"。

在建筑业，以工程为载体的大数据称为工程大数据[24]。工程大数据在工程项目全生命周期中利用各种软硬件工具所获取的数据集，来源于建筑信息模型（BIM）、工程文档资料、工程物联网、企业经营和管理数据等。工程大数据由各种结构化、半结构化数据以及非结构化数据构成。结构化数据是数据以行为单位，即一行数据表示一个实体的信息，如工程资料的名称、类型、负责人等。非结构化数据没有预定义的数据结构，如文本资料、视频、图片等。半结构化数据介于结构化数据与非结构化数据之间，如施工安全检查记录，虽然是以行数据的形式出现，但是以文本数据描述。平均每个建筑生命周期大约产生10T级别数据，但大部分的工程大数据往往隐藏存档于工程文档资料，以非结构化数据的形式存储，淹没在档案室或硬盘中，造成数据资源的浪费。

2.工程大数据的特征

大数据具备四个基本特征：数据量大、数据类型繁多、数据产生速度快及数据价值密度低。

（1）数据量大，体现在工程项目全生命周期中产生大量的工程环境数据、工程要素数据、工程过程数据和工程产品数据，这些数据体量巨大。平均每个建筑生命周期大约产生10T级别数据。

（2）数据类型繁多，体现在数据的多源异构性。如今的工程数据类型早已不是单一的文本形式，而是包含视频、音频、图片、地理位置信息、感知信息等多个来源、多种类型。

（3）数据产生速度快，体现在数据的爆发式产生。例如，Building Radar公司搜集了超过300万个建筑物的数据，且正在以每月5万个的数量增加。

（4）数据价值密度低，体现在海量数据中蕴藏的有价值的信息较少。以视频为例，一段1h的视频，在连续不间断监控过程中，可能有用的数据只有几秒。如何结合工程建造与数据分析算法来挖掘数据价值，是急需解决的问题。

3.工程大数据与人工智能

从计算机应用系统的角度出发，人工智能（AI）是研究如何赋予机器人的感知、学习、思考、决策和行动等能力的科学。人工智能技术层面主要包括机器学习、计算机视觉、语音及自然语言处理三个方面，机器学习是实现人工智能的一种方法，深度学习是实现机器学习的一种技术。

推动人工智能发展的三个动力是算据、算力、算法，如图1-4所示。第一个是算力，目前图形处理器（GPU）已成为深度学习过程中训练和推理的主流芯片，同时可编程的FPGA以及专业的ASIC芯片也在不断发展，人工智能芯片的发展使得计算的成本不断下降，服务器变得越来越强大。第二个是算法，如深度学习算法中的卷积神经网络（CNN）、循环神经网络（RNN）等。第三个是算据，数据推动算法的不断创新，并对计算能力提出更新的要求，数据是人工智能的根本和基础。总之，大数据分析与挖掘离不开人工智能，反之，人工智能学习的过程同样离不开大数据的支持。

目前在建筑业领域，各类传感器、视频等数据采集及5G等技术的发展使得工程大数据急剧增加，这些大数据为深度学习提供了较好的算据基础。典型应用

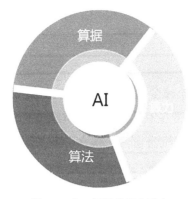

图1-4 人工智能的三个动力

场景包括：通过图像识别和分类进行人脸识别、物体检测、火灾检测、人的姿态估计、行人跟踪，基于语音识别与自然语言处理的施工作业人机对话系统、巡检机器人，基于图像识别的结构健康监测等。

4.工程大数据与智能建造

以数字化、网络化和智能化为特征的新一代信息技术开启了建筑业新一轮变革。智能建造是为新一代信息技术与工程建造融合形成的工程建造创新模式[25]。具体来说，是指在实现工程要素资源数字化的基础上，通过规范化建模、网络化交互、可视化认知、高性能计算以及智能化决策支持，实现数字链驱动下的立项策划、规划设计、施（加）工生产、运维服务一体化集成与高效协同，并实现交付以人为本、智能化的绿色可持续工程产品与服务[26]。智能建造不仅是建造技术的提升，更是经营理念的转变、建造方式的变革、企业发展的转型以及产业生态的重塑。

智能建造的典型应用场景包括：基于BIM与物联网的数字孪生与智慧工地、基于人工智能技术的行为识别和物体监测、利用无人机勘察测绘与施工现场分析、利用可穿戴设备提升现场施工安全与施工效率、基于VR/AR的虚拟设计与施工、3D打印、智能工程建造机器人、基于区块链技术的建筑企业合同与信用管理等。这些应用场景都离不开工程大数据的支持。

新一代数字技术以"三化"（数字化、网络化和智能化）和"三算"（算据、算力、算法）为特征，是智能建造发展的基础支撑技术。虽然大数据等信息技术颠覆性地提升了工程感知、认知、决策和实践能力，但智能建造的本质必然要以专业业务为主线，工程大数据与人工智能算法只是工具和途径。即将工程全生命周期过程中产生的海量数据，进行训练与深度学习，最终目的是实现具有高度自主性的工程智能分析和智能决策。

1.3.2 数据挖掘技术

1. 数据挖掘

数据挖掘是从海量、不完全的、有噪声的、模糊的、随机的大型数据库中发现隐含在其中有价值的、潜在有用的信息和知识的过程，也是一种决策支持过程。其主要基于人工智能、机器学习，模式学习，统计学等。在大多数领域中，人类都被数据所淹没。遗憾的是，这些花费庞大成本收集得到的数据多数都被遗弃在数据仓库中。通过对大数据高度自动化地分析，做出归纳性的推理，从中挖掘出潜在的模式，可以帮助企业、商家、用户调整市场政策、减少风险、理性面对市场，并做出正确决策。目前，在很多领域尤其是在商业领域，如银行、电信、电商等，数据挖掘可以解决很多问题，包括市场营销策略制定、背景分析、企业管理危机等。

20世纪80年代末，数据挖掘起源于数据库中知识发现（Knowledge Discovery in Database，KDD）这一概念。从技术角度分析，数据挖掘就是利用一系列的相关算法和技术，从大数据中提取出行业或公司所需要的、有实际应用价值的知识的过程，所提取到的知识表示形式可以是概念、规律、规则与模式等。数据挖掘是整个知识发现流程中的一个核心步骤，重点在于寻找未知的模式与规律，如"啤酒与尿布""安全套与巧克力"等。

2. 数据挖掘、数据分析与机器学习

在分析目的方面，数据挖掘、数据分析和机器学习之间没有明显的界线，都是从数据中提取信息，辅助进行判断和决策。在分析原理与方法上，数据挖掘与传统数据分析主要是数据量的区别以及因此而带来的运算模式和方法上的差异。传统数据分析针对的是小规模数据，数据挖掘和机器学习都是建立在大数据的基础上。即数据挖掘和机器学习处理大数据的能力更强，通常需要依赖多台计算机和分布式系统架构进行计算。且数据挖掘无须太专业的统计背景，通过使用数据挖掘工具就可以找出数据间的频繁模式，如"啤酒与尿布"案例。

相比机器学习，数据挖掘更侧重"挖掘"，即从海量数据中发现和提取"表面上看不到"的有用信息，而机器学习更侧重"预测"，即通过训练数据达到预测未知信息的目的。数据挖掘经常采用机器学习来完成，挖掘数据的规律后不一定跟着做预测，也可能是"描述"数据的一般性规律，因此其指代的范围更大。

1.3.3 数据挖掘算法

从使用的角度看，可将数据挖掘能够完成的任务分为分类、聚类、回归分析、关联规则、离群点分析、预测，如图1-5所示。值得注意的是，没有任何一种算法能够适用于所有问题，数据集大小和结构等因素都与分析结果密切相关，因此需要根据不同的挖掘任务、数据集大小和质量等情况，尝试不同的算法和性能评估，以优选出最优的算法。

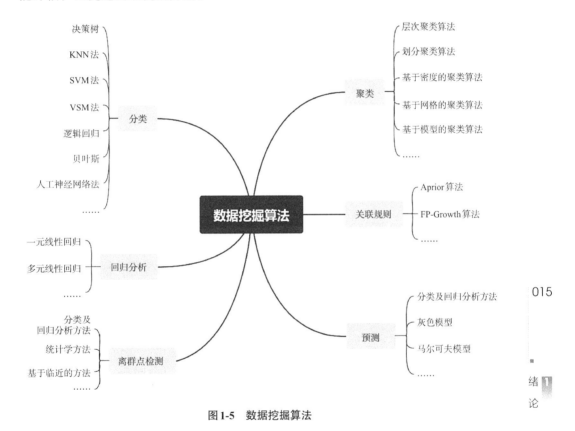

图1-5 数据挖掘算法

1.分类

分类是数据挖掘方法中的重要分支。分类是找出数据库中的一组数据对象的共同特点，并按照分类模式将其划分为不同的类，其目的是通过分类模型，将数据库中的数据项映射到某个给定的类别中。可以应用到涉及应用分类、趋势预测中，如淘宝商铺将用户在一段时间内的购买情况划分成不同的类，根据情况向用户推荐关联类的商品，从而增加商铺的销售量。主要的分类方法包括决策树、K-近邻法（KNN）、支持向量机（SVM）、向量空间模型（VSM）、逻辑回归（Logistic Regression）、贝叶斯（Bayes）、人工神经网络（ANN）等。

分类是在给定数据的基础上构建分类函数或分类模型，该函数或模型能够把数据归类为给定类别中的某一种类别。在分类过程中，通常需要构建分类器来实现，一般情况下，分类器构建需要经过以下四步：①选定包含正、负样本在内的初始样本集，所有初始样本分为训练与测试样本；②通过针对训练样本生成分类模型；③针对测试样本执行分类模型，并产生具体的分类结果；④依据分类结果，评估分类模型的性能。采用保留评估方法、交叉纠错评估方法对分类器的错误率进行评估，一般情况下，保留评估方法用于最初试验性场景，交叉纠错法用于建立最终分类器。

分类算法是一种监督式学习方法，要求必须事先明确知道各个类别的信息，并且所有待分类项都有一个类别与之对应。其局限性在于往往事先不知道有几个类别，这时可以考虑聚类方法。

2.聚类

聚类是一种非监督式学习方法，与分类的区别是，聚类不依靠给定的类别对对象进行划分，而是针对数据的相似性和差异性将一组数据分为几个类别。当事先不知道样本的类别时，可以考虑聚类方法，按照对象的相似性和差异性，把一组样本划分成若干类，使得属于同一类别的数据间的相似性很大，不同类别之间数据的相似性很小。组内的相似性越大，组间差别越大，聚类就越好。

随着数据库规模越来越庞大，数据的维度可以达到成百上千维，聚类算法则解决了数据降维的问题。聚类是将抽象对象的集合分为相似对象，组成多个类或簇的过程。由聚类生成的簇是一组数据对象的结合，簇必须同时满足以下两个条件：①每个簇至少包含一个数据对象；②每个数据对象必须属于且唯一属于一个簇。聚类算法发现并将整个数据集划分为相对同质的子集或簇，簇内的记录相似性最大化，不相似的记录被划分到不同的簇中。聚类与分类的区别在于：其没有目标变量，即聚类要求归类的类通常是未知的，而分类则要求事先确定多少个类别。

聚类分析算法种类繁多，常用的聚类算法大致可以分为以下几类：

（1）层次聚类算法。层次聚类算法的主要原理是对给定待聚类数据集合进行层次化分解。典型算法为BIRCH（Balanced Iterative Reducing and Clustering Using Hierarchies，利用层次方法的平衡迭代规约和聚类）。

（2）划分聚类算法。划分聚类算法的主要原理是将给定的数据集初始分裂为K个簇，通过反复迭代至每个簇不再改变，产生最优聚类结果。典型算法为K均值算法（K-Means算法）。

（3）基于密度的聚类算法：基于密度的聚类算法的主要思想是，只要紧邻区域的密度（对象或数据点的数量）超过某个阈值，就把它加到与之相近的聚类中。典型算法为DBSCAN算法（Density-Based Spatial Clustering of Application with Noise，具有噪声的基于密度的空间聚类应用）。

（4）基于网格的聚类算法：基于网格的聚类算法是采用一个多分辨率的网络数据结构，将空间划分为有限数目的单元，以构成一个可以进行聚类分析的网格结构。典型算法为STING算法（STatistical INformation，统计信息网格）和WaveCluster（Clustering using Wavelet Transformation，采用小波变换聚类）算法。

（5）基于模型的聚类算法：基于模型的聚类算法通过构建反映数据点空间分布的密度函数来定位聚类，也可能基于标准的统计数字决定聚类数目，考虑"噪声"数据或孤立点，从而产生健壮的聚类方法。主要包括统计学方法（EM和COBWEB算法）和自组织映射方法（SOM算法）。

3. 回归分析

回归分析主要通过建立因变量 y 与影响它的自变量 X_i 之间的回归模型，来预测因变量 y 的发展趋势。回归分析反映了数据库中数据的属性值特性，通过函数表达数据映射的关系来发现属性值之间的依赖关系。回归分析的主要研究问题包括数据序列的趋势特征、数据序列的预测、数据间的相关关系等。回归分析的典型应用在市场营销领域，如通过对本季度销售的回归分析，对下一季度的销售趋势作出预测并做出针对性的营销改变。

利用回归分析进行数据挖掘的步骤如下：①对实际问题的分析判断，将变量分为解释变量和非解释变量；②根据函数拟合方式，确定合适的数学模型来描述变量间的关系，再在统计拟合的准则下确定模型的参数，建立回归方程；③进行回归模型的统计检验，经统计检验后，再根据回归模型，进行因变量的预测。常用算法包括一元线性回归、多元线性回归等。

分类与回归分析都可用于描述、诊断或预测。分类和回归的区别是：分类得到的结果是离散的类别标号，而回归分析是连续值的函数模型，也就是说，回归分析可以得到缺失的或难以获得的数值数据值，而不是类标号。

4. 关联规则

关联规则是隐藏在数据项之间的关联或相互关系，即可以根据一个数据项的出现推导出其他数据项的出现。关联是发现哪些数据"同时出现"，关联分析即发现关联规则。关联规则就是支持度与信任度分别满足用户给定阈值的规则。关联规则挖掘技术已经被广泛应用于金融行业企业中用以预测客户的需求，各银行在自己的ATM机上通过捆绑客户可能感兴趣的信息供用户了解并获取相应信息来改善自身的营销。关联规则分析典型的应用是购物篮分析。例如，在某个超市中，晚上到超市购物的1000个客户中有200人购买了尿布，在购买了尿布的200个客户中有50人购买了啤酒。为此，产生的关联规则为"如果购买了尿布，则还会购买啤酒"。

在工作机制上，关联规定包括两个过程：①从资料集中找出所有的频繁项集，即从海量原始数据中找出所有的高频项目组；②从频繁项集中产生关联规则。目前关联规则中可以处理的数据分为单维数据和多维数据。针对单维数据的关联规则中，只涉及数据的一个维度，如客户购买的商品；在针对多维数据的关联规则中，处理的数据涉及多个维度。总体而言，单维关联规则处理单个属性中的一些关系，而多维关联规则处理各属性间的关系。关联规则的两种常见算法为Aprior算法和FP-Growth算法。

5. 离群点检测

离群点检测（又称异常检测、偏差分析、异常诊断等）是找出行为很不同于其他对象的过程，这个对象则成为离群点或异常，即数值中远离数值的一般水平的极端大值和极端小值。离群点检测应用在很多领域，如信用卡交易异常分析、入侵检测、工业损毁检测、公共安全等。

离群点不同于噪声数据，噪声是被观测变量的随机误差或方差，应该在离群点检测前就删除噪声，而离群点则是其产生机制与其他数据不同，这正是需要挖掘出来的"有趣的"数据。一个数据集可能有多种类型的离群点，一个对象可能属于多种类型的离群点（全局离群点、情境离群点、集体离群点），因此，需要根据不同的应用、不同的分析目的选择适用的分析方法。

分类及回归分析方法均可用于离群点检测，此外还常用统计学方法、基于临近的方法等。利用这些方法发现离群点可分为两种类型：①根据用于分析的数据样本是否具有领域专家提供的、可以用来构建离群点检测模型的标号，使用分类、聚类等方法，发现离群点，将远离正常分组的数据检测出来；②根据各方法关于正常对象和离群点的假定，对各方法分组，如统计学方法、基于临近性的方法、基于聚类的方法等。统计学方法对数据的正常性做出假定，而不遵守该模型的数据是离群点。基于临近性的方法主要包括基于距离和基于密度两类。由于离群点与其他数据样本相比非常稀少，不管采用哪种方法都要对模型进行合理的假定和对参数合理的解释。

6. 预测

预测是指根据客观事物的发展趋势和变化规律对特定对象未来发展趋势或状态作出科学的推断与判断，即预测就是根据过去和现在估计未来。预测的方法很多，前面介绍的回归分析方法、分类方法都可以用来进行预测，但预测方法中又有一些比较特殊的方法，比如灰色模型和马尔可夫模型等。

1.3.4 数据挖掘应用软件

常用的数据挖掘语言有 R 语言、Python 语言、Java、C++、C 等，其中 R 语言和 Python 较适用于非软件开发专业人员。除此以外，常用的数据挖掘应用软件有：

1. Weka 软件

Weka 的全称是 Waikato 智能分析环境（Waikato Environment for Knowledge Analysis），是一款免费用于非商业化的数据挖掘软件，它是基于 Java 环境下开源的机器学习与数据挖掘软件，Weka 的源代码可在其官方网站下载。Weka 作为一个公开的数据挖掘工作平台，集成大量能承担数据挖掘任务的机器学习算法，包括对数据进行预处理、分类、回归分析、聚类、关联规则，以及交互式界面上的可视化。

2. SPSS Clementine 软件

Clementine 是 SPSS 公司的数据挖掘工具平台，主要面向企业，解决商业问题。Clementine 具有 Apriori、决策树、人工神经网络、逻辑回归等算法，这些算法可组合或单独使用，可以满足分类、预测、聚类、关联规则等数据挖掘任务。Clementine 形象地将数据挖掘过程（数据收集、预处理、模型构建、结果输出）若干个节点表示出来，将挖掘过程看作是各个节点间的流动，并通过一个图形化的"数据流"直观地表示整个数据挖掘的过程。

3. RapidMiner 软件

RapidMiner 拥有开源式框架，支持各种类型的数据挖掘，如文本、网络、图像或是链接开放式的数据挖掘。用户通过图形接口，可以更加简洁且快速、直观地实现和执行，不需要额外的程序语言编辑技术，可扩展 WEKA 和 R 作为它的扩充元件。

1.3.5 数据挖掘在建筑施工场景中的应用

传统施工管理主要依靠管理人员的实践经验和主观判断，更多地采用事中和事后控制,难以实现项目的全面管控以及各参与主体的协调。轨道交通建设项目在建造过程中积累了大量的工程大数据,挖掘这些工程大数据中蕴含的知识,可辅助项目管理者通过过去预测未来,提高决策力。工程大数据的应用有助于实现施工管理由"经验驱动"到"数据驱动"的转变。

1. 成本管理

施工成本管理指对施工成本的预测、计划、控制、核算和分析,是提高企业利润的关键管理工作。施工成本包括材料成本、机械成本、人工成本、其他直接成本以及组织管理等间接成本,其相关数据的主要来源包括生产、销售企业发布的材料、机械价格,劳务市场发布的用工信息,施工单位历史数据等。施工单位利用这些与成本管理相关的工程大数据,可以针对单位工程、分部工程、分项工程、施工工序等不同层次的需求,根据拟建工程的地域、工期、分包模式等具体情况,判断最优的成本构成,并在成本预测、成本过程管控等方面实现更好的效果。

2. 进度管理

施工进度管理主要是对进度偏差进行分析,建立计划实施的检测记录体系和统计报告制度,并在此基础上采取措施,纠正进度偏差。施工进度计划管理已有不少成熟的软件工具,也有企业定制的进度计划管理系统。施工单位可以利用这些系统,将各项目的进度数据进行整合,统筹分析影响项目进度的因素,并分析工期履约情况,预估延期成本。

例如,在某隧道项目的施工过程中,施工单位整合已完成工程的大量相关数据,基于动态贝叶斯网络建立了隧道工期的概率预测模型。该模型考虑了施工过程中地质水文条件不确定性、施工效率不确定性和不利事件(如安全事故)不确定性所带来的工期延误风险,并进一步提炼出开挖区域、围岩等级、隧道几何尺寸、施工方法、人员因素、单位开挖时间、不利事件性质、不利事件发生频率、不利事件造成的延误时间等变量。然后,施工单位基于专家知识建立变量之间的关系和对总工期的影响,通过采集对应模型节点的历史数据,对模型进行参数学习,并把模型用于新项目的工期实时预测。

3. 质量管理

施工质量不仅指完成的建筑产品的质量,也包括施工过程中的工序质量和工作质量。影响施工质量的主要因素涉及人工,机械、材料、施工方法以及环境等多个方面。因此,在施工质量管理过程中,除了按相关规程进行质量过程检查外,还需要对人工、机械、材料、施工方法和环境等因素进行综合分析。这个过程得益于工程大数据的支持，让施工单位能够准确地把握施工质量问题产生的原因，从而提出更有效的解决措施。

施工质量管理需要的数据包括管理人员属性数据、工人属性及作业数据、机械设备属性及作业数据，工程材料数据、施工工艺数据、施工作业环境数据，国家及行业设计与施工标准等数据。这些数据主要来源于施工过程中各关键环节的过程记录和日常记录等。例如，施工单位可以利用手持移动设备在施工现场进行机械设备检查记录、物料检查和验收记录、日常自检记录等工作，并记录发现的质量问题。记录的数据可以通过网络进入服务器进行集成和处理。针对施工过程中出现的质量问题，对采集到的相关工程大数据进行关联分析，可以快速识别出问题发生的主次原因。

4.安全管理

施工安全管理是对施工过程中的人、机、环等因素的管理，有效控制各类不安全行为，消除或避免安全事故。由于施工本身的复杂性，各种因素相互交错，传统安全管理办法存在监管力度不够、管理效率不高等问题。特别是对于地铁隧道施工，由于其周边环境复杂，地质条件等不确定性因素多，因而需要利用工程大数据建立智能预测模型，对施工过程进行安全风险监测和预警。

1.4
国内外研究现状

麻省理工学院的Einstein.H.H教授（1974）较早提出在隧道工程中应用风险分析[27]，随后，风险管理理论在地下工程及地铁、隧道领域取得了丰硕的成果，安全风险管理已经成为URTC项目的一项重要管理内容。本节主要从城市轨道交通建设项目安全风险识别、城市轨道交通建设项目安全风险定量分析、建设工程项目风险的多因素相互作用、基于贝叶斯网络的风险量化分析模型、施工安全风险分析数据挖掘共五个方面进行文献综述。

1.4.1 城市轨道交通建设项目安全风险识别

目前对城市轨道交通建设项目安全风险因素的识别主要有专家调查法、个案研究法、事故统计法三种方式。

1. 专家调查法

专家调查法是指利用专家经验来收集风险因素，包括专家访谈法、问卷调查法、德尔菲法、头脑风暴法等。如聂凌毅、邓隆添（2010）[28]按照项目风险水平程度将城市轨道交通建设项目风险划分为宏观、中观和微观三个等级，并采用德尔菲法和核对表法，识别出城市轨道交通建设项目的77个风险因素；Pinto和Nunes（2011）[29]利用调查问卷收集数据，分析了土方工程、基础工程和结构工程中建筑工人所面临的安全风险；Mitropoulos和Namboodiri（2009，2011）[30][31]提出一种观察方法来识别和评价施工活动的安全风险。利用专家调查法识别安全风险因素能较全面地揭示具体项目可能面临的因素，但往往很难组织合适的专家，而且调查结果较大程度上受专家经验的限制。

2. 个案研究法

个案研究法是指通过分析单独的安全事故来判断风险因素。如周志鹏等（2016）[32]在安全事故致因层次理论的基础上借助鱼刺图及故障树等方法分析杭州地铁事故，提出施工前及施工过程中人员因素、设备因素、材料因素及环境因素的防范措施；孙海忠（2012）[33]以上海地铁基坑事故为例，从设计、施工、监理、监测角度对该事故进行全方位的剖析，并重新验算了设计方案的安全稳定性，进而总结出事故预控对策。个案研究法常采用描述性的分析及定性化的阐释还原某个特定事故的前因后果，且仅代表单独案例，因此研究成果具有局限性。

3. 事故统计法

事故统计法是指通过统计安全事故致因获取安全风险因素，由于工作量较大，一般统计到风险分类，如管理原因、环境原因等。如国际隧道工程保险集团（2006）[34]统计了城市轨道交通施工现场发生的安全事故，结果表明设计失误、施工缺陷、地质勘测不足、缺乏沟通及不可抗力是事故主要原因；解东升、钱七虎（2012）[35]认为设计缺陷、承包商工程管理疏忽及缺乏具体的工程施工计划是导致事故发生的原因，应从推广安全风险管理制度、落实风险管理专项经费、推进技术规范与标准的研究、建立专业管理队伍和构建信息化管理平台等环节提高安全风险管理水平。

由于城市轨道交通建设项目受关注度较高，安全事故的历史数据相对其他建设项目而言更加丰富，因此基于事故统计的安全风险研究成果相对较多，主要包括事故统计指标的研究、事故统计方法的研究、事故统计原因以及应对措施的研究三个方面。

（1）事故统计指标的研究：

刘念、孙建、许永莉（2009）[36]基于我国安全生产领域的事故统计指标体系框架，即五大绝对指标和四大相对指标，提出适用于地下施工企业的事故统计指标：事故起数（包括险肇事故）、伤亡事故起数、死亡事故起数、死亡人数、重伤人数、轻伤人数、直接经济损失、损失工作日、较大事故起数、较大事故死亡数、重大事故起数、重大事故死亡人数、特别重大事故起数、特别重大事故死亡人数、千人死亡率、千人重伤率、千人受伤率、百万工时死亡率，并以广州市某地下工程有限公司的原始数据资料为例，对企业事故进行了统计分析；刘辉、张智超、王林娟（2010）[37]提出建议相关管理部门和研究机构专门建立隧道施工事故数据库，脱离建筑施工类事故的统计范畴，建立自成体系的统计指标体系，才能为获得更准确的事故发生规律提供可靠的事故数据基础。

（2）事故统计方法的研究：

事故统计方法的研究可以分为两类，第一类是针对具体的事故采取事故纪实性分析的方法，李启明等（2010）[38]对广州地铁3号线施工过程中某盾构区间坍塌事故进行了分析研究；张旷成、李继民（2010）[39]对杭州地铁湘湖站重大基坑坍塌事故进行了相关分析；上海隧道工程股份有限公司（2008）[40]对发生于2004年的上海地铁4号线工程事故进行了详细的分析记载。

第二类是针对事故数据采取调研和资料查阅的方法，进行风险事故的统计分析。邓小鹏、李启明、周志鹏（2010）[41]通过调研及资料查阅，对近几年国内外地铁建设中的126个地铁事故进行了统计分析，从事故发生时间、区域、事故类型、施工工法、严重程度等角度揭示了地铁项目安全事故发生的规律；胡群芳、秦家宝（2013）[42]对2003～2011年我国地铁隧道施工事故进行数据资料收集，根据事故时间、事故类型、发生位置及死亡人数等影响因素进行统计，分析事故特征，揭示地铁隧道事故发生规律，提出动态监测风险分析与评估，做好全过程风险管理的措施。

（3）事故统计原因与对策研究：

王梦恕、张成平（2008）[43]针对典型地下工程事故，提出实施城市地下工程的安全风险控制，必须建立可依据的安全控制标准，进行信息化施工及动态控制；周红波、蔡来炳（2009）[44]重点对国内52例城市轨道交通项目施工基坑事故进行统计分析，对事故发生的原因进行分析总结，得出地下水的防治是影响基坑施工安全的首要因素，其次是不规范的基坑作业；周洁静（2009）[45]对1999～2009年国内95起地铁施工事故案例进行数据分析，运用鱼骨图分析法对地铁施工中造成坍塌、机械伤害、高处坠落、触电事故、物体打击、起重伤害、中毒的事故，从人、物、管理和环境四个方面进行事故原因分析；侯艳娟、张顶立等（2009）[46]对近年来北京地铁线路施工中出现的安全事故案例，分析总结出地铁安全事故发生的主要原因为不良地质引发灾害、底层过量变形引起坍塌、施工导致管线破坏、施工机械设备操作过失、施工安全监管不力；周志鹏、李启明、邓小鹏、蔡园（2009）[47]从技术角度分析地铁坍塌事故发生的机理，分析了杭州地铁坍塌事故发生的原因，构建地铁坍塌事故致因的鱼刺图，在实证分析的基础上，从地铁施工前与地铁施工时两个时间段，针对人员因素、环境因素、材料因素和设备因素四个方面的管理因素，提出地铁坍塌事故的防范措施；崔玖江、崔晓青（2011）[48]对浅埋暗挖法、盾构法和明挖法修建地铁工程及地下管线应注意的问题进行了分析总结，结合近年来我国发生的安全事故实例，分析事故形成的原因及对策，总结经验教训，最后得出强化工程建设管理应采取的举措；钱七虎（2012）[49]提出事故发生发展是有过程的，发生前有预兆，预兆可以反映到监测数据中，预防的重点在于对工程中大量的人的不安全行为和物的不安全状态的有效控制，必须不厌其烦地关注施工中的日常安全管理，特别要注重细节管理，才能很好地控制事故隐患，实现重大事故的预防；杨晨、张佐汉（2013）[50]对深圳市地铁二期工程在施工过程中发生的安全事故进行统计分析，发现坍塌事故的发生比例最大，安全事故大多发生在地铁基坑工程、隧道暗挖、盾构推进以及高支模施工过程中，施工时对辅助工法不够重视、临时承重结构施工抢进度是造成安全事故发生的重要原因，并提出了安全事故预防的重点；许娜（2016）[51]统计了161起轨道交通建设项目安全事故，按照每起事故一个事故致因（人的因素、物的因素、管理因素、环境因素），对安全事故的原因进行了统计，认为人的不安全行为（包括人的因素和管理因素）是轨道交通项目施工安全最大的风险来源。

事故统计方法分析事故原因，从总体上揭露了安全风险因素的分布，但大部分学者是通过研读事故相关文档识别致险因素，再进行相应统计分析，工作量大且容易受到主观判断的影响。

4.研究述评

安全风险识别是风险管理的基础性工作，安全风险因素是否全面、准确是风险应对的前提，目前城市轨道交通建设项目安全风险识别方法主要集中在简单的统计分析和主观经验分析层面，存在以下不足：

（1）专家调查法灵活性高，能够获取较为全面的风险因素，但较大程度上依赖于专家的主观认识和经验，得到的结果难以保证客观性和真实性，且花费的时间和成本较高。

（2）个案研究法能够深入分析安全事故的发生过程，但存在数据量少的不足，因此研究成果具有局限性。

（3）事故统计法中的数据主要来自原国家安全生产监督管理总局网站（http：// www.chinasafety.gov.cn，现已撤销，部分数据可在"中华人民共和国应急管理部/公开/事故及灾害查处"专栏中查询），通过柱状图、折线图等统计图表反映事故在发生时间、发生地点、死伤人数、事故类型等方面的规律和趋势，而对事故原因的分析不够，缺乏对事故调查报告的深度分析和数据挖掘。

综上所述，以上三种常用的安全风险识别方法均有一定的局限性，无法达到较大数据样本条件下对安全风险因素的深度分析。

1.4.2　城市轨道交通建设项目安全风险定量分析

风险分析包括定性分析和定量分析。随着学科间的不断交叉和推进，各种风险定量分析模型层出不穷，提升了安全风险评估和预测的水平。城市轨道交通建设项目安全风险量化分析方法可以根据模型结构分为树型风险评估模型和网络型风险评估模型两类。

1.树型风险评估模型

树型风险评估模型包括风险矩阵、期望值法、层次分析法、故障树法等，通过权重分析的方式对整体项目的安全性进行综合评价。如Mayur shivajirao、Rahul Patil、Chirag Tank（2014）[52]在风险矩阵法的基础上，探讨了项目风险的风险度量方法，以复杂的基础设施项目为例，确定了主要的风险来源和量化风险的可能性，并通过风险矩阵法进行风险评估；Debasis Sarkar & Goutam Dutta（2011）[53]运用项目风险度量方法的期望值法（EVM），以一个南亚的地铁地下通道的建设项目为例，计算风险来源的影响和严重程度，分析对项目时间和成本的影响；庄晶晶（2012）[54]提出以可靠性评价中的失效模式、后果与严重度分析（FMECA）技术为理论基础，建立基于FMECA技术的城市轨道交通项目施工风险评价方法；王洪林（2014）[55]从人员、环境、材料、设备、管理五类致险因子出发，借助鱼骨图分析法识别出城市轨道交通建设项目的风险因素，建立基于WBS-RBS的风险识别模型。在此基础上建立基于风险矩阵法的城市轨道交通项目施工项目风险评价模型；赵世龙（2014）[56]从事故原因出发，采取层次分析方法（AHP）对风险原因进行排序和筛选。

此外，模糊集、灰色理论等方法与上述分析模型相结合，能够较好地解决评价问题中模糊性描述、信息不明确的问题。如Patrick X.W. Zou & Jie Li（2010）[57]通过对南京地铁2号线项目的人员进行访谈和两轮问卷调查获得数据，运用风险清单和模糊层次分析法对南京地铁2号线项目进行了分析；Abdolreza Yazdani-Chamzini（2014）[58]提出了一种基于模糊集理论的风险评估模型，评估在地铁施工作业的风险事件；聂菁、苏会卫等（2014）[59]以福州轨道交通1号线为研究对象，利用层次分析法和模糊综合评价法构建了轨道交通1号线的安全风险评价模型。

2.网络型风险评估模型

网络型风险评价方法包括结构方程模型、解释结构模型、人工神经网络、系统动力学、贝叶斯网络等，通过构建和评估网络模型对复杂系统的风险进行仿真模拟分析。如阚玉婷（2013）[60]运用结构方程模型（SEM）从人的安全素质、物的安全状态、管理水平、环境安全状态、施工技术等方面分析了我国施工企业安全绩效的影响因素间的作用关系；徐田坤（2012）[61]分析了城市轨道交通运营事故的特点及风险影响因素，建立了运营事故影响因素的解释结构模型（ISM）；秦晓楠、卢小丽（2015）[62]对经济系统、社会系统及自然生态系统的特征及系统间的互动关系进行了描述，并基于BP神经网络以及改进的决策实验室分析法（DEMATEL）对生态安全影响因素间的相互作用进行了定量研究；Shin等（2014）[63]认为建筑事故是由不安全行为和不安全条件引起的，运用系统动力学（SD）分析建筑工人的心理过程变化与工人的安全态度、安全行为间的复杂变化，主要从安全行为的激励、沟通、事故防范意识三个方面构建了系统的因果反馈关系。

3.研究述评

与事故致因机理的发展类似，安全风险定量分析模型从树型结构转向网络型结构，目前存在的不足有：

（1）树型风险评估模型主要基于风险链及多因素事故致因理论，假设风险因素相互独立、互不影响，但对安全风险因素间相互作用的认识不够，导致整体项目的风险值被低估。

（2）网络型风险评估模型主要基于多因素及系统论事故致因理论，考虑了风险因素间的相互作用，这种相互作用主要为因果关系，而未考虑由于风险耦合造成的系统涌现，使得风险预测偏离，或者具有耦合效应的风险因素被低估。

（3）由于风险数据的缺失，目前安全风险分析方法基本采用专家打分的方法评估安全风险的可能性。例如，应用风险评估矩阵直接评估安全风险发生的可能性和影响程度[64]，利用层次分析法（AHP）判断安全风险因素的权重等，由于专家认知的有限性，不适用于风险因素较多、因素间关系较复杂的大型建设工程项目。

1.4.3 建设工程项目风险的多因素相互作用

在多因素事故致因理论及系统论事故致因理论的启发下，开始有研究者从普遍联系的视角思考风险的多因素相互作用，并构建基于多因素相互作用的风险评估模型。20世纪90年代以来，陆续有学者提出风险分析方法中孤立研究风险因素的弊端，并不断提出基于联系观点的风险定量分析方法[65]。我国学者在1998年就提出了"由于项目往往会受到多种不确定因素的影响，并且在这些不确定因素之间也存在着潜在的相互作用，但一般方法对单一事件的发生概率进行判断和估计，很少考虑到各不确定事件之间的相互作用对此事件概率分布的影响"[66]。可见，多因素相互作用已经在风险分析和研究领域引起了学者的思考。

由于风险的多因素相互作用属于比较新的研究领域，在城市轨道交通建设项目中的研究较少，因此将文献范围扩展到建设工程项目领域进行梳理。在研究文献中，与风险相关类似的概念有：风险的相关性（Risk Association）、相互作用（Risk Interactions）、相互依赖性（Risk Inter-Dependencies）、依赖性（Risk Dependencies）、风险关系（Risk Relationships）等。与风险传递类似的概念有：风险传播（Risk Communication）、风险传染（Risk Contagion）、风险扩散（Risk Diffusion）、风险传导（Risk Transmission）等。风险传播、风险传染、风险扩散的概念类似，目前主要应用在流行病学和金融风险领域，指风险源的风险等级不衰减的情况下风险损失的扩大。风险传导和风险传递的概念较为接近，最早在金融领域由美国学者 Willett（1901）[67]提出，指金融风险很可能从局部向行业蔓延，或者在不同市场主体、不同地区之间传递等[68]。后来被视为网络的一个动力学特征，应用在企业供应链风险和项目风险传递中。

本书主要从建筑供应链风险传递研究、项目群链式风险研究、项目风险元传递研究、项目风险的因果作用研究、项目风险的耦合关系研究五个方面分别阐述建设工程项目风险的多因素相互作用研究现状。

1.建筑供应链风险传递研究

供应链风险的传递性，是指由于在供应链中，从原材料的生产、产品的研制、产品的制造、产品的分销等一系列的过程，都是由多个企业参与的，企业之间存在密切的联系，因此，每一个成员企业的风险会随着网链结构的传递作用而转移给其他企业，甚至影响到整个供应链[69][70]。众多学者从多个角度对风险传递机理进行了解释，其中能量理论是接受程度较广的一种，即供应链各企业本身具有自组织、自适应、自调节、风险集中释放等特点，能够化解一定程度的风险。而当企业系统内各种风险能量达到一定"临界值"时，节点企业将无法化解风险，风险能量将集中释放和输出，形成风险的动态传递[71][72]。

邵晓峰等（2006）认为供应链上的单个风险之间存在两种关系：相互耦合关系和传递关系。相互耦合关系指供应链各单个风险之间的相互作用和影响，由风险的自身特征和供应链结构共同决定，可以分为独立关系和依赖关系，具有独立关系的各个风险之间相互独立，风险的开始时间、持续时间、影响损失不受其他风险的影响。依赖关系是指某一风险的发生依赖于另一风险的发生。王元明等（2008～2010）[73][74][75][76][77][78][79]认为企业风险通过资金、技术、信息、价格、利率、信心、政策等多种渠道在企业内部和企业之间进行传导。将风险作为一个生命体看待，归纳了风险传导的增强模型、稳定模型、衰退模型及其特征，将风险划分为诞生、生长、成熟、衰退等阶段。风险利用特定介质沿着一定的渠道，采用不同的方式从一个环节传导到下一个环节，形成风险链。风险传导的方式有：泡沫破灭式、要素稀缺式、结构坍塌式、海啸波浪式、链式反应型、企业风险的有路径式传导。肖依永等（2009）[80]提出了供应链质量管理中的技术特性扰动风险（正向向下传递）和客户需求变化风险（逆向向上传递），并构建了基于转换矩阵的传递数学模型。

2. 项目群链式风险研究

梁展凡（2011）[81][82]指出，项目群风险的传播性指项目群中各子项目由于施工时间的关联、使用资源上存在某种程度的冲突等，子项目的风险会传播到其他子项目中。按项目群风险的结构形式划分出链型结构风险、网络型结构风险和混沌型结构风险，其中链型结构风险包括串行结构风险、并行结构风险、树形结构风险和扇形结构风险，网络型结构风险包括串行风险、并行风险与交叉风险。混沌型结构风险指风险传递在确定性系统中存在不确定性，即风险因素的随机波动会对项目目标产生巨大影响。项目群链式风险的特征是传播性和传递性。链式风险事件的风险因素在项目之间传递，造成链式风险事件之间级联效应的传播特性，具有风险互动的特点。工序间的逻辑关系和资源的共享使各个任务相互依赖，在连续任务的情况中，一个任务的延迟会完全转嫁给下一个任务，延误并不会平均分摊，而是造成逾期累积，因而造成工期风险在项目间产生转移。遗憾的是，在链式风险的识别和定量分析上，却没有提出合适的方法和模型。

3.项目风险元传递研究

李存斌等[83][84][85][86][87][88][89]认为由于项目的复杂性决定了项目风险元对项目目标的影响客观上存在着多米诺骨牌效应和蝴蝶效应，即存在着传递影响问题。对于目标对象y，若存在着某种对应关系f，使得x_i满足$y=f(x_i)$，则称x_i是影响目标对象y的风险元，对应关系f称为风险元传递系数。按照风险传递的路径可以分为关系型、层次型、树型和链型、网络型的风险元传递路线。项目风险元的传递研究，在考虑风险时将传统数学模型中的变量看作风险元，将概率论（概率定量方式层次型风险元传递解析模型）、模糊数学（区间数或模糊数定量方式层次型风险元传递解析模型）、马尔可夫过程（基于马尔可夫过程的链型风险元传递理论及其应用）、数据挖掘（基于数据挖掘技术的链型风险元传递理论及其应用）、人工智能（基于神经网络的网络计划风险元传递理论模型）等方法融入层次分析法、事故树、图形评审技术（GERT）网络图方法中。例如，在关系型风险元传递模型中，需要对风险元进行概率估计和风险元的相关分析（相关系数矩阵），然后代入到已知项目经济评价模型中，根据期望值和方差找出经济评价指标的概率分布和对风险传递影响最大的关键风险元。例如，在层次型风险元传递模型中，将各指标因素看成是风险元，将层次型风险元的传递形式转化成关系型风险元的传递形式。若将其定量方式采用概率方式，则有限个风险元组合后得到的最终评价值也是一个风险元随机变量。由于对风险元概率分布的模糊性判断，可以将模糊集理论应用于层次型风险元传递模型中，如三角模糊数层次分析法、三角模糊数网络层次分析法。

4.项目风险的因果作用研究

1987年Ashley和Bonner在研究国际工程项目中的政治风险时，提出用系统动力学（System Dynamics，SD）来表明风险因素之间的因果关系[90]。REN（1994）[91]在建设工程风险评估中首次明确提出了"风险关系"（Risk Relationships）的概念，指出风险因素之间相互作用、相互制约、相互促进，这种在同一系统中风险因素之间的相互影响即为"风险关系"，并提出风险因素之间关系的四种类型，即独立关系、相关关系、并联关系和串联关系。近年来，工程项目风险的分析和评价越来越多地考虑到风险因素间的相互依赖[92]。Bu-Qammaz（2009）[93]构建了网络层次分析法（Analytic Network Process，ANP）模型，利用两两比较矩阵的形式，分析了28个国际工程项目风险因素之间的影响程度；Luu等（2009）[94]利用贝叶斯网络（Bayes Network，BN）对发展中国家的建设项目风险进行了定量分析，提出了166个风险因素中的18个因果关系；Eybpoosh等（2011）[95]指出在风险评估中风险因素之间因果关系的重要性，并在具有复杂风险的国际工程项目中利用结构方程模型（Structural Equation Modelling，SEM）对风险相关性进行研究；Layer（2011）[96]指出传统风险分类方法的局限在于没有考虑项目风险的相互作用，并利用聚类分析（Clustering Approach，CA）方法对风险因素进行了分组，使得组内风险因素相关性较强，而组间风险因素不具有相关性；Leu等（2013）[97]利用贝叶斯网络（Bayes Network，BN）分析钢结构建筑安全风险的相关性，对安全风险进行评估，通过防御性安全管理策略减少安全事故的发生；Oztemir等（2014）[98]对BOT项目的风险进行了识别，并对风险的相关性进行了验证，并认为BOT项目风险各变量之间存在正相关；Etemadinia等（2016）[99]提出模糊加权解释结构模型（Interpretative Structural Modelling，ISM）对风险因素进行识别，并考虑风险之间的相互影响来提高项目的风险管理；向鹏成等[100]对高速铁路工程项目中的17个风险因素，利用解释结构模型（ISM）对风险的关联性进行层级划分；Tran等（2016）[101]对高速公路工程总造价的风险因素进行识别，并讨论这些风险之间的相关性以及对工程总造价的影响，有利于公路行业更好地进行成本风险的估算。

5. 项目风险的耦合关系研究

项目风险耦合作用的定量研究主要基于关联度、N-K模型、贝叶斯网络。夏喆（2007）[102]、王建秀等（2015）[103]认为不同业务功能节点的关联度以及依附于其上的不同性质风险的匹配度是决定风险耦合效应的重要因素，因此使用关联系数、匹配度来确定风险因素间的耦合值。基于关联度的风险耦合分析可以将具有相关关系的因素提取出来，但需要大数据的支持。N-K模型基于复杂网络，N表示系统中子系统的数量，K表示子系统之间的依赖，如刘堂卿等（2012）[104]提出空中交通安全风险多因素耦合的理论N-K模型，而后吴贤国等（2016）[105]基于复杂网络的N-K模型，通过计算交互信息，对影响地铁施工安全的人为因素、设备因素、环境因素及管理风险因素分别进行双因素和三因素耦合分析；乔万冠等（2017）[106]利用N-K模型分析了煤矿重大瓦斯事故中人为因素、设备因素、环境因素、管理因素间的双因素和三因素耦合作用分析。可以说基于N-K模型的耦合分析主要适用于分析风险子系统，而不适用于具体的风险因素。基于贝叶斯网络的风险耦合是通过贝叶斯诊断分析风险因素的耦合作用，如贾立俊等（2016）[107]将水上交通风险成因划分为人员因素、船舶因素和环境因素，通过同时设置证据节点诊断多因素间的耦合作用；陈福真等（2017）[108]运用动态贝叶斯网络分析了多个油气储罐区火灾事故之间的耦合效应。贝叶斯网络中的诊断推理能够量化因素间耦合作用对目标节点的影响，但前提是必须构建合理的条件概率表。

6.研究述评

建设工程项目风险的多因素相互作用研究在近10年发展较为迅速，从不同角度对相互作用的模式、概念、类型进行了描述、界定和分析，常用的研究方法有网络层次分析（ANP）、结构方程模型（SEM）以及解释结构模型（ISM）、贝叶斯网络（BN）、系统动力学（SD），总体分析如下：

（1）建筑供应链上风险传递研究的对象为供应链上下游之间的企业，项目群链式风险研究的对象为项目之间，两者的研究对象并非项目内风险，但其对风险传递的定义以及风险传递模式的分析对本书有较大的借鉴价值，目前这两个方面的研究主要为风险传递模式，辅以线性评估模型相关量化风险传递性，在量化评估模型方面的研究还存在不足。

（2）项目风险元传递研究的对象为广义项目，不仅提出了风险传递的模式，而且提出了多种基于风险传递的评估模型。但主要是在原有量化模型中，通过给输入变量增加不确定性来量化目标值的范围变化，例如将原模型中因变量的值以概率分布或模糊值等方式描述，因此项目风险元传递理论并未从风险事件发生规律的角度揭示风险的传递性。此外，项目风险元传递模型应用的前提是要获取 $y=f(x_i)$ 的风险元传递系数，这在复杂度较高的城市轨道交通建设项目中难以实现。

（3）项目风险的相关关系研究多关注风险识别和分析模型的应用，尚缺乏对风险因素因果和耦合共同作用的研究。

（4）现有分析模型处理因素间的相互作用关系时多采用相关系数矩阵，由专家给出是否相关的判断，主观依赖性强，且在因素较多的情况下很难给出准确的判断，因此还需要进一步补充判断相关关系的方法。

1.4.4　基于贝叶斯网络的风险量化分析模型

贝叶斯方法最初是基于英国学者Thomas Bayes在18世纪晚期提出的条件概率理论，即贝叶斯定理[109]。作为不确定性问题模拟和推理的一种有效工具，贝叶斯网络可对一组随机变量的联合概率分布进行表示，能准确地描述概率关系，与当前流行的数据挖掘算法（包括决策树、神经网络[110]和遗传算法[111]）相比，贝叶斯网络具有语义清晰、易于理解的特点，且具有很好的预测效果。贝叶斯网络图所具有的学习性、简洁性、可输入性等特点[112]，使其成为项目风险量化分析的有力工具。

贝叶斯网络在建筑工程和轨道交通建设工程领域的风险分析和评价方面得到较为广泛的应用。如刘军（2006）[113]等人通过实例说明运用贝叶斯估计分析承包商施工过程中的工期拖延风险；J.M.Matias（2008）[114]等对比分析了贝叶斯模型和分类树、SVM（支持向量机）等方法在风险预测方面的能力，认为贝叶斯具有较好的风险预测和解释能力，从而构建更有效的风险防范机制；胡书香（2013）[115]等人对工程质量形成过程中的风险因素进行识别，构建贝叶斯网络结构，依据问卷调查中得到的数据和专家经验确定贝叶斯网络中的参数，以此为基础对工程项目质量进行风险评估、风险诊断，分析确定影响工程质量的关键风险因素。最后依据分析得到的结果进行风险控制；赵冬安（2011）[116]结合贝叶斯网络和故障树分析法（FTA-BN模型），对地铁车站深基坑工程的风险进行了分析；王书灵（2016）[117]等人建立了FTA-BN组合模型分析工程项目安全事故致险因子，利用事先风险概率预测、事中关键因子识别和事后致因诊断的全方面管理方法，研究工程施工安全风险事件的致险因子。

贝叶斯网络方法既广泛应用于安全风险评估和诊断，又作为一种数据挖掘方法广泛应用于分类问题。作为一种基于贝叶斯定理的有向无环图，BN方法较好地解决了安全风险传递网络中因素发生概率之间的复杂关系，而无须定义$y=f(x_i)$的传递系数。目前BN网络在进行城市轨道交通建设项目风险评估时还存在的问题有：

（1）在大数据集条件下，构建BN可以采用结构学习的方法，根据观测数据构建网络结构。但仅由观察性研究得到的数据不能完全确定所有因果方向，且存在数据上相关但实际上并不相关的"伪"因果关系。由于建设工程领域风险分析数据不足，因此目前BN结构建模过程中各因素间的因果关系主要依赖专家判断，受到专家个人知识与经验的严重影响，且数量不宜过多，否则会影响专家判断。

（2）在大数据集条件下，BN中的条件概率表可以采用参数学习的方法获得。但由于建设工程项目安全管理过程中数据积累不足，目前BN的参数建模过程主要采用专家调查的方式确定，较为依赖专家的主观经验，存在工作量巨大、主观性强、数据结果难以收敛的不足。

1.4.5 施工安全风险分析数据挖掘

数据挖掘就是对大量数据进行计算、分析和推理，从而获得新概念、新规则、新模式。当前数据挖掘技术主要分为两类，一类是基于数理统计的传统分析类，包括线性分析、回归分析、主成分分析等；另一类是基于决策树、人工神经网络、贝叶斯算法等的知识发现，包括分类分析、关联分析等。数据挖掘技术在安全风险分析领域的应用尚处于起步阶段，较常用的方法是关联规则分析（Association Rules Analysis）、文本挖掘（Text Mining，TM），目前主要应用在煤矿、石化、地铁、铁路运行安全等领域。

1. 关联规则分析

在关联规则分析方面，一般针对记录型半结构化数据进行预处理，在转换成布尔矩阵后，寻求频繁项集间可能有趣的关联模式。如Cheng C W等[118]整理了台湾地区1347起安全事故记录，挖掘出因素与事故间的关联关系；郭圣煜（2015）等[119]利用现场照片构建施工过程和不安全行为的布尔矩阵，然后挖掘工人的不安全行为与公众岗位、施工阶段的关联规则；马明焕等（2017）[120]以企业历史隐患数据为基础，应用数据流滑动窗口模型、等价类变换算法、变化挖掘算法等数据挖掘技术，提取出关联隐患的类型、存在可能性和变化模式等信息。此外，对一些有时间特征的事故数据库进行时间序列挖掘也正成为热点，如肖斌（2017）等[121]利用时序关联规则算法分析了石油钻井事故中事故原因及事故等级之间的关联关系。

2. 文本挖掘

在文本挖掘分析方面，以半结构化的记录型数据或非结构化的事故调查报告作为语料，常采用词频（TF）、词频-逆文档频率（TF-IDF）值筛选特征值。如Lee和Chien（2013）利用文本聚类对微博中的话题进行分析，分析结果呈现了社会大众对某一事件的态度变化趋势[122]；张磊（2015）利用文本挖掘技术从大量的文本数据中分析项目风险要素，识别出风险要素的变化和项目利益相关方对待风险的态度变化，从而提高管理者项目应急管理的能力[123]；胡东滨（2014）借助文本挖掘技术动态评价海外矿业项目风险，以辅助管理者的风险决策[124]；张长鲁（2016）[125]运用六何分析法对煤矿事故隐患数据进行内容分析，对文本型隐患数据进行描述维度和属性类型的划分，实现文本型数据向结构化数据的转换；谭章禄（2017）[126]等对某煤矿企业的41791条隐患记录进行文本挖掘，利用词云和词频统计提取出煤矿安全隐患，并结合社会网络方法（Social Network Analysis，SNA）构建了语义网络，体现了安全隐患之间的关联性；吴俣等（2018）[127]以419起船舶碰撞事故报告为文本挖掘的语料，利用TF-IDF值提取了船舶碰撞风险致因因素，并构建了贝叶斯网络进行风险预测。

3.研究述评

数据挖掘技术虽然在计算机领域发展较快，已实现挖掘和提取动态视频、图像知识，但在安全风险分析领域主要集中在对文本数据的处理，并且以关联规则和基于统计的文本挖掘方法为主，属于较为初级的应用，可见数据挖掘技术在安全风险分析和管理领域还有更大的发展空间。目前数据挖掘技术在安全风险分析中的研究还存在以下不足：

（1）无论是关联规则还是文本挖掘，其基础数据均来源于历史事故记录（表格形式的记录条），以半结构化数据为主。记录条的格式较为统一、内容粒度较为一致，而安全事故报告为段落型文本文件，有些报告的内容非常详细具体、篇幅很长，而有些报告的内容则简单概括、篇幅很短，因此需要提出适用于段落型文本文件的文本挖掘参数。

（2）相较于关联规则和文本挖掘分析，因果关系分析结果具有可预测性，能够为管理决策提供更有价值的参考，因此数据挖掘技术越来越关注数据间内在的因果关系，而不是只抓取关联规则中的频繁模式。基于事故的数据挖掘结果属于事后控制，有一定的滞后性。因此，如何利用数据挖掘技术实现风险知识的共享和重用，成为决策者更加关注的问题，而这正和贝叶斯网络"预测性"的特点不谋而合。

1.4.6 综合述评

通过对国内外相关文献的研究分析，在事故致因理论、城市轨道交通建设项目施工安全风险识别以及风险量化模型、数据挖掘技术的综合视角下，对相关研究成果综合述评如下：

（1）在建设工程项目风险管理中，安全风险的多因素相互作用研究大体包括风险的相关关系研究和风险的传递关系研究，两者表述不同，前者更侧重风险因素间的相互作用关系，后者更侧重风险因素间的作用对整个风险系统的影响。因此，本书采用"风险传递"的概念描述安全风险的多因素相互作用，分析在多因素相互作用下的安全风险系统状态以及安全风险传递路径。

（2）由于城市轨道交通建设项目的复杂性，其安全风险管理的研究热度一直未减，从风险识别到定量分析模型已形成较为丰富的研究成果。已有部分学者尝试采用多因素相互作用的风险量化分析模型进行风险评估，但基本局限于模型的应用，如利用SEM、ISM、SD、BN等方法评估URTC项目安全风险，但对风险的多因素相互作用及其作用下的事故致因机理研究不足。由于安全风险的多因素相互作用与系统论"整体大于部分之和"的理念一致，因此需要以系统工程理论为指导，分析URTC项目安全风险的传递特征及其作用下的安全风险演化过程。

（3）风险分析模型的非线性传递、可预测性是系统论事故致因理论、风险定量分析模型、数据挖掘技术共同的发展趋势。由于风险的不确定性和项目的一次性特征，使得传统风险分析模型中的基础数据获取困难，多因素相互作用难以量化，而数据挖掘技术可以利用计算机从大数据中自动提取风险因素及因素间的作用关系。因此，利用数据挖掘技术可以较好地解决风险传递分析中数据获取困难的不足。

（4）部分学者尝试在安全事故记录数据库中提取安全风险因素及其与事故等级的对应关系，但挖掘的深度不够。城市轨道交通建设项目安全事故调查报告中蕴含大量的事故经过和原因分析，这些内容以非结构化形式隐含在文本段落中，因此，如何在文本段落中进行安全风险因素的挖掘、安全风险因素传递关系的抽取以及基于风险传递的评估模型的构建，成为急需解决的问题。

综上所述，通过阅读和总结大量文献发现，如何定义城市轨道交通建设项目的安全风险传递？如何构建基于已发生安全事故案例的安全风险因素挖掘流程和指标参数？如何在文本段落中抓取安全风险因素间的因果和耦合关系？如何构建基于风险传递的安全风险评估模型？如何从反传递的角度预控风险？这些问题目前都没有答案，需要通过本研究加以明确。

2

城市轨道交通建设项目安全风险
传递理论和方法研究

2.1
城市轨道交通建设项目事故致因特征分析

2.1.1 事故致因理论的演进及分析

事故致因理论从大量生产安全事故发生的深层原因中提炼出事故发生机理和模型[128]。它以造成人身伤亡的事故为主要研究对象,通过探究事故发生的原因、始末过程和后果,阐明事故发生的机理,反映事故发生的规律。按照事故致因模型中安全事故的发生机理,将事故致因理论的演进划分为四个阶段(图2-1):单因素事故致因理论、事故链致因理论、多因素事故致因理论、系统论事故致因理论。

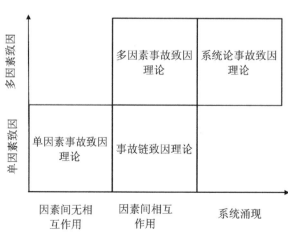

图 2-1　事故致因理论的演进

1.单因素事故致因理论

20世纪初，事故致因理论开始萌芽。Greenwood（1919）和Newboid（1926）认为事故在人群中并非随机分布，部分人比其他人更容易发生事故，因而提出了"事故倾向性格论"，认为事故由人的性格或心理缺陷造成。Farmer和Chamber（1939）提出的"事故频发倾向论"认为引发工业事故的主要原因在于事故频发倾向者[129]。

单因素事故致因理论过分夸大了人的性格特点在事故中的作用，认为工人性格特征是事故频发的唯一因素。其核心观点认为事故致因是"点"状的（图2-2），即事故的发生由单个因素引起，这忽视了管理因素、环境因素等对事故的影响。随着人们对安全事故认识的不断加深，这种理论被迅速取代为事故链致因理论。

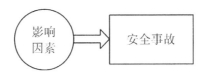

图2-2 单因素事故致因理论示意图

2.事故链致因理论

事故链致因理论认为事故由多个有关联的致因组成的事件链造成。如海恩里希（Heinrich，1936）提出的多米诺骨牌理论，认为安全事故的发生是由一连串具有因果关系的因素造成的，导致事故的五个因素按顺序为：遗传和社会环境、人的缺点、人的不安全行为或物的不安全状态、事故、伤害[130]。博德（Frank Bird，1974）以及亚当斯（Adarns，1974）在海恩里希的基础上提出了管理失误连锁理论，认为管理者的失误是造成事故的深层原因。事故树（FTA）方法的提出（Kolodner，1965）也是基于事故链致因理论的思想。

事故链致因理论将事故发生的过程描述为一条具有因果关系的事件链，认为事故的致因是"线"状的（图2-3），即事故的发生由一系列因素引发。究其根源，事故链致因理论依旧认为事故由单一因素引发，因此适用于简单系统的事故分析。

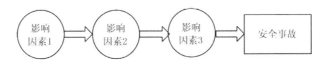

图2-3 事故链致因理论示意图

3.多因素事故致因理论

多因素事故致因理论认为事故是多条事故链的共同作用。如"轨迹交叉理论"（Johnson，1970s）将事故的发生发展过程描述为：基本原因→间接原因→直接原因→事故→伤害[131]，人的不安全行为和物的不安全状态是造成各种事故的直接原因，它们在一定时空里发生交叉就是事故的触发点。但复杂系统的事故并非简单地按照上述的人、物两条轨迹进行，而是呈现非常复杂的因果关系。"流行病学"理论认为事故的发生是多个因素共同作用的结果，代表性的如瑞士奶酪模型（Reason，1990），认为组织可以分为几个层面，每个层面都有漏洞，所有这些层面叠在一起就像有孔的奶酪叠在一起[132]，当漏洞重叠时事故就会发生。此外，"2-4模型"[中国矿业大学（北京）安全管理研究中心，2005]把事故的原因分为事故发生组织的内部原因和外部原因。其中，组织内部原因包括组织行为和个人行为两个层面，组织行为包括安全文化（根源原因）、安全管理体系（深层原因）两个阶段，个人行为包括习惯性行为（间接原因）、一次性行为与物态（直接原因）两个阶段，共形成一个2层面4阶段的事故致因模型[133][134]。

这些理论的共同点认为事故由深层风险因素、间接风险因素和直接风险因素等不同层次的原因导致。其中深层风险因素是短时间不能被改变的，如经济环境、社会环境、法律环境等项目外部环境以及安全文化、安全管理体系等项目内部环境，间接风险因素主要为管理、组织方面的缺陷，直接风险因素一般包括人的不安全行为和物的不安全状态。

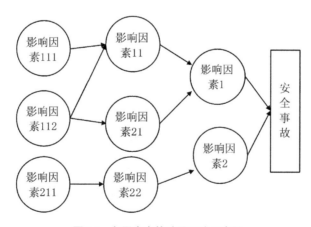

图2-4　多因素事故致因理论示意图

多因素事故致因理论初步体现了系统论的观点，认为引发事故的原因不局限在一个或者一类因素，而是由多个独立的原因共同导致事故的发生，事故致因是带有层级结构的"网"状分布（图2-4），且事故致因之间互不相关。但随着系统复杂性的提高，这种静态网状结构描述的致因理论未能体现出复杂系统事故的动态性和涌现性特征。

4.系统论事故致因理论

随着科学技术的发展，项目的复杂程度大幅度提高，事故类型也从传统的线性失效模式（系统中的部件失效）转变为非线性（系统整体失效）事故[135]，因此出现了系统论事故致因理论。如认知可靠性和失误分析方法（Hollnagel，1998），简称CREAM模型，强调情景环境对人的行为的影响，构建了具有追溯和预测双向分析功能的认知模型[136]。莱文森系统事故致因与流程模型（Leveson，2004），简称STAMP模型，认为事故是复杂系统中各个要素相互作用所产生的一种涌现现象，系统是一个不断适应周围变化来实现目标的动态过程，系统安全的控制实际是一个不断施加约束来维持或确保这个适应过程安全的过程[137]。

系统论事故致因理论认为事故的发生是一种涌现现象，其根源在于复杂的部件交互导致系统结构的突变[138]，而涌现是层次结构的跃迁，因此可以说系统论事故致因理论是一种动态的网状结构。系统论事故致因理论体现了复杂系统中非线性、动态性、涌现性的特点，认为引发事故的原因是复杂环境中多因素的耦合作用，是基于涌现现象的动态"网"状结构（图2-5），即安全事故是复杂的系统涌现现象。

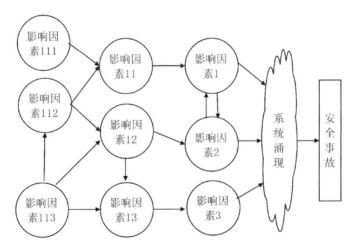

图2-5　系统论事故致因理论示意图

5.事故致因理论综合述评

事故致因理论通过分析安全事故的发生和发展逆向寻找事故致因，揭示事故发生的规律性特征[23]，能够较好地指导安全风险管理做好预防预报工作。从事故致因理论的演进和对系统论事故致因模型的分析上看，现代事故致因理论的发展趋势为：

（1）层级性。按照引发事故的程度划分事故致因，一般按"深层原因→间接原因→直接原因→事故→损失"的事故链来描述事故发生机理，其中引发事故的直接原因可归纳为人的不安全行为、物的不安全状态，组织缺陷、管理缺陷一般视作引发事故的间接原因，可以很好地解释直接原因的发展和触发，社会因素等不会直接造成安全事故，但会从根源上影响间接因素和直接因素。

（2）关联性。注重分析事故致因之间的关联关系，认为安全事故的发生是系统致因之间非线性作用所涌现出的不安全状态。

（3）预测性。对事故致因的分析除了应用在事后解释事故发生和追责外，更重要的价值是预防事故，即模型的可预测性，因此应结合事故致因理论提出科学的事故预控模型。

2.1.2 事故致因的特征分析

以系统论事故致因理论为指导，选取已发生的三个URTC项目安全事故案例进行事故致因分析，归纳URTC项目安全事故发生的特征。

1.杭州地铁湘湖站"11·15"重大坍塌事故

事故经过：2008年11月15日下午3时15分，杭州市地铁1号线湘湖站工段施工工地突发地面坍塌，坍塌现场长120m、宽21m、深16m；公路塌方长50m、宽20m、深2m；正在路面行驶的多辆车陷入深坑，多数地铁工地施工人员被困地下；工地结构性坍塌造成自来水钢管断裂，大量水涌出淹没事故现场。造成21人死亡，24人受伤。直接经济损失4961万元。

事故原因：勘察单位不符合标准要求。基坑采取原状土样及相应主要力学试验指标较少，不能完全反映基坑土性的真实情况；勘察单位未考虑薄壁取土器对基坑设计参数的影响，以及未根据当地软土特点综合判断选用推荐土体力学参数；提供的土体力学参数互相矛盾，不符合土力学基本理论。

设计单位未能根据当地软土特点综合判断、合理选用基坑围护设计参数，力学参数选用偏高，降低了基坑围护结构体系的安全储备；设计图纸中未提供钢管支撑与地下连续墙的连接节点详图及钢管节点连接大样，也没有提出相应的施工安装技术要求。没有提出对钢管支撑与地下连续墙预埋件焊接要求。

施工单位土方开挖未按照设计工况进行，存在严重超挖现象。特别是最后两层土方同时开挖，垂直方向超挖约3m，开挖到基底后水平方向多达26m范围未架设第四道钢支撑，第三和第四施工段开挖土方到基底后约有43m未浇筑混凝土垫层。土方超挖导致地下连续墙侧向变形、墙身弯矩和支撑轴力增大；钢管支撑与地下连续墙预埋件没有焊接，直接搁置在钢牛腿上，缺乏有效连接，易使支撑钢管在偶发冲击荷载或地下连续墙异常变形情况下丧失支撑功能。

此外，施工单位管理人员安全生产责任不清，现场安全管理不到位；监理单位未按规定程序验收，违反监理标准，未严格按设计及标准要求监理；监测数据不全，电脑中的原始数据被人为删除，电脑中的数据与报表中的数据不一致，实际变形已超设计报警值而未报警，存在监测方伪造数据或对内对外两套数据的可能性。

通过上述事故调查资料，建立如图2-6所示的杭州地铁"11·15"事故安全风险网络。

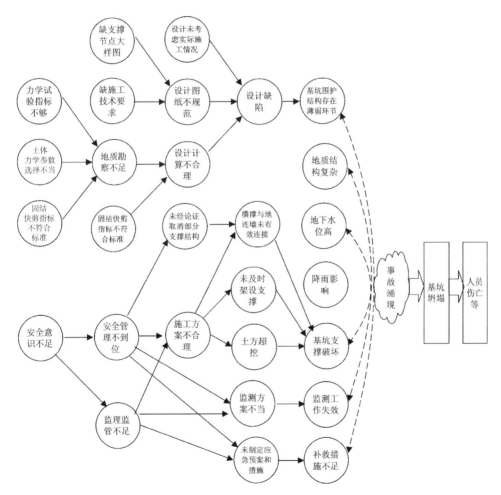

图2-6 杭州地铁"11·15"事故安全风险网络

2.青岛城际轨道交通工程"6·18"一般物体打击事故

事故经过：2016年6月18日青岛地铁4号线发生物体打击事故，一名工人在人工挖孔桩底部作业时，被掉落的渣土桶砸中后死亡，造成1人死亡，直接经济损失约164万元。

事故原因：事发设备的钢丝绳由工人张××负责更换，钢丝绳U形卡扣采用8mm规格，与使用的6mm钢丝绳不匹配，且夹座位置交替布置，未一致位于钢丝绳受力端，导致钢丝绳局部应力集中出现断丝。事故发生时吊运机在提升过程中，破损的钢丝绳无法承受非正常工作荷载，整体断裂造成渣土桶坠落。根据专家的现场勘察和综合分析，钢丝绳正常吊装很难断裂，由于操作人员操作失误（如渣土桶上沿卡在护壁最下端等情况），导致钢丝绳与渣土桶之间拉力瞬间加大，造成钢丝绳断裂。工人王××在使用吊运机前，未检查或未发现钢丝绳存在的安全隐患。工人张××在渣土桶被吊起时，未正确使用半月板，未在半月板下方躲避，致使渣土桶堕落后被击中。

施工单位项目部对从业人员"三级"安全教育培训不到位，班前安全教育流于形式，导致一线施工作业人员安全防护意识不足，违反操作规程作业；生产安全事故隐患排查治理工作不到位，未及时发现吊运机钢丝绳U形卡扣安装方向错误和卡扣与钢丝绳不匹配等安全隐患，未制止和纠正违反半月板操作规程的行为。项目部经理督促、检查项目部安全生产工作不到位，未及时消除吊运机设备存在的生产安全事故隐患；事故发生后，派人将尸体拉至外省且未在规定时间内上报，其行为已构成瞒报事故。监理人员未认真履行监理职责，对机械设备进场验收不认真，未发现吊运机存在的安全隐患。

通过上述事故调查资料，建立如图2-7所示的青岛城际轨道交通"6·18"事故安全风险网络。

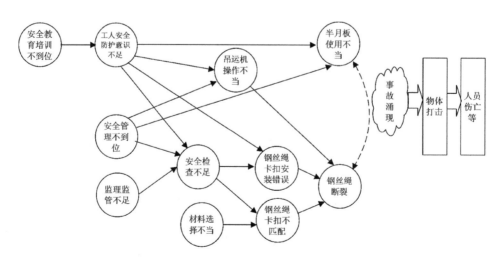

图2-7 青岛城际轨道交通"6·18"事故安全风险网络

3.深圳地铁"5·11"较大坍塌事故

事故经过：2017年5月11日，深圳市地铁3号线三期南延工程3131标基坑发生一起土方坍塌事故，造成3人死亡，1人受伤，直接经济损失345万元。

事故原因：施工单位擅自组织实施的土方开挖作业未按照施工方案进行，开挖面开挖坡度偏陡，挖掘机作业时局部超挖，坡顶超载。在此情况下，由于场地地质条件较差，受5月9～10日深圳市普降中到大雨影响，基坑开挖面土体含水量增加，土体强度有不同程度的降低，开挖面失去稳定，造成边坡滑塌事故。

建设单位未认真落实建设单位职责，对施工、监理单位现场人员履职情况检查整改不力，未跟踪落实停工通知。施工总承包单位未认真落实施工单位职责，项目主要管理人员未完全履职，违法分包、对分包单位管理不力，对土方开挖工程现场监督整改不力，未有效督促落实建设单位的停工通知。专业分包单位违法承包工程，违法分包工程，现场管理架构不健全，不落实停工通知，安排工人到危险区域作业且无相应安全防范措施。土方分包单位项目管理人员配备不足，在明知停工通知的情况下擅自组织施工，且不按施工方案进行土方开挖作业，现场超挖，未及时消除安全隐患。监理公司安全监理人员配备不足，对施工单位履职情况监督不力，对施工单位违法分包工程、分包单位违法承包工程失察，对土方开挖工程现场旁站监理缺失。市政总站对3131标的安全生产监管不力，存在未及时制定监督计划，对项目施工管理人员、监理人员到位履职情况和施工总分包情况检查不力等问题。市住房和城乡建设局对3131标的安全执法检查缺乏有效的监督指导，对项目施工管理人员、监理人员到位履职情况和施工总分包情况检查不力等问题缺乏有效监管，对市政总站的失职问题失察。

通过上述事故调查资料，建立如图2-8所示的深圳地铁"5·11"事故安全风险网络。

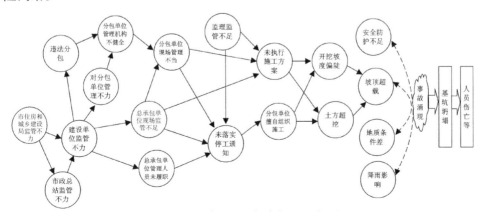

图2-8 深圳地铁"5·11"事故安全风险网络

4. 城市轨道交通建设项目事故致因特征分析

按照上述典型安全事故的分析模式，运用系统论事故致因理论对多起城市轨道交通建设项目安全事故案例进行分析，分析结果表明安全事故致因具备非线性作用、网状结构、层级性、潜在性、链式因果传递、多重耦合的复杂特征，具体解释如下：

（1）相较于一般工程项目，城市轨道交通建设项目较为复杂，其安全事故的发生是安全风险因素及其因素间相互作用的结果，因此，仅分析安全风险因素的线性作用可能会低估具有强传递作用的因素，从而错过风险应对的最佳时机。

（2）城市轨道交通建设项目安全事故致因呈网状分布，多个风险因素在相互作用下形成一个复杂的安全风险传递网络，在缺乏有效风险应对和控制的情况下，最终发展为安全事故。

（3）城市轨道交通建设项目安全事故致因网络呈层级状结构，每一起安全事故直接原因的背后都隐藏着如管理和制度等层面的深层次原因，安全风险在"深层原因→间接原因→直接原因"的路径中传递。

（4）城市轨道交通建设项目安全事故致因具有潜在性特征，多个风险因素可能同时潜伏在施工过程中，其中大部分风险因素不会触发，随着特定作业活动的结束而消失，因此很难靠个人知识或经验全部识别出可能的安全风险因素。例如基坑围护结构强度不足可能随着基坑作业的结束而消失。而有些风险因素则继续潜伏，如杭州"11·15"事故中的"监测方案不当"，经过一个演变过程最终引发安全事故，使得安全事故的发生看似具有一定的偶然性。

（5）城市轨道交通建设项目安全事故致因具有链式因果传递的特征，风险因素之间具有因果作用，形成多条带方向的因果关系链，如青岛"6·18"事故中"安全管理不到位→安全检查不足→钢丝绳卡扣安装错误→钢丝绳断裂"，这些因果关系链构成了风险传递网络的基本结构，多条因果关系链的共同作用使得事故致因结构呈网状和层级状，体现了安全事故发生的必然性。

（6）城市轨道交通建设项目安全事故致因具有多重风险耦合的特征，即多个风险因素共同耦合作用下引发安全事故，使得项目的安全风险状态涌现出单独或部分安全风险因素所不具有的整体行为特征，即涌现性，如深圳"5·11"事故中的"坡顶超载""安全防护不足""地质条件差"和"降雨"四个因素发生耦合，从而涌现出基坑坍塌的安全事故。

综上所述，城市轨道交通建设项目的安全性受到多种风险因素的影响和制约，因素间形成了复杂的因果作用关系，并伴随多重耦合的动态作用。城市轨道交通建设项目风险因素的因果作用和耦合作用共同构成安全风险传递网络，在缺乏有效风险应对的情况下，涌现出整体"不安全"的行为特征，最终导致安全事故的发生。

2.2
城市轨道交通建设项目安全风险系统研究

将城市轨道交通建设项目安全风险看作一个系统，利用系统工程的理念和方法分析安全风险系统的构成和安全风险系统的特性，为城市轨道交通建设项目安全风险传递研究奠定理论基础。

2.2.1 安全风险系统的构成

系统论的基本思想和方法就是把所研究和处理的对象看作一个系统，分析系统的结构和功能[139]。钱学森对"系统"的定义是"由相互作用和相互依赖的若干组成部分结合成的、具有特定功能的有机整体"，并指出作为系统的三个基本属性：第一，系统是由若干元素组成的；第二，这些元素相互作用、互相依赖；第三，由于元素间的相互作用，使系统作为一个整体具有特定的功能[140]。一般系统论创始人贝塔朗菲（Ludeig von Bertalanffy）提出"系统是由若干相互联系的基本要素构成的，它是具有确定的特性和功能的有机整体"[139]。综合以上定义，将城市轨道交通建设项目安全风险系统定义为"由若干相互作用和依赖的安全风险因素组成的，表现出某种安全风险状态的有机整体。"

系统需要满足以下两个条件：①至少包含两个不同的元素；②元素按一定方式相互作用。系统的组成就是系统各个部分的集合，其中每一个部分都叫作系统的元素[141]，元素是构成系统的最小部分或基本单元[139]。在城市轨道交通建设项目安全风险系统中，安全风险因素是系统的基本构成单元，安全风险因素在因果作用和耦合作用下构成安全风险传递关系。因此，将城市轨道交通建设项目安全风险系统的构成要素总结为安全风险因素、安全风险传递关系，安全风险因素及其传递关系构成安全风险系统结构，安全风险系统结构决定安全风险系统功能。

1. 安全风险因素

将安全风险因素记为 S_i，安全风险因素的集合记为 S，用集合的数学语言表示为：

$$S = \left\{ s_i \mid s_i \in S, i = 1:n, n \geqslant 2 \right\} \tag{2-1}$$

安全风险因素是安全事故发生的潜在原因，城市轨道交通建设项目安全风险因素的数量众多，其中一部分因素按某种方式更紧密地联系在一起，具有自己的整体特性，这部分因素构成URTC项目安全风险子系统。URTC项目按不同的子系统划分方式将风险因素划分为不同类别，如按照安全风险的来源划分为包括人员风险因素、管理风险因素、机械设备风险因素、技术风险因素、环境风险因素五个子系统（风险分类）[142]，按照安全风险因素所在的不同阶段划分为可行性研究阶段风险因素、工程勘察阶段风险因素、工程设计阶段风险因素、工程施工阶段风险因素、竣工验收和交付阶段风险因素五个子系统（风险分类）[143]。

2. 安全风险传递关系

系统的各个组成部分按一定方式、一定关系组合起来形成系统[141]。将安全风险因素集合的某一部分记为 $s_i \in S_i \subset S$，$i=1:m$，另一部分安全风险因素记为 $s_j \in S_j \subset S$，$j=1:n$，假设 s_i 对 s_j 有风险传递作用，用 RT 表示两部分因素间的安全风险传递关系，则有：

$$s_j = RT(s_i) \tag{2-2}$$

式中，$RT(s_i)$ 表示安全风险因素 s_i 对安全风险因素 s_j 的风险传递作用。

3. 安全风险系统结构和系统功能

系统结构是系统元素之间相互关系、相互作用的综合，它构成了系统内部相对稳定的组织形式和结合方式[141]。同样的安全风险因素在不同的风险传递作用下形成不同的安全风险系统结构，不同的安全风险系统结构产生不同的安全风险系统功能。

根据事故致因理论，将系统结构划分为深层因素、间接因素和直接因素三个层级（图2-9）。深层因素、间接因素、直接因素是导致安全事故和损失发生的连锁原因，形成一条"风险链"，正如"多米诺骨牌"一样，一旦第一张倒下，就会导致第二张、第三张直至最终的事故和损失，多个"风险链"构成一张安全风险传递网络。

系统功能指因素间相互作用引发的交互效应，是系统的一种整体特性[144]。安全风险系统功能（F）为安全风险因素（S）、安全风险传递关系（RT）、系统结

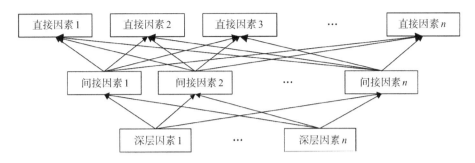

图2-9　城市轨道交通建设项目安全风险系统结构

构层级（H）的属性集合，表示为：

$$F=\{S，RT，H\} \tag{2-3}$$

城市轨道交通建设项目安全风险系统功能是安全风险结构所"涌现"出的整体特性。根据穆勒提出的涌现性的三个判断依据：①整体涌现特性不是其部分的特征之和；②涌现特性的各类特征完全不同于组成部分的各类特征；③涌现特征不能由单独考察部分的行为中推导或预测出来[145]。在城市轨道交通建设项目中，两个或多个安全风险因素之间没有必然联系，但同时发生会产生耦合，使得安全风险系统功能发生质变，涌现出单独或部分风险因素所不具有的整体行为特征。

城市轨道交通建设项目安全风险系统功能指安全风险状态，包括系统安全和安全事故。在进行有效风险应对的情况下，安全风险在负向传递作用下产生约束效应，安全风险系统结构负向交互，促进系统安全的涌现；在缺乏有效风险应对的情况下，安全风险在正向传递作用下产生倍增效应，安全风险系统结构正向交互，导致安全事故的涌现，如图2-10所示。

由于安全风险系统结构由安全风险因素、安全风险传递两部分组成，因此，

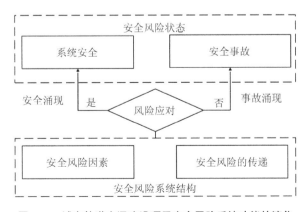

图2-10　城市轨道交通建设项目安全风险系统功能的演化

风险应对有两种途径提升系统的安全状态：

（1）降低安全风险因素的发生概率，即对该因素自身采取风险应对措施，控制高危风险因素的发生。

（2）打破或阻碍安全风险传递的路径，即对影响该因素的其他因素采取风险应对措施，通过降低安全风险传递，控制高危风险因素的发生。

2.2.2 安全风险系统的特性

系统论认为整体性、开放性、动态相关性、层次等级性、有序性等是系统共同的基本特性[139]。城市轨道交通建设项目安全风险系统作为城市轨道交通建设项目系统的子系统，除具备一般系统的基本特性外，还具有一次性、成长的不可逆性、结构的层级性、功能的动态演化性等特性。

1.一次性

城市轨道交通建设项目是一次性的，安全风险随着项目的开始而产生，随着项目的结束而消亡，因此城市轨道交通建设项目安全风险系统也具有一次性特征，这使得URTC项目的安全风险系统及其演化过程各不相同，单纯依靠少量客观资料或专家经验，难以全面分析整个安全风险系统的结构和功能。

2.成长的不可逆性

系统工程中用"成长性"特征描述系统从无到有，从小到大，经历孕育期、发展期、成熟期、衰老期和更新期的过程[146]。城市轨道交通建设项目安全风险系统的实施过程遵循特定的建设过程，建设过程不可逆，此外安全事故往往伴随人员伤亡，损失不可逆，因此安全风险系统的发生和发展也不能逆转。在施工前安全风险因素最模糊、数量最多，安全风险系统的不确定性也最大，随着项目的验收交付，安全风险因素和安全风险系统的不确定性归零。

3.结构的层级性

系统工程理论中用"有序性""层次性"描述系统与子系统之间的包含与被包含关系，这契合了安全风险因素的分类。除此之外，城市轨道交通建设项目还具备系统结构的层级性特征，指安全风险传递网络所表现出的结构的层级性，即安全风险因素从深层、间接层到直接层的逐层传递过程，最终导致安全事故的发生。

4.功能的动态演化性

安全风险因素及因素间的非线性传递作用是城市轨道交通建设项目安全风险系统功能动态演化的内在动因，新旧风险随着项目的生命周期不断演化，新的安全风险生成，同时又有旧的安全风险消逝，使得安全系统功能不断动态演化。同时，安全风险系统与安全风险应对产生交互影响，是系统功能动态演化的外在动因，安全风险应对不能消除全部安全风险，但会使安全风险系统趋于平衡和稳定，保持或降低项目的整体安全风险值。

2.3
城市轨道交通建设项目安全风险传递网络研究

2.3.1 安全风险传递的来源

1.城市轨道交通建设项目的建设过程紧密相连

城市轨道交通项目的建设要经过可行性研究、工程勘察、工程设计、工程施工、竣工验收和交付这几个阶段[147]。可行性研究阶段的决策结果直接决定了工程建设的安全风险环境，勘察阶段的地质报告决定了设计参数的选用，设计阶段的施工图纸决定了工程结构的稳定性和施工方案的可靠性。施工前各阶段的风险若未能很好地处理，必将累积到施工阶段，形成恶性安全风险累积，致使整个URTC项目安全风险系统处于脆弱状态。

2.城市轨道交通建设项目的施工工序环环相扣

城市轨道交通建设项目包括基坑围护结构、土石方开挖、地基处理、车站主体结构、区间隧道支护、竖井、横通道等多个施工工序。由于建设工程规模大、施工工序多且环环相扣，因此紧前工序的施工影响后续工序的安全状态，尤其是同一或相邻工作面的工序更容易产生风险传递。例如基坑围护结构存在质量缺陷的情况下，基坑开挖时可能会在围护结构薄弱处产生较大的变形而发生坍塌事故；勘察阶段周边管线和建筑物调查不足的情况下，将会给后续的开挖或掘进作业带来安全隐患；隐藏高危风险的施工方案将会影响该工序的施工安全等。因此，相邻施工工序的先后顺序和联系使得城市轨道交通建设项目安全风险因素间的传递关系更紧密。

3.城市轨道交通建设项目的信息连接频繁密切

以互联网、云计算、大数据、人工智能等为主要内容的新一代信息技术的发展影响着城市轨道交通建设项目的组织和管理模式，使得安全管理过程中的信息流动加速、组织内部及组织之间的联系增长，形成了人与人、人与物、物与物之间更密切的连接，这种连接使得安全风险的相互作用更加密切，安全风险系统也更加脆弱和敏感。

综上所述，城市轨道交通建设项目安全风险传递的产生是由自身建设过程的连续性、施工工序的关联性、信息的密切连接性共同引起，其来源的客观存在决定了城市轨道交通建设项目安全风险传递的必然性。URTC项目越复杂，建设过程越紧密、施工工序越交叉、信息交换越频繁，则安全风险因素越多、风险因素之间的相互作用就越错综复杂，也就是说URTC项目的复杂性加剧了安全风险的传递性，系统的整体风险就越难以测度。

2.3.2 安全风险传递的概念

Ren[91]将风险关系（Risk Relationships）定义为同一系统中风险因素之间的相互影响，假如风险因素A发生则B也有可能发生，假如A不发生则B必不发生。Fang[148]将风险关联性（Risk Interactions）定义为一个风险的发生可能激发另一个或更多风险的发生。在概率论与数理统计中，将"相互作用"定义为"两个或两个以上变量取值之间存在的某种规律性"。项目元风险传递中将传递关系描述为"对于目标对象y，若存在某种对应关系f，使得x_i满足$y=f(x_i)$，则称x_i是影响目标对象y的风险元，对应关系f称为风险元传递系数"[89]。供应链风险传导中将传导关系定义为"供应链中每一个成员企业的风险会随着供应链网链结构的传递作用而转移给其他企业"[70]。

根据城市轨道交通建设项目的特点，结合上述学者的分析，将安全风险传递的含义描述为：

定义2.1：**安全风险传递**（Safety Risk Transimission）为两个或两个以上安全风险因素发生的可能性之间存在的某种相互作用关系。

定义2.2：描述安全风险传递关系的大小的值，称为**安全风险传递强度**（Safety Risk Transimission Strength）。

安全风险传递带有方向，按照因素之间边缘概率的方向分为正传递（正相关）和负传递（负相关）。由于本书仅考虑安全风险可能造成的损失，即安全风险因素间发生概率的叠加影响，因此安全风险传递关系均为正传递，即安全风险因素之间的正相关关系。

2.3.3 安全风险传递的类型

按照传递路径的不同，将城市轨道交通建设项目安全风险传递划分为因果传递关系（简称因果关系）和耦合传递关系（简称耦合关系）。其中，因果关系属于串行传递关系，带有明显的传递方向；耦合关系属于并行传递关系，表示风险因素同时发生。安全风险因素间的因果关系和耦合关系常共同存在于安全风险传递网络中。

1.因果关系（Causual Relationship）

定义2.3：**因果关系**指两个或两个以上安全风险因素发生的可能性之间存在原因和结果上的概率关系，即一个因素的发生会影响另一个因素的发生概率，记为$X<cau>Y$，表示X因素和Y因素之间具备因果传递关系。

定义2.4：因果关系中，某个安全风险因素的变化是引起另一个安全风险因素变化的原因，那么该因素称为**原因因素**，用X表示；反之，如果某个安全风险因素的变化是受另一个因素的影响，那么该因素称为**结果因素**，用Y表示。

定义2.5：描述因果传递关系大小的值，称为因果传递强度，简称**因果强度**。

定义2.6：按照因果传递关系的直接或间接程度分为**直接因果关系**和**间接因果关系**。直接因果关系说明两个安全风险因素之间直接因果相关，间接因果关系指两个安全风险因素间通过其他因素来描述因果传递性。

假设安全风险因素集为安全风险因素的随机变量集合S_i，设X、Y为S_i内具有因果关系的两个风险因素，因果关系$X<cau>Y$的基本图元如图2-11所示，以实箭线表示因果传递，箭线方向代表因果传递的方向。安全风险因素S_i的变化是引起S_j变化的原因或原因之一，因此S_i为原因因素，S_j为结果因素。

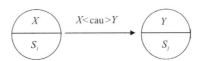

图2-11　因果关系示意图

由于安全风险因素具有"潜在性"特征，安全风险因素产生的损失直至安全事故发生才会显现，例如勘察不足、设计缺陷风险在勘察设计阶段已经发生但尚未显现，不会产生安全损失，随着时间的推移，会将其风险传递到施工过程，引发施工环境风险。因此本书主要讨论安全风险因素发生概率间的因果关系，即安全风险因素发生概率的变化引起其他因素发生概率的变化。

安全风险因素的因果传递关系具有以下几个特征：

（1）原因因素与结果因素是一对多、多对一或多对多的复杂关系，即由图2-11所示的链型关系可以演化为树形、扇形、网络型等其他更加复杂的关系结构。

（2）原因因素与结果因素共同存在于安全风险系统中，在没有风险应对措施的干扰下，原因因素的风险传递到结果因素后并不会消失或减弱，而是继续潜伏在安全风险系统中，也就是说安全风险因素的因果传递往往呈现正向叠加效应。

（3）因果关系并非简单的线性依赖关系，而是一种复杂的非线性作用关系，即存在着"雪球式"倍增效应，如安全管理缺陷的发生概率增大1%可能导致人的不安全行为发生的概率增大5%。

2. 耦合关系（Coupling Relationship）

"耦合"一词源于物理学，是指两个或两个以上的体系或两种运动形式之间通过各种相互作用而彼此影响以致联合起来的现象。

定义2.7：**耦合关系**指两个或两个以上风险因素发生的可能性之间不存在影响关系，但同时发生后会对安全风险状态造成巨大扰动，记为$X<cou>Y$，表示X因素和Y因素之间具备耦合关系。

定义2.8：描述耦合关系大小的值，称为耦合传递强度，简称**耦合强度**。

耦合关系$X<cou>Y$的基本图元如图2-12所示，以虚箭线表示耦合传递，箭线为双向，表示相互耦合。单个安全风险因素S_i的发生可能对项目目标影响不大，但与安全风险因素S_j共同发生时，会对项目目标造成巨大影响，如不合格耐火材料与施工人员焊接作业时防护不足，两个因素发生耦合后将大大增加安全事故发生的概率和损失。

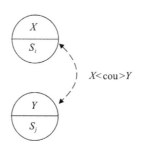

图2-12　耦合关系示意图

由于城市轨道交通建设项目的复杂性，安全事故往往由多个风险因素共同耦合造成，即多个因素在同一时间、同一地点、同一环境作用下发生耦合，它们之间相互影响、相互作用，耦合后的风险因素产生"共振效应"导致风险放大，安全风险系统的平衡状态被破坏，导致事故发生，因此安全风险因素的耦合作用是URTC项目施工安全的重大威胁。

安全风险因素的耦合传递关系具有以下几个特征：

（1）耦合关系可能存在于双因素间，也可能存在于多因素间，即如图2-12所示的并行关系可以演化为多因素耦合关系。

（2）耦合关系可能存在于不同安全风险类别中，如降雨和违章作业因素耦合产生安全事故，即为环境因素和人员因素的耦合，也可能存在同一安全风险类别中，如降雨和地质条件因素耦合产生基坑坍塌事故，即为环境风险内部因素的耦合。

（3）同因果关系一样，耦合关系也是一种非线性作用关系，即存在着"共振式"倍增效应，如易燃材料和焊接工作的耦合将大大增加火灾事故的发生概率和损失程度。

2.3.4 安全风险传递网络的构建

1. 安全风险传递网络的构建

根据第2.2节的分析结果，城市轨道交通建设项目安全风险系统结构由安全风险因素、风险传递关系、系统结构层级构成，其中安全风险因素和风险传递关系构成系统结构层级。安全风险因素的复杂因果和耦合作用使得风险的演化过程变得错综复杂，往往形成一个复杂的网络结构。

因此，为了体现城市轨道交通建设项目安全风险系统的结构，构建一个网络图来表示安全风险因素及其风险传递关系。这个网络结构是由n个节点和相应的定向连接边所形成的有向加权复杂网络，节点表示安全风险因素，边表示安全风险因素诱发另一个因素的传递行为。具体解释如下：

（1）节点表示安全风险因素S_i，携带的数值为因素S_i的发生概率$P(S_i)$。

（2）实箭线代表安全风险因素间的因果关系，因果关系带有单向方向，携带的数值为因果强度，表示因果关系的大小。

（3）虚箭线代表安全风险因素间的耦合关系，耦合关系带双向方向，双箭头表示因素间相互耦合，携带的数值为耦合强度，表示耦合关系的大小。

（4）安全风险因素及其传递关系构成了"深层原因→间接原因→直接原因"的三层级系统结构。

按照上述方法，得到如图2-13所示的风险传递网络，该网络图是一个有向有权图，引入图论中的基本概念，对该有向图做如下定义：

定义2.9：如果从节点S_i到节点S_j有一条边，那么S_i称为S_j的**父节点**（Parent Node），而S_j称为S_i的**子节点**（Child Node）。一个节点既可以是其子节点的父节点，也可以是其父节点的子节点。

定义2.10：一个节点的所有父节点和子节点称为它的**邻居节点**（Neighbor Node），没有父节点的节点称为**根节点**（Root Node），没有子节点的节点称为**叶**

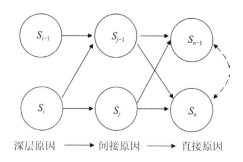

深层原因 ——→ 间接原因 ——→ 直接原因

图2-13　安全风险传递网络

节点（Leaf Node）。

定义2.11：从根节点到叶节点组成的贯通的路线称为**安全风险传递路径**（Safety Risk Transmission Path），在所有传递路径中，最有可能发生的1条或几条路径称为**安全风险传递关键路径**（Critical Path of Safety Risk Transmission）。

根据上述定义，图2-13中的节点S_j为节点S_i的子节点，S_j同时为S_n的父节点，节点S_{i-1}和S_i为安全风险传递网络的根节点，节点S_{n-1}和S_n为叶节点，该风险传递网络中共包含$S_{i-1} \rightarrow S_{j-1} \rightarrow S_{n-1}$等6条安全风险传递路径。

2.安全风险传递网络的特性

城市轨道交通建设项目安全风险传递网络具有如图2-14所示的六个特性。

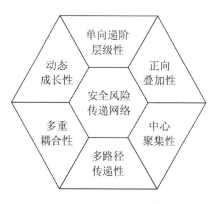

图2-14　安全风险传递网络的特性

（1）单向递阶层级性：

安全风险从底层的深层风险，通过中间的间接风险，逐层传递到顶层的直接风险，符合"深层原因→间接原因→直接原因"的单向递阶传递路径。对局部存在的层间和逆向风险传递，仅考虑其因果作用的综合性影响进行简化处理，例如"安全培训不足"和"安全意识不足"两个风险因素交叉影响，则认为其中一个因素更偏重原因，而另一个因素更偏重结果，它们之间依旧构成单向传递关系。

（2）正向叠加性：

由于仅考虑安全风险的损失性，因此当前安全风险因素的发生概率依赖于所有父节点因素发生概率的非线性正向叠加，并在节点处不断累积和传递。

（3）中心聚集性：

安全风险传递并非无规律地任意扩散，如果没有风险应对的外力作用，安全风险会沿着一定的路径传递至相邻节点。

（4）多路径传递性：

在安全风险传递过程中，由于周边环境的不同，并不是所有的安全事故都会发生。安全风险系统中存在多条风险传递路径，多数安全风险因素仅潜伏在安全风险系统中，不会发生，其中最脆弱、最敏感的1条或多条风险传递路径，直接引发安全事故或通过耦合作用引发安全事故。

（5）多重耦合性：

两个或多个安全风险因素间具备多重耦合性，给安全风险系统带来风险的层级性跃迁，加剧了系统内部的非线性作用，导致安全风险系统更多的不确定性。

（6）动态成长性：

安全风险因素有一个潜伏和发展的过程，从萌芽发展到成熟，最后产生风险事件。事故的触发往往蕴含在风险传递路径中，事故的演化轨迹就是风险潜伏、发展和发生的过程。

安全风险传递网络具有单向递阶层级性、正向叠加性、中心聚集性、多路径传递性、多重耦合性、动态成长性六个特性，较好地匹配了安全事故致因的复杂特征，因此能够系统地描述城市轨道交通建设项目安全事故发生机理，从而更准确地预测系统的安全风险状态。

2.4
基于数据挖掘的城市轨道交通建设项目安全风险分析方法

2.4.1 安全风险分析方法框架

结合第1.1节提出的城市轨道交通建设项目安全风险管理过程较大依赖专家经验的不足和第2.2节提出的安全风险系统，提出基于数据挖掘的城市轨道交通建设项目安全风险分析方法框架如图2-15所示，该框架大大提高了安全风险管理过程的客观性，促进了安全风险管理知识在其他新建项目中的复用和共享。

（1）安全风险规划：由项目经理及其管理团队结合城市轨道交通建设项目安全事故案例库，分析类似项目已发生的安全隐患，制定待建项目的安全风险管理规划。由于安全风险规划涉及管理目标、组织机构、风险控制成本等多方面内容，因此不在本书研究范围内。

（2）安全风险因素识别：利用文本挖掘方法，从城市轨道交通建设项目安全事故调查报告中提取事故致因，作为一般URTC项目的安全风险因素，在进行具体项目的风险识别时需要结合专家经验对风险因素进行局部修正。

（3）安全风险传递关系分析：利用关联规则分析、自然语言处理方法，从URTC项目安全事故调查报告中抽取出因果关系和耦合关系，分析安全风险传递的强度，为安全风险评估做准备。

（4）安全风险评估：利用贝叶斯网络对安全风险状态进行评估，预测当前项目的整体安全风险水平，然后综合评估安全风险因素的等级，筛选出高危风险因素。

（5）安全风险应对：制定不同风险等级下的安全风险应对策略，促使安全风险系统涌现出系统安全的功能。

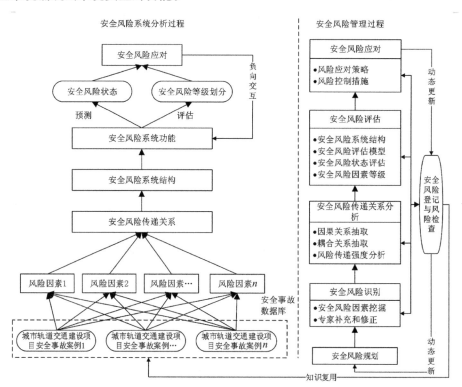

图2-15　基于数据挖掘的城市轨道交通建设项目安全风险分析方法框架

2.4.2 基于文本挖掘的安全风险因素识别方法

1.文本挖掘方法

文本挖掘（Text Mining）是数据挖掘的一个重要分支，是指从文本数据中抽取有价值的信息和知识的计算机处理技术，也可称为知识发现技术。文本挖掘方法涉及统计学、自然语言学、机器学习等多个领域的知识，为研究各类事物及现象提供了新的可能[149]。该方法通过计算机软件技术与语法规则从文本数据中挖掘出使用者所需要的文本信息和有益的数据模式，能够从大量的文本数据中抽取事先无法获知的、可被人理解的而且最终可用的知识[150]。随着新一代信息技术的发展，文本挖掘方法已从计算机专业领域应用到各学科研究中。国外学者较早开始在建筑工程安全风险领域引入文本挖掘技术，如Esmaeili和Hallowell（2015）[151]认为建筑施工安全事故都由一组共同的安全风险因素导致，利用文本挖掘方法分析了上千份事故报告，从中发现了22个共同的安全风险因素；Gholizadeh（2015）[152]利用主成分分析法将上述22个共同的安全风险因素减少到5个；Tixier（2016）[153]结合文本挖掘与自然语言处理技术，从事故报告中提取出安全风险因素、安全事件、伤亡情况。国内学者在铁路运行、煤矿生产安全风险等领域进行了文本挖掘技术的研究和应用，如李福鑫（2017）[154]收集整理了2万多条铁路风险的数据记录，通过文本分词和词频分析提取关键词代表风险因素。国内外学者研究的基础数据来源于历史事故记录条，为半结构化数据，文本篇幅和内容粒度较为一致。

2.文本挖掘的语料选择

城市轨道交通建设项目安全风险管理的每个过程都会产生大量文本型文件，如安全风险源识别清单、安全风险评价表、安全风险应对手册、安全检查记录、安全事故调查报告等[155]。我国《生产安全事故报告和调查处理条例》规定事故报告应当及时、准确、完整，任何单位和个人对事故不得迟报、漏报、谎报或者隐瞒。事故调查处理应当坚持实事求是、尊重科学的原则，及时、准确地查清事故经过、事故原因和事故损失，查明事故性质，认定事故责任，总结事故教训，提出整改措施，并对事故责任者依法追究责任。应急管理部作为安全生产管理的最高职能部门，在事故调查结束后会及时向社会公开事故调查的细节及事故报告文本。因此，相比于其他安全管理文档，安全事故调查报告直接反映了事故的发生过程和事故产生的原因，而且报告内容公开可查，同时也能够代表我国URTC项目安全风险管理的基本情况，因此选用事故调查报告作为文本挖掘的语料。由于中文和英文语言形式不同，难以同时进行文本挖掘，因此仅对国内URTC项目安全事故调查报告进行收集、挖掘和分析。

3.安全风险因素识别方法和流程

从应急管理部等渠道收集整理URTC项目施工安全事故调查报告，根据这些事故调查报告以及安全风险因素的特点，运用文本挖掘技术提取出安全风险因素，并将文本类型的事故调查报告转化为结构化的矩阵形式，为后续的传递关系抽取和安全风险评估奠定基础。

基于文本挖掘的安全风险因素识别方法和流程包括数据收集与筛选、文本预处理、词库开发、特征选择、安全风险因素检验五个过程，具体如图2-16所示。

步骤1：数据收集与筛选。通过三种渠道收集URTC项目安全事故调查报告：国家和地方相关网站、图书论文等文献资料、企业内部资料。

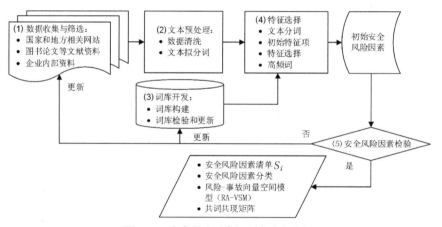

图2-16 安全风险因素识别方法和流程

步骤2：文本预处理。将事故调查报告文本转化成文本挖掘工具可以处理的半结构化形式，包括数据清洗和文本拟分词两个步骤。

步骤3：词库开发。由于城市轨道交通建设项目安全风险管理的标准化和规范化程度不够，安全风险因素的表述偏差较大，尚未形成具有明确语义的分词词典及语料库，因此，需要在一般词典匹配分词算法的基础上，进行专业词库的开发。

步骤4：特征选择。文本分词后得到数量庞大的初始特征项，利用词频分析法对安全风险因素进行特征选择，揭示安全风险因素在已发生安全事故中的分布特征，形成初始安全风险因素。

步骤5：安全风险因素检验。与国家现行标准对比分析，剔除冗余及补充不足的风险因素，形成检验后的城市轨道交通建设项目安全风险因素 S_i，并对因素进行分类，同时构建风险—事故向量空间模型（RA-VSM）、共词共现矩阵（CCM），完成对事故调查报告文本数据的结构化处理。

2.4.3 基于自然语言处理的安全风险传递关系分析方法

假设有 n 个风险因素，若采用调查问卷的方式以专家经验直接判断因素间的两两影响关系，则需要回答 $n \times (n-1)/2$ 个问题，当风险因素多、因素间关系较复杂的情况下，靠人脑很难完成，而且很难保证数据的一致性，因此需要从客观历史数据中发现安全风险因素间的作用关系。

数据之间普遍存在关联关系，关联规则挖掘正是数据挖掘技术所擅长的领域。但关联规则挖掘的是变量取值间的关联关系[156]，分析得到的是统计意义上具有特定关系的因素，因此难以解释因果关系和耦合关系。例如经典的"啤酒和尿布"问题，计算机可以从大量数据中分析出来啤酒和尿布销量正相关，但很难分析出它们之间的逻辑关系到底是什么。要确定所获得的强关联规则是否为特定的逻辑关系，还需进一步评判。另外，相较于商业分析领域动辄上万条数据记录而言，城市轨道交通建设项目领域的安全事故案例库的数据规模还不够大。因此，这就需要寻求小数据集条件下有效抽取安全风险传递关系的方法。

1.关联关系、相关关系、因果关系及耦合关系

为了更好地描述安全风险因素间的因果关系和耦合关系，首先对关联关系、相关关系、因果关系、耦合关系进行界面区分，如图2-17所示，最外面的大环表示关联规则的集合。关联关系表示一个风险因素的发生对其他风险因素的发生造成一定的影响[157]。若因素 X 和因素 Y 存在关联关系，则认为存在关联规则 $\mathrm{Asso}(X, Y)$，关联规则不具有方向性。对于关联规则 $\mathrm{Asso}(X, Y)$，可能存在以下几种情况：

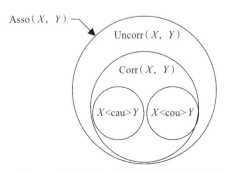

图2-17　因果关系、耦合关系、相关关系和关联关系

（1）$\mathrm{Uncorr}(X, Y)$，因素 X 和因素 Y 的发生不具有相关性。这是因为在关联关系中存在大量不具有相关关系的冗余频繁项集，即因素 X 和因素 Y 虽然会同时

出现，但这种频繁共现只是在案例库中数值上的体现，实际上不存在相关性。

（2）Corr(X, Y)，因素X和因素Y的发生具有某种函数上的相关关系，在城市轨道交通建设项目安全风险系统中主要体现为因果关系和耦合关系。

（3）X<cau>Y，因素X和因素Y的发生具有逻辑上的因果关系。因素X的发生影响因素Y的发生，则因素X是因素Y的原因，反之，因素Y是因素X的结果。

（4）X<cou>Y，因素X和因素Y的发生具有逻辑上的耦合关系。因素X和因素Y各自独立，在发生概率上具有耦合相关性，同时发生时会产生某种"共振"，大幅度增加事故发生的概率。

数据满足关联规则，但不一定相关，即使相关也不一定具有因果关系或耦合关系，但因果关系和耦合关系一定是相关关系。例如一个很古典的问题：吸烟和肺癌。即使数值上呈现正相关关系，但也不能得到"吸烟导致肺癌"的结论。这就使得纯粹从数值上进行因果关系推断存在很大的困难，对于耦合关系也同样如此。

2.安全风险传递关系分析方法和流程

虽然城市轨道交通建设项目安全事故案例库样本量不够大，但样本中语言的逻辑性强，即调查报告中包含大量描述事故发生经过和风险因素间关系的语句，人们通过阅读这些语句可以理解安全风险因素间的传递关系。因此，为了使计算机能够像人脑一样理解事故调查报告中的语义，采取自然语言处理（Natural Language Processing，NLP）技术抽取报告文本中的特定语句，揭示安全风险因素间的传递关系。由于报告文本中已明确表达了安全风险因素间的关系，因此不需要大数据样本学习即可以得到因素间的逻辑关系，以弥补小样本数据中难以通过数值统计判断逻辑关系的不足。

综上所述，提出如图2-18所示的从城市轨道交通建设项目事故调查报告中抽取并分析因果、耦合关系的方法和流程。

步骤1：安全风险关联规则挖掘。运用关联规则挖掘方法，从风险-事故向量空间模型中提取出强关联规则Asso(X, Y)，然后通过提升度等多个指标评估强关联规则的有趣性，筛选出相关的强关联规则，安全风险因素的因果关系和耦合关系就隐藏在这些相关规则中。

步骤2：安全风险因果关系抽取。采用自然语言处理技术构建因果关系抽取模式和流程，在相关规则中抽取因果关系X<cau>Y，生成安全风险因果数值矩阵。

步骤3：安全风险耦合关系抽取。与因果关系抽取类似，采用自然语言处理技术构建耦合关系抽取模式和流程，在相关规则中抽取耦合关系X<cou>Y，生成

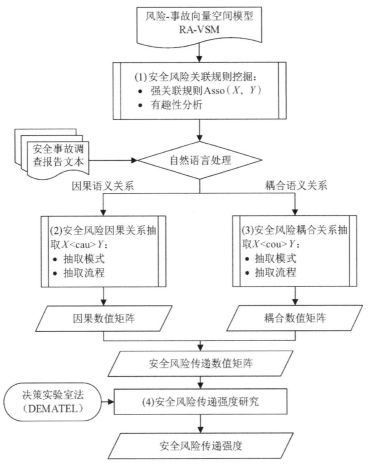

图2-18 安全风险传递关系分析方法和流程

安全风险耦合数值矩阵。

步骤4：安全风险传递强度研究。整合因果数值矩阵和耦合数值矩阵，形成安全风险传递数值矩阵，该矩阵是安全风险传递网络的矩阵化表达，然后运用决策实验室（DEMATEL）方法从复杂网络"度"的角度量化安全风险传递强度。

2.4.4 基于贝叶斯网络的安全风险评估方法

贝叶斯统计和贝叶斯网络（Bayesian Network，BN）能够有效量化变量间的作用关系且支持图形化表达，广泛应用于复杂系统中的不确定性问题[158]，同时也是数据挖掘和人工智能领域的重要方法。目前贝叶斯网络应用中的困难是参数的先验信息的获取主要依靠专家经验，不适用于大规模因素的分析（详见第1.2.4节），而结合数据挖掘技术则可以通过参数学习获取先验信息，从而弥补贝叶斯网络应用中先验信息难以获取的不足。

1.安全风险评估方法和流程

贝叶斯网络包括网络拓扑结构、参数的条件概率表（Conditional Probability Table，CPT）共两类输入变量，均可以通过机器学习或者人工赋值两种形式构建[159]，本书选择人工构建BN网络结构、机器学习构建BN参数CPT。

由于URTC项目安全事故案例库数量有限，虽然可以使用Bootstrap抽样等方法，通过扩展小数据集改善网络结构学习的效果[160]，但由于安全风险传递关系的复杂性，很难直接通过机器学习得到适用的结构，因此引入解释结构模型（Interpretative Structural Modelling，ISM）方法辅助构建安全风险评估模型，达到贝叶斯推理的目的。URTC项目安全风险评估方法和流程如图2-19所示。

步骤1：安全风险评估模型结构构建。基于安全风险传递关系分析得到的因果数值矩阵，利用解释结构模型（ISM）方法构建URTC项目安全风险系统结构，然后将其转化为贝叶斯网络，形成URTC项目安全风险评估模型拓扑结构。对于BN局部网络中出现父节点过多的情况，引入Leaky Noisy-Max模型进行简化，从而得到修正后的安全风险评估模型结构。

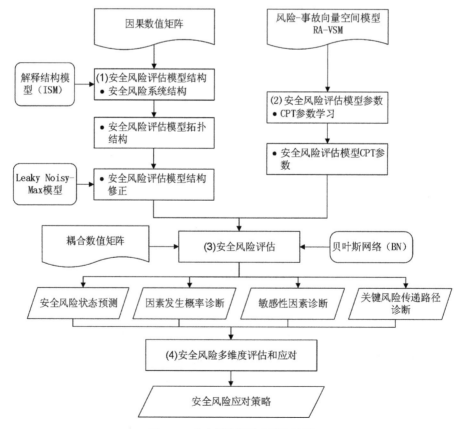

图2-19　安全风险评估方法和流程

步骤2：安全风险评估模型参数构建。利用BN参数学习，训练文本挖掘得到的风险-事故向量空间模型（RA-VSM）的数据，通过机器学习生成参数条件概率表，完成安全风险评估模型的整体构建。

步骤3：安全风险评估。利用安全风险评估模型预测URTC项目的安全风险状态，并对风险因素的发生概率、敏感性因素和关键风险传递路径进行诊断和分析。

步骤4：安全风险多维度评估和应对。利用安全风险因素发生概率、风险传递强度、系统结构层级等多维度指标综合评估安全风险因素的等级，并提出基于反传递的安全风险应对策略。

2.贝叶斯网络方法原理

贝叶斯网络在贝叶斯定理基础上建立，由Pearl在1988年提出，是一种利用可视化网络图表示随机变量之间概率关系的方法[161]。贝叶斯网络将概率分析和图论相结合，通过网络图形模型定量描述变量间的因果关系，根据概率论处理不同因素在条件相关时产生的不确定性，用于不确定性因素的表达和推理[162]。

贝叶斯网络由图形结构和参数两部分组成，贝叶斯的图形结构是一个有向无环图，由节点和弧构成，节点表示变量，弧表示变量间的因果关系，每个节点包含不同的状态，且对应一个条件概率表（CPT），表示节点同其父节点在不同状态下的条件概率[163]。

设X、Y为安全风险因素集S内具有因果关系的两个因素，在BN网络中表示为节点，因素之间的因果关系表示为由原因因素X指向结果因素Y的箭线，以条件概率表（CPT）表示因果关系之间的影响程度，以叶节点T表示安全事故，那么构建的贝叶斯网络（图2-20）具有以下概念和公式：

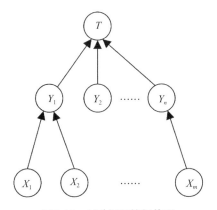

图2-20　贝叶斯网络拓扑图

（1）节点类型：

BN节点类型有3种：①目标节点，指BN网络拓扑图中的叶节点T，它的概率值表示所预测因素的发生概率，本书指安全事故发生的概率；②证据节点，指网络拓扑图中的根节点 X，其先验概率是 BN 参数学习的先决条件；③中间节点，指网络拓扑图中的中间节点 Y，位于目标节点与证据节点之间起传递作用。

（2）先验概率和后验概率：

先验概率：基于历史信息或由主观判断确定的安全风险因素发生的概率，是根据现有知识对事件发生可能性的一种估计。

后验概率：通过调查途径获取补充信息，在得到安全风险因素发生结果的信息后，重新修正概率，使安全风险因素发生概率的估计更准确、更切合实际。

（3）条件概率：

因素 X 的发生概率为 $P(X)$ 且 $P(X)>0$，因素 Y 的发生概率为 $P(Y)$ 且 $P(Y)>0$，在因素 X 发生的前提下，因素 Y 发生的概率记为条件概率 $P(Y|X)$，计算公式为：

$$P(Y|X) = \frac{P(XY)}{P(X)} \tag{2-4}$$

（4）联合概率：

联合概率表示两个因素共同发生的概率，记为 $P(XY)$，计算公式为：

$$P(XY) = P(Y|X)P(X) = P(X|Y)P(Y) \tag{2-5}$$

（5）全概率公式：

若因素 Y_1、Y_2，… 构成一个完备因素组，且 $P(Y_i)>0$，由于 $X = XY \cup X\overline{Y}$，则：

$$P(X) = P(XY) + P(X\overline{Y}) = P(X|Y)P(Y) + P(X|\overline{Y})P(\overline{Y}) \tag{2-6}$$

（6）贝叶斯概率公式：

由条件概率和全概率公式联合推算获取贝叶斯概率公式：

$$P(Y|X_i) = \frac{P(X|Y_i)P(Y_i)}{\sum_{i=1}^{n} P(X|Y_i)P(Y_i)} \tag{2-7}$$

（7）链规则：

设安全风险因素的随机变量集合 $S = \{S_1, S_2, \cdots, S_n\}$，$s_1, s_2, \cdots, s_n$ 表示 $S_1, S_2, \cdots, S_n$ 的概率，它们组成一个联合概率 $P(S_1=s_1, S_2=s_2, \cdots, S_n=s_n)$。联合概率受条件独立性先决条件的制约，以条件概率链为依托，从而表示为：

$$P\{S_1, S_2, \cdots, S_n\} = \prod_{i=1}^{n} P\{S_i|S_{i-1}, \cdots, S_i\} \tag{2-8}$$

（8）贝叶斯推理：

为了深入分析城市轨道交通建设项目安全风险因素及其传递路径，利用贝叶斯网络的推理原理，对构建的安全风险评估模型进行因果推理和诊断推理，以评估安全风险系统的风险状态和安全风险因素等级。贝叶斯网络的推理过程实质上是通过参数学习对先验概率进行修正，计算节点边缘概率的过程[164]，可分为因果推理、诊断推理两种形式[165]。

①因果推理：也称正向推理，是在已知一定节点因素状态的情况下，预测目标节点发生的概率；利用因果推理，可以预测已知条件下目标节点发生的概率；

②诊断推理：也称逆向推理，表示从结果逆向推断一个起因。目的是在已知结果时，找出导致这一结果的原因并计算其概率。诊断推理常用于故障诊断，目的是找出因素出现、事故发生的机理。

3.基于贝叶斯网络的安全风险评估理论模型

根据贝叶斯网络节点和边表征的含义，将图2-13所示的安全风险传递网络转化为贝叶斯网络拓扑图（图2-20），形成图2-21所示的基于贝叶斯网络的安全风险评估模型。图2-21中：

①X_i表示证据节点，即安全风险传递网络中的根节点；

②Y_i表示中间节点，即安全风险传递网络中的子节点；

③T表示目标节点，代表安全风险因素引发的安全事故；

④箭线表示安全风险因素之间的因果关系；

⑤由于BN中不支持双向箭线，因此用环状节点"◎"表示具备耦合关系的安全风险因素。

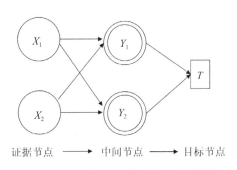

证据节点 ——→ 中间节点 ——→ 目标节点

图2-21 基于贝叶斯网络的安全风险评估模型

（1）安全事故发生概率预测：

运用因果推理评估安全风险因素在传递作用下引发安全事故的概率。城市轨道交通建设项目施工过程中，已识别的所有安全风险因素S_i组成的集合为证据S_e（无证据预测及S_e为空集），目标节点T（安全事故）的状态为state(T_i)，那么此情

况下目标节点 T 发生的概率 $P(T=T_i|S_c)$ 计算如下：

$$P(T=T_i|S_c)=\frac{P(T=T_i,S_1=s_1,S_2=s_2,\cdots,S_n=s_n)}{P(S_1=s_1,S_2=s_2,\cdots,S_n=s_n)} \quad (2-9)$$

式中，n 为安全风险因素的个数，$P(T=T_i,S_1=s_1,S_2=s_2,\cdots,S_n=s_n)$ 表示风险因素与安全事故等级 T_i 同时发生的联合概率；$P(S_1=s_1,S_2=s_2,\cdots,S_n=s_n)$ 表示风险因素的联合概率。

（2）安全风险值计算：

城市轨道交通建设项目安全风险值为安全事故发生概率及其后果的综合，计算公式为：

$$R=\sum_{i=1}^{n}p_i\times c_i \quad (2-10)$$

式中，p_i 为某类事故发生的概率，c_i 为该类事故的后果。

（3）安全风险因果作用诊断：

假设安全事故中某个状态 $T=t_i$ 会发生，运用诊断推理评估该状态下的安全风险因素发生的概率。安全风险因素 S_i 发生的后验概率用 $P(S_i=s_i|T=t_i)$ 表示，计算公式为：

$$P(S_i=s_i|T=t_i)=\frac{P(S_i=s_i)P(T=t_i|S_i=s_i)}{P(T=t_i)} \quad (2-11)$$

$P(S_i=s_i|T=t_i)$ 值越大，表示该因素作为导致安全事故处于该状态的可能性越大，进而为风险应对提供依据。

（4）安全风险耦合作用诊断：

在 BN 模型的基础上叠加安全风险因素耦合作用，分析耦合作用下项目整体安全风险状态的变化。由于风险耦合作用仅考虑安全风险因素发生或者不发生，因此在进行风险耦合作用诊断时节点状态为二值变量，即发生（Yes）或者不发生（No）。

假设耦合集中的安全风险因素 S_i、S_j 同时发生，运用联合推理评估该状态下安全事故（目标节点）状态的变化。安全风险因素 S_i、S_j 发生的后验概率计算公式为：

$$P(S_i=s_i,S_j=s_j|T=t_i)=\frac{P(S_i=s_i,S_j=s_j)P(T=t_i|S_i=s_i,S_j=s_j)}{P(T=t_i)} \quad (2-12)$$

2.4.5 基于反传递的安全风险应对策略

根据《风险管理　术语》GB/T 23694—2013/ISO Guide 73：2009的定义，风险应对（Risk Response）是"处理风险的过程"，主要包括风险控制、风险规避、风险分担、风险自留四种策略[166]。从URTC项目安全风险系统功能的角度，安全风险因素在风险应对作用下产生负向的约束效应，从而实现安全风险系统安全功能的涌现。

由于风险在系统中沿传递路径传播，若对风险传递路径上的父节点采取预控措施，阻断风险传递的路径，则可避免或减少安全事故的发生。如采取措施使工人技能水平、安全培训效果提升的概率增大1%，可能使得人的不安全行为发生概率降低5%，这种风险值的倍增效应同时也给风险应对效果的提升提供了契机。

根据第2.2节提出的城市轨道交通建设项目安全风险系统结构和系统功能，提出基于反传递的安全风险应对模型如图2-22所示，图中粗线表示安全风险关键传递路径，"×"表示通过风险应对阻断安全风险传递的路径，深层原因、间接原因、直接原因表示安全风险系统的结构层级。

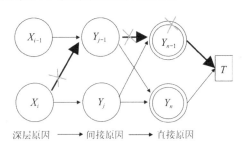

深层原因 ⟶ 间接原因 ⟶ 直接原因

图2-22　基于反传递的安全风险应对模型

由于城市轨道交通建设项目安全风险系统功能为安全风险因素、安全风险传递关系、系统结构层级的属性集合，因此，基于反传递的安全风险应对策略可以归纳为"3优先1同时"，具体指：

（1）优先应对传递路径上发生概率高、传递强度高的重要风险因素，阻断风险传递的路径，如图2-22中的Y_{j-1}节点，该因素同时影响Y_{n-1}和Y_n两个因素。

（2）优先应对风险传递路径上距离安全事故近的紧急风险因素，即安全风险系统结构中的最上层因素，如图2-22中的Y_{n-1}因素。

（3）优先应对具有耦合效应的风险因素，防止安全事故的非线性涌现，如图2-22中的Y_{n-1}节点和Y_n因素。

（4）同时监控安全风险传递网络中邻居节点的风险因素。除采取控制措施降低高危风险因素的发生概率外，还应同时对其父节点采取控制措施，并跟踪和检查其子节点因素，防止风险进一步扩散。

2.5
本章小结

本章界定了风险管理和安全管理的相关概念，在梳理事故致因理论和典型安全事故的基础上，提出了城市轨道交通建设项目事故致因的特征，结合系统工程理论提出了URTC项目安全风险系统的构成和特性，构建了安全风险传递网络，提出了基于数据挖掘的城市轨道交通建设项目安全风险管理过程和相应的分析方法和流程，构建了城市轨道交通建设项目安全风险传递的理论和方法模型。

主要结论如下：

（1）将事故致因理论的演进划分为单因素理论、事故链致因理论、多因素事故致因理论、系统论事故致因理论四个阶段，提出现代事故致因理论具有层级性、关联性、预测性三个发展趋势，然后应用系统论事故致因理论分析了城市轨道交通建设项目的典型案例，提出城市轨道交通建设项目安全事故致因具备非线性作用、网状结构、层级性、潜在性、链式因果传递、多重耦合的复杂特征。

（2）以系统工程理论为指导，提出城市轨道交通建设项目安全风险系统的构成包括安全风险因素、安全风险传递关系，安全风险传递包括因果关系和耦合关系，其中安全风险因素及其传递关系构成安全风险系统结构。城市轨道交通建设项目安全风险系统功能为安全风险因素、安全风险传递关系、系统结构层级的属性集合。在缺乏有效风险应对的情况下，安全风险系统整体涌现出"不安全"的行为特征，导致安全事故的发生。由此提出安全风险应对的两种途径：降低安全风险因素的发生概率、打破或阻碍安全风险传递的路径。安全风险系统的研究为安全风险传递分析奠定了理论基础。

（3）在城市轨道交通项目特点的基础上，分析了安全风险传递的来源，认为城市轨道交通建设项目的复杂性导致安全风险的传递性。提出安全风险传递、传递强度、因果关系、因果强度、耦合关系、耦合强度等相关概念，并基于图论提出了安全风险传递网络的构建方法，指出安全风险传递网络具有单向递阶层级性、正向叠加性、中心聚集性、多路径传递性、多重耦合性、动态成长性六个特点，反映了城市轨道交通建设项目安全事故致因的复杂性特征，从而为安全风险传递分析提供方法支撑。

（4）针对传统安全风险管理过程过于依赖专家经验的不足，提出了基于数据挖掘的城市轨道交通建设项目安全风险分析方法框架，以强化安全风险管理过程和安全风险分析模型的客观性，促进安全风险管理知识在其他新建项目中的复用和共享。

（5）提出了基于文本挖掘的安全风险因素识别方法和流程，包括数据收集与筛选、文本预处理、词库开发、特征选择、安全风险因素检验五个过程。

（6）在因果、耦合、相关、关联关系分析的基础上，提出了基于自然语言处理的安全风险传递关系抽取的方法和流程，包括安全风险因素关联规则挖掘、安全风险因素因果关系抽取、安全风险因素耦合关系抽取、安全风险传递强度分析四个过程。

（7）提出了基于贝叶斯网络的安全风险评估方法和流程，包括安全风险评估模型结构构建、安全风险评估模型参数构建、安全风险评估、安全风险多维度评估和应对四个过程，并构建了基于贝叶斯网络的安全风险评估理论模型，提出了利用因果推理预测安全风险状态，利用诊断推理分析因果作用和耦合作用的原理。

（8）从阻断风险传递路径的角度，构建了基于反传递的风险应对模型，提出了"3优先1同时"的风险应对策略，即优先应对传递路径上发生概率和传递强度高的重要风险因素，优先应对传递路径上距离安全事故近的紧急风险因素，优先应对具有耦合效应的风险因素，同时监控邻居节点风险因素。

3

城市轨道交通建设项目安全
风险因素识别研究

根据第2.4.1节提出的基于文本挖掘的安全风险因素识别方法，从安全事故调查报告中挖掘安全风险因素，构建基于大数据的安全风险因素清单。

3.1
文本收集和预处理

3.1.1 事故案例收集和筛选

收集和整理URTC项目安全事故调查报告，报告主要来源于原国家安全生产监督管理总局和下属各级部门的官方网络媒体、已发表书籍、轨道交通公司单位内部资料。

首先，通过搜索引擎检索"地铁or轨道交通建设项目""施工""事故"这三个关键词，将URTC项目施工安全事故与其他类建筑施工安全事故分离出来，得到URTC项目施工安全事故条目。通过此种方式筛选出的事故有以下几个特点：

（1）年份、地区覆盖范围很广，但规律性不强。

（2）一般有事故时间、地点、实时伤亡人数信息，对事故发生过程有新闻报道式的描述，可以区分事故类型，但缺乏事故原因等具体内容。

（3）经证实的伤亡人数统计较难。

针对上述情况，首先进一步在搜索引擎上以更精确的关键词优化查询，例如增加地点和时间限制，搜索具体安全事故的详细案例资料，并且通过重复搜索和筛选，针对性地完善已有但不够准确的事故案例信息，弥补上述不足之处。

其次，联系URTC项目施工企业，收集企业内部的安全事故调查资料，该资料中包含一些未遂事故（施工险情）说明、详细的事故调查报告和事故处理结果。

此外，收集已发表的期刊、书籍中的安全事故分析资料，提取安全事故发生的经过、原因分析、责任认定等内容并纳入到语料库中。

综上所述，从原国家及地方安全生产监督部门、在建地铁城市的质监站、住房和城乡建设部、各省市相关的行政管理部门及安全管理行业学习交流平台等门户网站上共收集事故调查报告68例，这些事故调查报告多为造成人员伤亡的一般及以上安全事故，报告中包含事故发生概况、事故发生经过和事故救援情况、事故造成的人员伤亡和直接经济损失、事故发生的原因和事故性质、事故责任的认定以及对事故责任者的处理建议、事故防范和整改措施等内容。此外，通过对国内城市轨道交通在建项目的业主、监理单位、施工单位的走访调研，补充报告90例，这些事故调查报告多为未造成人员伤亡的经济损失类事故，为企业内部资料，含有事故发生经过和事故原因的具体记录。另外，通过已发表的期刊、书籍等纸质资料以及新闻报道等电子资料中收集到安全事故资料共63例，其中新闻网站对安全事故的报道一般仅粗略描述其事故经过和主要原因，篇幅也相对较小。最终收集到1999～2017年间国内URTC项目施工安全事故调查报告221例，共涉及27个城市，占我国开通地铁城市（截至2017年底）的80%，如表3-1所示。

文本挖掘语料库样本数量统计　　　　　　　　　　　表3-1

URTC项目安全事故所在城市							
城市	广州	深圳	北京	上海	武汉	南京	青岛	徐州
数量	33	30	27	24	24	14	11	9
城市	西安	杭州	大连	哈尔滨	福州	成都	重庆	南宁
数量	6	6	5	5	5	3	3	3
城市	宁波	昆明	长春	沈阳	天津	厦门	郑州	无锡
数量	2	2	1	1	1	1	1	1
城市	兰州	东莞	南昌					
数量	1	1	1					

信息来源统计：①政府网站等网络媒体；②企业资料；③期刊书籍。

3.1.2 文本预处理

1.数据清洗

城市轨道交通建设项目安全事故调查报告是以自然语言表述的非结构化数据，由于人的语言书写错误、记录偏差或者不全面等，可能造成调查报告文本中掺杂一些错误的文字，影响文本分词效果。通过文本预处理，对无意义数据、重复数据、缺陷数据等进行处理，为挖掘结果提供高质量、规范化的数据源。

由于安全事故调查报告篇幅较长，为了减少与风险因素无关的词汇对挖掘结果的影响，仅摘取调查报告中的"事故经过""事故原因分析"这两部分内容作为文本挖掘的语料。同时，对报告中的错别字等进行修正，例如"维护结构"修改为"围护结构"等。对网页、文献等渠道搜集的数据，在收集阶段人工录入时已经对初始数据进行了初步筛选，因此，只需对少量缺失的值、录入错误等不合格数据进行修正，这大大降低了数据清理的工作量。最后将所有文本资料统一集成到一个文本文件中，形成待挖掘的语料库。

2.文本拟分词

安全事故调查报告为非结构化文本，非结构化的文本是指文本内的表达没有统一的格式标准和用语[167]，因此需要将其转换为结构化的表示形式。文本挖掘软件分析非结构化内容时会先把这些内容切分为单个的名词、形容词、动词等，这一过程称为分词。处理分词的关键是要有一个好的自动分词算法，建立一个好的词库，而拟分词是为了建立更适用的词库。

由于中国科学院计算技术研究所研制的汉语词法分析系统（ICTCLAS）具有较好的分词效果，同时支持用户自定义词典，因此采用该工具对安全事故调查报告语料库进行分词。

使用ICTCLAS自带词库对语料库进行拟分词，拟分词得到的分词结果为原始特征项，如表3-2所示。可以看出，某些原始特征项蕴含风险含义，如"基坑""管线""盾构""管线""支撑""作业""土体""开挖"等，但含义仍不明确，这与中文语言表达习惯的多样性有关系。此外，在中文表达中，词与词之间没有

文本拟分词结果（部分）　　　　　　　　　　　　表3-2

序号	原始特征项	序号	原始特征项	序号	原始特征项	序号	原始特征项	序号	原始特征项
1	隧道	11	坍塌	21	死亡	31	险情	41	影响
2	地铁	12	安全	22	过程中	32	严格	42	采用
3	事故	13	管线	23	掌子面	33	监测	43	地下
4	原因	14	盾构	24	管理	34	抢险	44	控制
5	基坑	15	支撑	25	采取	35	塌陷	45	单位
6	人员	16	作业	26	地面	36	不足	46	方案
7	现场	17	原因	27	管道	37	项目	47	轨道
8	施工	18	土体	28	责任	38	降雨	48	变形
9	塌方	19	开挖	29	工作	39	周边	49	组织
10	工人	20	措施	30	加固	40	管理	50	操作

明显的切分，例如"发生地陷"，在拟分词时被分解为"发生地"+"陷"，而实际应理解为"发生"+"地陷"。另外，词与词之间不同的表述顺序也会造成语义的不同，例如"未按设计要求施工"和"设计要求未满足施工条件"，虽然分词结果相似，都包括"设计""要求""施工"，但所表达的风险因素含义则差别甚远。因此，为避免专业术语识别错误，高效识别出蕴含安全风险含义的因素，需要开发特定的专业词库。

词库开发

分词操作时，ICTCLAS软件会把语料库的内容与词库中的词语对比，优先选择词语的搭配，因此分词的准确性与词库有着密不可分的关系，直接影响安全风险因素的提取。词库开发的过程为：首先通过分析语料库的原始特征项，人工对构建URTC项目安全风险初始词库，然后对样本语料库进行重新分词，再根据分词结果进行人工检验和词库更新，重复上述步骤，一直到构建的词库满足错误率的要求为止，最终通过词库开发得到更加准确的文本分词效果。

新构建的URTC项目安全风险专业词库包括URTC项目安全风险词库、过滤词词库、归并词词库三类，如图3-1所示。

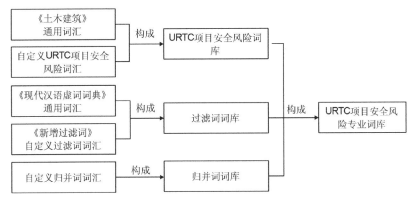

图3-1　URTC项目安全风险专业词库构成

3.2.1 URTC项目安全风险词库

利用输入法中的专业词汇完成URTC项目安全风险词库的初步构建。选用百度输入法、谷歌输入法中的《土木建筑》领域通用词典，载入到自定义词表中。由于土木建筑领域较广，对部分URTC项目的专业术语未能有效覆盖，如"连续墙""龙门架"等专业性较强的词汇。此外，即使是同样的词，组合顺序不同会形成不同的专业词汇，对应着不同的含义，例如"扫地""横杆"在建筑工程领域就是一个专有名词"扫地横杆"，"施工""组织""设计"一起出现是指"施工组织设计"。

逐条检查文本拟分词结果，将一般词汇组合成具有特定含义的专业词汇。在《土木建筑》通用词库的基础上，通过新增、组合两种方式形成自定义URTC项目安全风险词汇，如表3-3所示（详见附录1）。该自定义词汇与《土木建筑》通用词汇共同构成了城市轨道交通建设项目安全风险词库。

自定义URTC项目安全风险词汇（部分）　　　　　　　　　表3-3

分类	新增自定义词汇
新增专业词汇	连续墙、龙门架、连墙件、地下连续墙、掘进面、地下水、突水、突泥、涌水、涌砂、施工段、吊臂、边坡、桩基、钢支撑、回填土、填土层、透水性、填土、作业面、旁站、钢丝绳……
组合后专业词汇	扫地横杆、施工组织设计、隧道区间、现场人员、施工人员、作业人员、钢管支架、超时作业、标准规范、围护结构、围护桩、围护体系、支撑体系、违章作业、违规作业、高空作业、安全交底、施工方案……

3.2.2 过滤词词库

过滤词指文本分词后需要过滤掉的词汇，一般指虚词，虚词指仅具备语法意义或功能，但没有完整意义的词汇，如"过程中""严格""采用"等，在分词时需要过滤这些没有意义的虚词，以便突出分词的效果。由于虚词没有专业上的特殊性，因此过滤词词库的内容选取软件自带的《现代汉语虚词词典》。由于语料库为URTC项目安全事故调查报告，因此"地铁""事故""原因"等描述性词汇虽然出现频率高，但这类词语功能是标注文本性质，对于分析文本内容的差异性无显著影响，因此也并入过滤词词库中。综上所述，自定义过滤词词汇如表3-4所示。

3.2.3 归并词词库

中文包含大量的同义词，使得文本分词结果较为离散。为了提高文本分词结果的收敛性，需要建立能够分辨同义词的归并词词库，使文本对同一对象的描述尽可能趋同。归并词词库内容来源于安全工程、建筑工程、土木结构、项目管

过滤词类型	新增过滤词
描述性词汇	地铁、事故、原因、现场、安全、原因、措施、工作、单位、部位、位置、工地、死亡、地面、工程、问题、现象、区域、力度、轨道交通、地段、附近、时间、平方米、作用、面积、顶部、通道
新增连接性词汇	发生、过程中、严格、采用、及时、导致、加强、处理、存在、必须、确保、进一步、引起、根据、形成、大量、强化、本次、严重、严禁、采取、不到位、不足、局部、未能、按照、致使、落实、加大、事故发生后、立即、无效、不力、完善

理、地铁施工等领域的专业词汇，例如"坍塌""塌方""塌""倾塌""塌陷"，都可归一表达为"坍塌"。在此基础上结合人工识别不断改进词库，形成自定义归并词词汇如表3-5所示。

自定义归并词词汇　　　　　　　　　　　　　　　　表 3-5

同义词汇	归一表达
坍塌、塌方、塌、倾塌、塌陷	坍塌
地基、基坑、基坑开挖、开挖、基坑施工	地基
支护体系、围护结构、围护、支撑、钢支撑、围檩、围护体系、围护、围护桩、支撑体系	支护体系
地下水文、地下水、地下水流、地下水位	地下水文
地质构造、地质条件、地质、地质情况、地基软弱、地质预报	地质构造
土质、土体、土层、土壁、地层	土质
松软、蓬松、疏松、松散、松动	松软
沉降、下沉、下陷	沉降
突水突泥、突水、涌水、涌泥、涌砂、突泥、淤泥	突水突泥
孔洞、空洞、溶洞	孔洞
倾倒、倒塌、倾覆、侧翻	倾倒
降雨、暴雨、下雨、雨水、雨天、大雨、降雨、降大雨	降雨
雨污水管道、水管、污水管道、雨水管道、水管道、水管线、漏水、渗水管道、自来水管道、供水管道、排水管道、排污管道	雨污水管道
燃气管道、天然气、天然气管道、煤气、燃气、煤气管道、气体、煤气管线、燃气管线、电力管道、电力管线、电力管、供电管道、供电管线、供电管、强电管道、强电管线、强电管、弱电管道、弱电管线、弱电管	燃电管道
洞口、管道井、风井、井口	洞口
钢筋、主筋、箍筋、筋、钢丝绳	钢筋
电线电缆、电缆、电线、电缆组	电线电缆
脚手架、钢管支架、钢管支撑架、钢管、支架	脚手架
漏水、渗水、渗漏	漏水
勘察、勘查、勘测、勘探	勘察
设计缺陷、设计计算、设计不当	设计缺陷

同义词汇	归一表达
工期、超时工作、工作时间	工期
高空作业、高处作业	高空作业
违章作业、操作失误、操作不当、施工不当、操作不慎、施工不慎	违章作业
施工技术、技术、安全技术、新技术	施工技术
安全意识、意识、认识	安全意识
安全教育、安全培训、培训、教育、教育培训	安全教育
安全交底、安全技术交底、交底、技术交底、交底书	安全交底
标准规范、规范要求、技术规范、规定、安全操作规程、操作规程、技术标准、标准	标准规范
施工方案、专项方案、方案、施工组织设计	施工方案
安全管理体系、管理体系、管理制度、安全生产规章制度、制度	安全管理体系
现场安全管理、安全生产管理、监督管理、监督、监控、安全监控、施工管理	现场安全管理
设备设施、机械设备、机器设备、设备、机械	设备设施
吊车起重、吊车车臂、吊装、汽车式起重机、吊臂、起重机、起吊、起重吊装、起重、汽车吊	吊车起重
施工单位、承建商、总承包单位、施工方	施工单位
监理单位、监理公司、监理方	监理单位
分包公司、分承包公司	分包公司
监测单位、第三方监测、监测人员	监测单位

3.2.4 词库检验与更新

借鉴 Esmaeili 和 Hallowell[151]提出的词库检验和更新流程，对开发的 URTC 项目安全风险专业词库进行检验和更新，流程如图3-2所示。

从221例事故调查报告中随机选取188份作为文本训练集，将开发的城市轨道交通建设项目安全风险专业词库添加到 ICTCLAS 软件的自定义词库中进行文本分词，剩余33份进行人工分析。仔细阅读每一份事故调查报告，记录新增词汇，列出新增词汇清单，最后把这份新增词汇清单与软件分词结果进行对比，把

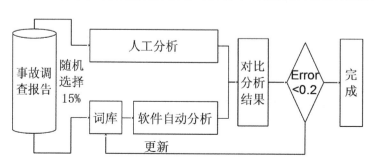

图3-2 词库检验与更新流程

人工分析出的新增词汇添加到专业词库中。重复上述过程，直到公式（3-1）的错误值小于0.2。此项工作经历了四轮，共更新了四次专业词库中的词汇，最终把错误值控制在低于0.2的可接受范围内，每轮词库开发对应的错误值见表3-6。

$$Error = \frac{错误值}{词库更新次数} \qquad (3-1)$$

词库检验与更新的错误值				表 3-6
词库更新次数	1	2	3	4
错误值	0.58	0.32	0.21	0.16

3.3
特征选择

3.3.1 特征选择方法

根据第2章图2-16构建的安全风险因素识别过程，将开发完成的URTC安全风险专业词库载入ICTCLAS软件中，对事故调查语料库进行文本分词，得到表征安全事故的初始特征项。虽然在文本预处理时已经对事故调查报告内容进行一定的删减，但初始特征项中仍包含大量无关安全风险因素的词汇，严重干扰后续分析，故需要对初始特征项进行特征选择。与一般文本特征选择不同的是，事故调查报告中除安全风险因素外还包含其他内容，如施工工序、事故损失等，文本分词后获得的是表示整个文本的特征项，蕴含安全风险因素的词汇与其他内容的词汇混杂在一起。因此，如何根据事故调查报告中原始特征项的分布特点，筛选出具有安全风险因素含义的高频词成为安全风险因素挖掘的难点。

特征（特征项）是用于表示文本的基本单位[168]。代表安全风险因素的特征项需要具备以下几个特性：①特征项要能够切实代表事故调查报告中的主要安全风险因素；②特征项的个数不能太多；③特征项筛选要比较容易实现。

若两个安全风险因素间的数值分布比较接近并非就是相似特征，也可能是具有相关关系的两个因素，因此若采用基于分类或聚类的特征选择方法，如卡方降维、主成分分析、K-means分析等，可能会过滤掉有价值的安全风险因素。由于事故调查语料库数量并不巨大，因此本书采用词频分析法和人工筛选相结合的方式进行特征选择，具体流程如图3-3所示。首先从初始特征项中根据特征值阈值筛选出高频词，而后加以人工识别，从高频词中提取出蕴含安全风险因素的词汇，整理后作为安全风险因素初始集。

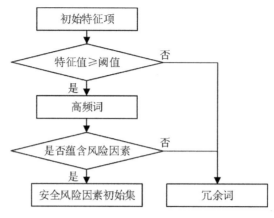

图 3-3　特征选择流程

1.特征参数

表征文本特征的参数包括词频（*TF*）、文本频率（*DF*）、逆文档频率（*TF-IDF*）[169]等，本书根据安全风险因素的特点，引入信息熵（*H*）概念，提出熵权词频（*TF-H*）的特征表示方法。

（1）词频（*TF*）：

TF（Term Frequency）表示词频，代表某一词汇 *T* 在某个文档 *D*（Document）中出现的频率，计算公式为：

$$tf_{i,j} = \frac{n_{i,j}}{\sum_k n_{k,j}} \tag{3-2}$$

式中，$n_{i,j}$ 是该词在文档 D_i 中出现的频次，而分母则是所有文档中所有字词出现次数之和。由于本书关注的是安全风险因素在所有事故调查报告中出现的频次，因此不考虑公式（3-2）中的分母，故将 *TF* 值修正为：

$$TF_i = n_i \tag{3-3}$$

式中，n_i 指安全风险因素（S_i）在文件集中出现的总频次。因此，TF_i 值越高，就表示该词对文本集的贡献越大，安全风险因素 S_i 的词频表示为 $TF(S_i)$。

（2）文档频率（*DF*）：

考虑到同样的词汇可能会多次出现在同一报告中，即事故调查报告的详细程度和篇幅大小会影响词频取值，篇幅长的报告对词频的贡献率高。因此，为了剔除事故调查报告篇幅对安全风险因素的提取，引用文档频率（DF）值辅助描述安全风险因素的文本特征，安全风险因素 S_i 的文档频率表示为 $DF(S_i)$。文档频率指在整个文本集中有多少文本包含这个词汇，即：

$$DF_i = \left|\{j : t_i \in d_j\}\right| \tag{3-4}$$

式中，$\left|\{j : t_i \in d_j\}\right|$ 表示包含词语 t_i 的文件数目。

（3）逆文档频率（$TF\text{-}IDF$）：

$TF\text{-}IDF$ 值实际上是 $TF \times IDF$，IDF（Inverse Document Frequency）表示逆向文档频率，用于度量词汇的普遍重要性，计算公式为：

$$idf_i = \log \frac{|D|}{\left|\{j : t_i \in d_j\}\right|} \tag{3-5}$$

$$tf - idf = tf_{i,j} \times idf_i = \frac{n_{i,j}}{\sum_k n_{k,j}} \times \log \frac{|D|}{\left|\{j : t_i \in d_j\}\right|} \tag{3-6}$$

$TF\text{-}IDF$ 值用于评估一个词汇在文本集中某个文本的重要程度，词汇在文本集中出现的次数越多，表示该词汇的区分度越差，重要性越低。

（4）熵权词频（$TF\text{-}H$）：

$TF\text{-}IDF$ 值与词频成正比，与文档频率成反比。需要改进之处在于：对于词频，只考虑词频数量绝对值的多少，而没有考虑词频在语料库中的分布，如果表征安全风险因素的词汇在语料库中分布越均匀，说明该因素越经常出现，因此应更加重视，所以表征安全风险因素重要性的词汇应与词频成正比，与词频在语料库中的分布成正比。

利用信息熵表征词频在语料库中的分布，词频的概率分布越均匀，说明不确定性越大，信息熵越大。假定安全风险因素 S_i 分布在 m 个事故调查报告中，那么 S_i 在语料库中的概率分布 p_i 可以表示为：

$$p_i = \frac{TF_j^i}{\sum_{j=1}^{m} TF_j^i} \tag{3-7}$$

式中，TF_j^i 表示安全风险因素 S_i 在事故调查报告 d_j 中出现的频次。根据信息熵公式，安全风险因素 S_i 在事故调查报告中分布程度的信息熵 $H(S_i)$ 计算公式为：

$$H(S_i) = \sum p_i \log \frac{1}{p_i} = -\sum p_i \log p_i \tag{3-8}$$

$H(S_i)$ 值越大的因素认为其发生的不确定性越大,即越具有随机性。综合词频和信息熵,将安全风险因素 S_i 的相对重要性 *TF-H* 值表示为:

$$TF - H = TF(S_i) \times H(S_i) = -n_i \times \sum p_i \log p_i \qquad (3-9)$$

因此,可以说 *TF-H* 值是基于熵权的词频特征,简称熵权词频,*TF-H* 值越大的安全风险因素对安全事故调查报告语料库的影响越大。

2. 阈值界定

高低频词划分的界限为高频词阈值。高频词阈值界定方法主要有频次选取法、前 N 位选取法、中心度选取法、高低频词界定公式选取法、普赖斯公式选取法五类[170],其中前三种方法在确定阈值时具有较强的主观性和随意性,分析结果的准确性和科学性有所欠缺,普赖斯公式主要用于文献分析领域高被引文献和作者的确定,在其他领域的应用尚缺乏理论依据[171]。

高频词界定公式依据齐普夫第二定律,由 Donohue 于 1973 提出[172],是目前认可度较广的词频分析方法,其计算公式为:

$$T = \frac{(-1 + \sqrt{1 + 8 \times I_1})}{2} \qquad (3-10)$$

式中,T 表示高频词阈值,I_1 表示只出现过 1 次的词汇数量。

刘敏娟等(2016)[173]提出利用基于词频、词量、累积词频占比的曲线分布判断高频词阈值,一定程度上改进了仅凭经验判断高频词的问题,但对阈值的确定没有给出具体的量化指标。借鉴上述累积词频的概念和 ABC 分类法对因素的划分标准[174],对表征安全风险因素的高频词阈值界定如图 3-4 所示。横坐标表示

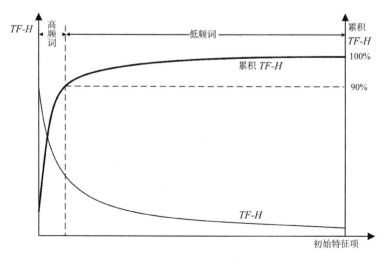

图3-4　基于累积 *TF-H* 值的高频词阈值界定

城市轨道交通建设项目
安全风险数据挖掘及量化评估

初始特征项，左侧纵坐标表示熵权词频 *TF-H* 值，将 *TF-H* 值转换为占比形式后降序排列，得到累积熵权词频 *TF-H* 值，累积 *TF-H* 值在 0～90% 的初始特征项作为高频词，其余作为低频词。

TF-H 值随着初始特征项词量的增加而不断降低，累积 *TF-H* 值则不断升高。高、低频词的分布特征为：

（1）高频词：随着初始特征项的增加，熵权词频（*TF-H*）曲线陡然下降，累积熵权词频（累积 *TF-H*）曲线迅速增加，说明高频词数量不多，但对整体语料库的贡献较大，占到 90%。

（2）低频词：随着初始特征项的增加，熵权词频（*TF-H*）曲线缓慢下降，累积熵权词频（累积 *TF-H*）曲线缓慢增加，说明低频词数量巨大，但对整体语料库的贡献较小，仅为 10%。

综上所述，共选取高频词界定公式、累积词频、累积熵权词频三种特征选择方法进行比较分析，检验三种方法在 URTC 项目安全风险因素挖掘中的可行性和适用性。

3.3.2 特征选择

1. 特征选择方法比较分析

文本分词后得到 2990 个初始特征项，表征了事故调查报告语料库的所有文本特征。利用公式（3-2）～公式（3-9）计算词频 *TF* 值、熵权词频 *TF-H* 值，得到图 3-5、图 3-6 的分布曲线，可以看出与词频值相比，熵权词频在小范围内上下波动（图 3-6 中曲线呈细微齿状）。此外，词频、熵权词频值曲线呈长尾分布，即数值大的初始特征项较为集中，而数值低（*TF*=1，*TF-H*=0）的初始特征项大量分布在曲线尾部。

比较累积 *TF*、*TF-H* 曲线发现，累积 *TF-H* 值曲线在少量特征项数量的情况下呈现迅速上升的趋势，且具备明显的拐点，而累积 *TF* 曲线则增加缓慢且较为平滑。这是因为 *TF* 值越大的词汇在事故调查报告中的分布越分散，信息熵也会越大，因而引入信息熵的 *TF-H* 值加速了累积曲线在前部分的迅速上升。与此同时，大量处在"长尾"中的词汇（包括 *TF*=1 及部分 *TF*=2 的词汇），其信息熵为 0，使得累积 *TF-H* 曲线在后部分趋于直线。因此，相较于累积 *TF* 值，累积 *TF-H* 值能够更好地筛选出事故调查报告中的高频词。

按照图 3-4 所示的高频词界定方法，利用公式（3-10）计算高频词界定公式的阈值，得到表 3-7 所示的三种特征选择结果。

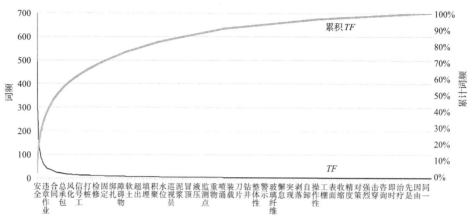

图3-5　初始特征项词频分布

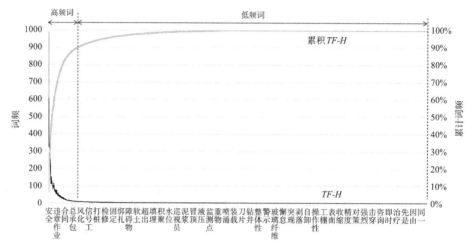

图3-6　初始特征项熵权词频值分布

特征选择方法效果比较　　　　　　　　　　　　　　　　表3-7

序号	方法	阈值	高频词数量	特征选择效果
①	高频词界定公式	$T=41$	39	可能有漏项
②	累积TF	累积$TF \geqslant 90\%$	1401	可能有冗余项
③	累积$TF\text{-}H$	累积$TF\text{-}H \geqslant 90\%$	253	较为合理

　　分析方法①，由于高频词界定公式取决于I_1，而从初始特征项的词频分布（图3-5）可以看出，只出现过一次的词汇数量较大，因此利用公式（3-10）选出的安全风险因素可能会有漏项；分析方法②，累积TF曲线较为平滑，上升缓慢，缺乏拐点，因而选择出的高频词过多，造成词量冗余；分析方法③，累积$TF\text{-}H$曲线出现了较明显的拐点，基本符合ABC分类法中A类重要因素累积占比90%的区间划分，此时临界值为$TF\text{-}H \geqslant 6$，共选择出253个高频词。经验证，累积$TF\text{-}H$曲线能够较好地筛选出事故调查报告语料库中较为重要的安全风险因素词

汇，适用于从段落型文本语料库中提取出重要词汇的特征选择需求。

2.高频词筛选结果

按照累积 $TF\text{-}H$ 值从初始特征项中选出高频词见表3-8，可以看出，城市轨道交通建设项目安全事故多在"地基""区间隧道"施工时发生，且多为"坍塌"事故类型，事故责任主要为"施工单位"，事故发生的来源为作业时的"人员"，"地质构造""安全管理体系"等是造成事故频发的常见致因。此外，高频词中除包含安全风险因素的词汇外，还包含诸如"安全""施工单位""区间隧道""土体松散""人员"等属性或者状态描述的词汇。

高频词（部分）   表3-8

序号	高频词	$TF\text{-}H$	序号	高频词	$TF\text{-}H$	序号	高频词	$TF\text{-}H$
1	安全	989	11	人员	305	21	地下水文	156
2	地基	603	12	检查	295	22	设备设施	152
3	坍塌	408	13	过程	274	23	监测	141
4	支护体系	529	14	地质构造	257	24	施工技术	134
5	管理	521	15	土体松散	236	25	操作	133
6	安全意识	470	16	施工人员	204	26	安全防护	129
7	违章作业	421	17	雨污水管道	196	27	监理单位	126
8	作业	373	18	安全管理体系	195	28	突水突泥	124
9	施工单位	336	19	项目	178	29	倾倒	123
10	区间隧道	314	20	补救	161	30	沉降	120

高频词反映了城市轨道交通建设项目安全事故的缩略，其中蕴含安全风险因素的词汇具有特定的语义，很难通过计算机智能筛选，因此将高频词纳入到事故调查报告的语义描述中，利用人工筛选出包含安全风险因素语义的高频词作为安全风险因素初始集。

3.3.3 安全风险因素初始集

针对已筛选出的高频词，结合事故调查报告中对该词的语义描述，利用人工判断，共筛选出38个蕴含安全风险因素语义的高频词，形成安全风险因素初始集，如表3-9所示。

安全风险因素初始集 表3-9

序号	高频词	风险因素	TF-H	事故调查报告中的语义描述（示例）
S₁	支护体系	基坑支护体系缺陷	529.2	如掌子面爆破后封闭不及时，未及时进行支护等。
S₂	管理	现场管理混乱	521.1	由于长时间未进行开挖，施工单位心理懈怠，管理松散，工期紧张，加之前期地质勘察工作不到位，未详细探明该部位实际地质情况，导致事故发生。（2013年7月佳木斯某轨道交通项目）
S₃	安全意识	安全意识不足	469.5	地铁施工时，施工人员不慎滑入基坑，被散土砸中致死。（2010年杭州某轨道交通建设项目）炸药在预定时间没有炸响，施工人员前去查看时突发爆炸。（2009年10月深圳某轨道交通建设项目）
S₄	违章作业	违章施工作业	420.6	在安装钢筋过程中，工人违章作业，擅自拆除脚手架中的四根扫地横杆和一根顶层横杆，使脚手架受力状态发生变化，导致脚手架整体纵向倾倒。（2013年10月北京某轨道交通建设项目）
S₅	检查	安全检查不足	294.8	对地下连续墙进行植筋钻孔作业时，由于对危险源辨识不到位造成基坑回填土坍塌，引发安全事故。（2016年3月深圳某地铁项目）
S₆	地质构造	复杂的地质条件	257.4	施工范围内的软弱夹层、淤泥质土、可液化地层、粉细砂层等不良的地质构造，勘察报告难以全面准确揭示所有地质情况。如某地铁盾构施工过程中遭遇了地质勘察报告中未说明的拱顶薄弱岩层，使得拱顶岩层失稳发生坍塌。（2013年1月广州某轨道交通建设项目）
S₇	雨污水管道	雨污水管道探查或保护不足	195.9	由于管道老化渗水，造成突泥而发生基坑坍塌事故。（2016年7月杭州某轨道交通建设项目）
S₈	安全管理体系	安全管理制度不完善	195.3	区间隧道发生车辆倾倒，很大程度上源于总施工单位的安全生产责任制和规章制度落实不力，对施工队伍管理不到位。（2017年6月青岛某轨道交通建设项目）
S₉	补救	补救措施不足	160.6	区间隧道盾构施工时，发现油压异常，盾构司机及值班长未及时向管理人员反映情况和采取补救措施，导致严重超挖，路面隆起。（2015年郑州某轨道交通建设项目）
S₁₀	地下水文	不明地下水文条件	156.4	区间隧道施工时由于地下水位较高，掌子面开挖时揭穿溶洞，顶部突发突泥突水。（2010年11月广州某轨道交通建设项目）
S₁₁	设备设施	设备设施故障或操作不当	152	如2017年6月广州某轨道交通项目开展钢板桩打桩作业时，桩基夹嘴严重磨平且没有安全挂钩，导致钢板桩从夹嘴脱落，造成人员伤亡。
S₁₂	监测	监测方案及其落实不足	141.1	如2017年8月哈尔滨地铁3号线发生起重伤害事故，其原因有一部分就是由于起重施工监测不到位导致的。
S₁₃	施工技术	施工技术欠缺	133.7	如施工人员无证上岗，不具备操作该工序的技术水平。
S₁₄	安全防护	安全防护不足	128.6	如2017年8月17日徐州市1号线发生的高空坠落事故就与工人未佩戴安全带、起重吊装操作不当有关。
S₁₅	监理单位	监理监管不足	126.4	地铁施工发生坍塌事故，部分原因就是监理单位现场巡视不到位，未能及时发现管道渗水情况。（2013年7月青岛某轨道交通建设项目）

084

安全风险数据挖掘及量化评估

城市轨道交通建设项目

Data Mining and Quantitative Evaluation of
Safety Risks in Urban Rail Transit Construction Project

序号	高频词	风险因素	TF-H	事故调查报告中的语义描述（示例）
S_{16}	施工方案	施工方案不当	117.3	某区间隧道施工由于围护体系设计严重错误造成基坑坍塌事故。（2004年8月某轨道交通建设项目）
S_{17}	质量	结构自身质量缺陷	110.6	轨道交通车站基坑发生地下连续墙涌砂事故的主要原因是地下连续墙施工质量产生渗漏缺陷，再加上地下水丰富且压力较大，水压压力差造成地下水从地下连续墙的薄弱点渗漏进基坑。（2008年4月某轨道交通建设项目）
S_{18}	安全交底	安全交底不充分	108.2	分包单位在管线交底时只交到技术人员，未进一步对现场作业人员进行交底，使得旋挖钻在钻至孔口下11m时，出现燃气泄漏事件。（2017年1月徐州市某轨道交通建设项目）
S_{19}	降雨	降雨	107.6	降雨造成的地下水位上升导致土体松散、土体向低压区渗透、转移，造成土体强度大幅降低，通常导致基坑土体坍塌而发生安全事故，如车站基坑施工，由于降雨导致发生基坑坍塌事故。（2017年7月徐州某轨道交通建设项目）
S_{20}	燃电管道	燃电管道探查或保护不足	95	在清理废弃电缆时造成机械设备碰撞燃气管，造成燃气泄漏。（2016年12月福州某轨道交通建设项目）
S_{21}	安全培训	安全培训不足	89.9	区间隧道施工发生高空坠物致死事故，部分原因就是施工人员缺乏班前安全教育，对可能的安全隐患意识不足。（2016年6月青岛某轨道交通建设项目）
S_{22}	应急	应急预案及演练不足	87.2	地铁盾构区间检测出有害气体，但施工人员应急处理不当，再次入隧道排查隐患时，隧道内发生爆炸。（2015年1月武汉某轨道交通建设项目）
S_{23}	施工组织	施工组织协调不力	84.6	区间隧道施工时发生车辆伤害事故，主要原因是施工单位对多班组交叉作业的组织协调不到位，未制定作业交叉时的避让程序和防护措施。（2012年5月上海某轨道交通建设项目）
S_{24}	分包	对分包单位管理不当	81	分包单位电工安装照明灯具时，擅自闯入土体作业范围坠落，总包单位现场监管不到位，未能有效组织其他人员进入挖土作业区。（2010年8月上海某轨道交通建设项目）
S_{25}	设计要求	未按设计要求施工	76.6	施工过程中未按设计要求施工。如某地铁项目施工发生拱顶突水，部分原因就是施工单位采取的是短距离钻孔压浆布置，而非设计要求的长距离钻孔压浆布置。（2011年7月青岛某轨道交通建设项目）
S_{26}	勘察	勘察或补勘不足	61.5	区间横通道没有勘探点控制、基坑边缘外侧勘察点平面控制范围不够、勘察点的控制深度不够、控制性的节点勘探密度、勘察设备没有校核标定、遗留钻具没有记录和测量、位于结构内已完成的勘探孔没有封孔或坐标不准、取样试验数量不够、岩土参数统计时变异系数超标、粉土、砂土和特殊土等分布范围不准、地下管道、水文条件等原因都直接影响勘察的详细程度和勘察的准确性。

序号	高频词	风险因素	TF-H	事故调查报告中的语义描述（示例）
S_{27}	指挥	违章指挥	45.3	施工单位管理人员擅自组织施工作业。轨道交通车站发生大面积坍塌事故，部分原因就是施工单位违规施工、冒险作业、基坑严重超挖造成。（2008年11月杭州某轨道交通建设项目）
S_{28}	吊装起重	吊装起重或设备操作不当	44.2	吊车倾倒砸伤过路车辆事故就是吊车起重作业时无人指挥。（2017年11月4日成都某轨道交通建设项目）
S_{29}	建筑物 or 构筑物	周边建（构）筑物探查或保护不足	30	安全联络通道工程施工作业面内，因大量水和流砂涌入，引起隧道部分结构破坏及周边地区地面沉降，导致3栋建筑物严重倾斜。（2003年7月上海某轨道交通建设项目）
S_{30}	设计缺陷	设计缺陷	20.2	福州1号线三角埕站围护结构渗水事故，主要原因之一就是设计中将止水帷幕与围护桩设计在一条直线上，围护桩间距为400m，高压旋喷桩为800m，在围护桩成桩后，旋喷桩施工很难达到设计所要求的800m，并与围护桩咬合。（2012年3月福州某轨道交通项目）
S_{31}	材料堆放	材料设备堆放不合理	19.9	地铁施工过程中，由于材料堆放离基坑过近，加上降雨使得土体松散，造成土体失稳而发生坍塌事件。（2013年7月郑州某轨道交通项目）
S_{32}	有害气体	地下有害气体	13.4	地下出现有害气体。如盾构机上固定气体检测仪发出有害气体报警信号，之后隧道内发生爆炸，事故造成2人死亡。（2015年1月武汉某轨道交通项目）
S_{33}	工期	工期压力大	10.6	因工期紧张引起安全事故的发生。（2013年5月西安某轨道交通建设项目）
S_{34}	材料采用	材料选择不当	8.6	施工材料选择不当或材料未能恰当使用等。如在施工时超前注浆采用酸性硅酸钠材料，该材料具有一定的时效性，由于此段隧道施工较为复杂，开挖时间长，导致土体因浆液失效而产生滑移。（2004年10月北京某轨道交通建设项目）
S_{35}	管理机构	安全管理机构不健全	7.2	现场未设置健全的安全管理机构，负责人无任何资质证书。（2017年5月深圳某轨道交通建设项目）
S_{36}	模板	模板支撑体系缺陷	7.0	模板支撑结构存在搭设缺陷，在混凝土自重与施工荷载作用下，导致模板支撑体系结构产生局部失稳，发生高大模板倾倒事故。（2012年12月上海某轨道交通建设项目）
S_{37}	疲劳作业	工人疲劳作业	6.8	工人24h分两班作业造成施工人员身心疲劳，反应迟缓，造成不慎滑落而发生伤亡事故。（2002年2月上海某轨道交通建设项目）
S_{38}	选型	机械设备选型	6.0	盾构机参数异常无法顺利通过加固体，盾构机刀盘磨损严重，由于未准确了解地质条件，因此对盾构机的选型和盾构机刀盘、刀具布置存在不合理之处。（2014年4月南昌某轨道交通建设项目）

3.4
安全风险因素检验

通过对比国家现行标准中提出的安全风险因素，检验文本挖掘出的风险因素的合理性和全面性，并对因素进行分类。

3.4.1 安全风险因素检验

1.与国家现行标准对比

与城市轨道交通建设项目安全风险管理密切相关的国家现行标准有：《城市轨道交通地下工程建设风险管理规范》GB 50652—2011（以下简称《风险管理规范》）[9]、《地铁工程施工安全评价标准》GB 50715—2011[175]（以下简称《安全评价标准》）、《城市轨道交通工程建设安全风险技术管理规范》DB 11/1316—2016[176]（以下简称《技术管理规范》）、《城市轨道交通工程安全质量管理暂行办法》（建质〔2010〕5号）[177]（以下简称《暂行办法》），其中《安全评价标准》较为系统和明确地提出了安全风险因素，且在《暂行办法》的基础上编制，因此选择《安全评价标准》和《风险管理规范》作为整体风险因素的对标对象。

《安全评价标准》由住房和城乡建设部发布，将地铁施工安全评价的内容分为施工安全组织管理评价、施工安全技术管理评价、施工环境安全管理评价、施工安全监控预警管理评价四个部分[178]，如图3-7所示。

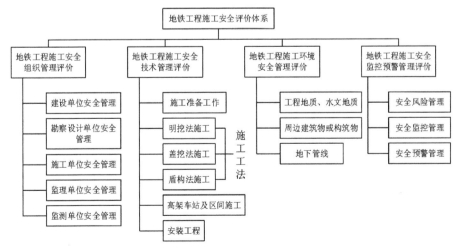

图3-7 地铁工程施工安全评价体系

其中，地铁工程施工安全组织管理评价针对地铁工程施工全过程的参与主体（建设单位、勘察设计单位、施工单位、监理单位、监测单位），从安全管理机构与人员、安全管理责任制与目标管理、安全管理制度等施工安全管理工作进行评价；地铁工程施工安全技术管理将机械设备、材料、方法三个因素合并为"施工技术"因素，按照明挖法、暗挖法、盾构法分别进行技术评价；地铁工程施工环境安全管理评价包括工程地质水文、周边建筑物或构筑物、地下管线三部分；地铁工程安全监控预警管理评价包括安全风险管理、安全监控管理、安全预警管理三部分，以提高参建单位对安全风险的及时预警和预控能力。

《风险管理规范》将风险识别和评估按规划阶段、可行性研究阶段、勘察设计阶段、招标投标与合同签订阶段、施工阶段进行划分，因此，《风险管理规范》中考虑了城市轨道交通建设项目全生命周期的主要安全风险因素。

将文本挖掘出的初始安全风险因素与《安全评价标准》《风险管理规范》中提出的安全风险因素进行对比，并按《安全评价标准》中的分类进行排序，如表3-10所示。

与国家现行标准中安全风险因素的对比 表3-10

序号	风险因素	《安全评价标准》	《风险管理规范》	是否有差异
1	降雨	—	可行性研究、勘察设计及施工阶段-自然灾害	是，修正
2	复杂的地质条件	环境安全管理-工程地质	可行性研究、勘察设计及施工阶段-工程地质	无
3	有毒气体	环境安全管理-工程地质（包含有毒气体）；暗挖法施工安全管理-临时设施与通风防尘-有害气体监测	—	是，与2合并
4	不明地下水文条件	环境安全管理-水文地质	可行性研究、勘察设计及施工阶段-水文地质	无
5	周边建（构）筑物探查或保护不足	环境安全管理-周边建（构）筑物	可行性研究、勘察设计及施工阶段-邻近或穿越既有建（构）筑物	无
6	雨污水管道探查或保护不足	环境安全管理-地下管线（未区分管线类型）	可行性研究、勘察设计及施工阶段地下管线	是，保留
7	燃电管道探查或保护不足	环境安全管理-地下管线（未区分管线类型）		是，保留
8	安全管理机构不健全	施工单位安全管理-安全管理机构与人员管理	—	是，保留
9	对分包单位管理不当	施工单位安全管理-安全管理机构与人员管理		是，保留

序号	风险因素	《安全评价标准》	《风险管理规范》	是否有差异
10	安全管理制度不完善	施工单位安全管理-安全生产制度-安全生产规章制度、安全生产责任制、安全生产投入保障	—	无
11	安全检查不足	施工单位安全管理-安全生产制度-安全检查制度及落实	—	无
12	安全培训不足	施工单位安全管理-安全生产制度-安全培训制度及落实	—	无
13	应急预案及演练不足	施工单位安全管理-安全生产制度-应急预案及演练	—	无
14	现场管理混乱	施工单位安全管理-施工现场安全管理	—	无
15	安全防护不足	施工单位安全管理-施工现场安全管理-施工现场作业人员管理-未佩戴防护用具；施工单位安全管理-安全警示标志布置；高架车站及区间施工-现浇钢筋混凝土结构、桥面及屋面系等-未做好临边防护	—	是，保留
16	施工组织协调不力	—	—	是，保留
17	工期压力大	—	—	是，保留
18	监理监管不足	监理单位安全管理-监理单位与人员、监理安全工作制度、施工过程安全监理	—	无
19	安全意识不足	—	—	是，保留
20	施工技术欠缺	安全技术管理-人力资源管理-项目部安全人员未考核合格、特种作业人员未经培训上岗、未及时进行健康检查等	—	无
21	违章指挥	安全技术管理-区间预制结构、自动扶梯-吊装过程中没有专人指挥	—	是，保留
22	违章施工作业	安全技术管理-主要施工过程-未按施工或专项方案作业	—	无
23	未按设计要求施工	—	—	是，保留
24	吊装起重或设备操作不当	安全技术管理-区间预制结构、自动扶梯-吊装作业缺乏专项施工方案、未由专职人员操作	—	无
25	工人疲劳作业	—	—	是，保留
26	勘察或补勘不足	勘察设计单位安全管理-勘察设计单位人员、勘察工作、施工配合	勘察设计阶段-勘察不全面	是，保留

序号	风险因素	《安全评价标准》	《风险管理规范》	是否有差异
27	设计缺陷	勘察设计单位安全管理-勘察设计单位人员、设计工作、施工配合	勘察设计阶段-工程设计缺陷或失误	是,保留
28	监测方案及其落实不足	监测单位安全管理-监测单位与人员、监测方案与工作制度、监测实施	对支护结构、周围岩土体及周边环境进行监测	无
29	施工方案不当	安全技术管理-未制定专项施工方案,或方案未审批,或针对性操作性不足	—	无
30	安全交底不充分	安全技术管理-施工技术保障措施-未做好安全技术交底,或无详细记录	—	无
31	结构自身质量缺陷	安全技术管理-明挖法-围护结构施工-施工质量不符合标准规定	—	无
32	模板支撑体系缺陷	安全技术管理-现浇钢筋混凝土结构-缺高支模专项方案、模板及其支架安装和拆除过程中未采取有效防护措施	—	无
33	基坑支护体系缺陷	安全技术管理-明挖法-围护结构施工;安全技术管理-暗挖法-地层超前支护及加固、初期支护、二次衬砌	—	无
34	补救措施不足	安全技术管理-施工管理保障措施-物力资源管理-未配备好施工现场消防物资与器材、应急抢险物资	—	是,保留
35	材料选择不当	暗挖法施工安全管理-地层超前支护及加固-开挖面深孔注浆	—	无
36	材料设备堆放不合理	—	—	是,保留
37	机械设备选型不当	盾构法施工安全管理-盾构选型及配置	—	无
38	设备设施故障	安全技术管理-施工管理保障措施-物力资源管理,包括机械设备不合格、未检修、缺设备操作具体方案等。	—	无

《安全评价标准》中安全技术管理评价按施工工法分为明挖法、暗挖法、盾构法,对每种施工工法的主要施工过程提出评价标准,主要包括是否具备专项方案并遵照实施、施工质量是否符合标准、是否按规定检测和验收、施工工艺选择和专家论证、机械设备是否定期检修和保养、是否具备监测方案并实施、是否布置安全警示标志等。本书虽未按照工法对技术风险进行分类识别,但经比较后发

现，挖掘出的安全风险因素已覆盖不同工法的主要安全评价标准。

此外，为了检验初始安全风险因素的全面性，将安全风险因素与《安全评价标准》中关键性评价项目进行对比，如表3-11所示，可以发现，初始安全风险因素可以覆盖所有关键性评价项目。

与《安全评价标准》关键性评价项目的对比　　　　　　　　表3-11

序号	《安全评价标准》中关键性评价项目	安全风险因素	是否覆盖
1	安全警示标志布置：施工现场的危险部位及设施设备没有明显的安全警示标志，或者进行高空作业、有限空间作业等高危作业时未布置明显的标识，以显示工作状态	安全防护不足	是
2	现场消防管理：作业前未对从事有火灾危险的从业人员进行技术交底	安全交底不充分	是
3	施工技术保障措施：未针对项目特点，制定专项施工方案或方案未经审批；超过一定规模的危险性较大的分部分项工程安全技术方案未经组织专家论证，或无论证报告	施工方案不当	是
4	明挖法基坑土方工程：爆破作业时，未委托有资质单位进行；未编制爆破作业专项方案，并经审批和论证；或爆破器材没有按照有关规定使用，并做相应记录	对分包单位管理不当；施工方案不当；现场管理混乱	是
5	明挖法交通过渡防护：基坑便桥未设置限载、限速和禁止超车、停车等标志，或未设置护栏	安全防护不足；现场管理混乱	是
6	暗挖法竖井及横通道施工：井口未采取合理的安全防护措施，上下井未建立登记管理制度，或没有详细记录	安全防护不足	是
7	暗挖法爆破作业：爆破作业单位无相应资质，作业人员无资格证书	对分包单位管理不当	是
8	暗挖法临时设施与通风防尘：现场临时用电设施未设置安全警示标示	现场管理混乱	是

2. 与国家现行标准对比结果分析

根据对比结果，对存在差异的安全风险因素进行分析和调整如下：

（1）降雨：安全事故语料集中无暴雨外自然灾害造成的安全事故，但自然灾害包括暴雨、飓风、冰雪、冻害、洪水、泥石流、地震等（《风险管理规范》），考虑到虽然暴雨在自然灾害中引发安全事故的概率最高，但其他自然灾害一旦发生则造成巨大损失，因此将"降雨"修正为"自然灾害"。

（2）有毒气体：指地下有害气体，包括甲烷、硫化氢、二氧化硫等，一般以甲烷（CH_4）为主，由于《安全评价标准》中对工程地质的风险描述中包含有毒气体，因此将"有毒气体"合并到"复杂的地质条件"风险因素中。

（3）雨污水管道探查或保护不足、燃电管道探查或保护不足：城市轨道交通建设项目施工过程中会遇到众多的地下管线，包括水、电、气、热、通信等，其中雨污水管道和燃电管道破损概率和引发的后果不同，因此进行区分，即保留雨污水管道探查或保护不足、燃电管道探查或保护不足两个风险因素。

（4）管理机构不健全、对分包单位管理不当：指施工单位对其分包单位的资质、从业人员、分包施工监管上的管理不足。《安全评价标准》中安全管理机构与人员管理范围较为广泛，包括企业资质和从业人员资格、安全管理机构、对分包单位资质和人员资格管理、供应单位管理，但已收集的事故调查报告语料库中并未提及施工总包企业资质，酿成事故的原因多由于安全管理机构不健全以及对分包单位管理不善，包括分包企业资质和人员管理等。此外，将企业从业人员资格纳入现场管理混乱的因素中。因此，将对分包单位管理不当、安全管理机构不健全的因素保留在风险清单中。

（5）安全防护不足：指施工现场安全防护措施、现场工作人员安全防护用具不到位及安全警示标志布置不足等，在《安全评价标准》中对应施工安全管理、技术管理两部分评价项目，因此将施工现场安全防护措施、作业人员的防护用具因素，以及施工现场的安全警示标志合并统称为安全防护不足，予以保留。

（6）施工组织协调不力：指施工单位组织施工过程中在各专业施工进度协调、专业接口和界面处理等现场施工组织工作的不到位。城市轨道交通建设项目施工内容多、参与单位众多，在同一工作面经常存在多专业、多队组交叉作业的情况，施工组织协调不力很可能给安全监管带来众多隐患，因此予以保留。

（7）工期压力大：由于建设单位或政府主管部门的原因造成工期目标紧，或由于征地拆迁等原因，不能按时提供具备施工条件的场地，使得项目的有效工期被压缩。考虑到城市轨道交通建设项目往往是当地政府重点工程、民生工程、政绩工程，工期压力大会给建设单位和施工单位带来赶工风险，因此予以保留。

（8）安全意识不足：指管理人员、施工作业人员安全意识不足、安全管理思想上有懈怠。虽然在《安全评价标准》和《风险管理规范》中没有明确提及，但多起安全事故都与管理人员和施工作业人员的安全意识不足密切相关，因此予以保留。

（9）违章指挥：指施工单位管理人员未按安全生产法规、施工方案等盲目组织施工，危险区域作业时无人指挥、违章指挥等。《安全评价标准》中在技术管理部分对吊装作业提出需要评价"有无专人指挥"，但未能覆盖管理人员可能由于缩减成本、缩短工期而违章指挥施工的情况，一旦发生可能造成非常严重的安全事故，如2018年杭州大面积坍塌事故，因此将该因素保留在风险清单中。

（10）未按设计要求施工：指施工过程中现场作业工人由于不了解图纸、未理解图纸含义或者为简便施工等原因而未按设计要求施工。考虑到未按设计要求施工除带来安全隐患外，还可能造成质量问题，因此予以保留。如2011年7月青岛某地铁项目施工发生拱顶突水，部分原因就是施工单位采取的是短距离钻孔压浆布置，而非设计要求的长距离钻孔压浆布置。

（11）工人疲劳作业：指现场作业工人由于赶工、超时作业等原因导致身体疲劳，给施工操作带来安全隐患，因此予以保留。如2002年2月上海某轨道交通建设项目工人24h分两班作业造成施工人员身心疲劳，反应迟缓，造成不慎滑落而发生伤亡事故。

（12）勘察或补勘不足、设计缺陷：指勘察成果以及设计成果缺陷，与《安全评价标准》中的勘察设计安全管理评价在含义上有所区别，因此将勘察或补勘不足、设计缺陷作为技术因素考虑。

（13）补救措施不足：指风险征兆发生后采取的补救措施不当、不及时，抢险物资配备不足或准备不充分等。《安全评价标准》中主要从物资管理方面进行安全评价，在事故处理过程中，除物资以外，补救措施欠妥当、处置不及时也极有可能导致风险事件的恶化和扩大，因此予以保留。

（14）材料设备堆放不合理：指施工现场的材料设备的堆放位置存在安全隐患。如2013年7月郑州地铁施工过程中，由于材料堆放离基坑过近，加上降雨使得土体松散，造成土体失稳而发生坍塌事件。

经与国家现行标准对比，利用文本挖掘技术提取出的安全风险因素能够反映城市轨道交通建设项目安全事故的主要致因，能够基本覆盖相关标准中的主要风险因素。

3.4.2 安全风险因素清单

对初始安全风险因素进行局部调整，将原来的38个因素修剪为37个因素，并对部分因素的措辞进行修正，结合安全事故调查报告和国家标准中的描述对风险因素进行解释，得到城市轨道交通建设项目安全风险因素及其解释如表3-12所示。

虽然上述安全风险因素来源于专家在安全调查报告中已提出的先验知识，但仍然有一些有趣的发现，体现在：

（1）"勘察或补勘不足""设计缺陷"两个因素是勘察和设计阶段的风险因素，但会潜伏到施工阶段。城市轨道交通建设项目具备水文地质条件复杂多变的特点，加上工程勘察和设计常受到经费和时间等方面的限制，导致勘察报告数据不全面、土质参数错误等不足，如地质的"含砂"和"夹砂"虽然一字之差，但

序号	安全风险因素	安全风险因素的解释
S_1	自然灾害	指由于降雨、暴雨、冰雪、飓风、冻害、洪水、泥石流、地震等导致的恶劣自然环境
S_2	复杂的地质条件	指软土、泥炭土、湿陷性黄土、岩溶、断层等不良地质条件或复杂的特殊岩土层、含有有毒气体土层以及浅覆土层施工、小曲率区段施工、大坡度地段施工、小净距隧道施工、穿越江河段施工等特殊地质条件
S_3	不明地下水文条件	指由于地下水位高、降水困难、高承压水等导致不良的地下水文条件
S_4	周边建（构）筑物探查或保护不足	指对邻近或穿越既有或保护性建（构）筑物的探查或保护不足，可能造成沉降、裂缝、变形等影响。建（构）筑物包括房屋建筑物、市政桥涵、市政道路、既有地铁线路、铁路、人防工程、水工建筑、河流湖泊、文物等
S_5	雨污水管道探查或保护不足	指对邻近雨污水管道的探查或保护不足，也包括雨污水管道因施工操作或自身老化等原因造成破损的可能性
S_6	燃电管道探查或保护不足	指对邻近燃气、电力管道的探查或保护不足，也包括燃气、电力管道因施工操作或自身老化等原因造成破损的可能性
S_7	安全管理机构不健全	指施工总包单位未设置健全的安全管理组织机构，或在组织机构设置上不合理、权责不清等
S_8	对分包单位管理不当	指施工总包单位对其分包单位的资质、从业人员、分包施工监管上的管理不足
S_9	安全管理制度不完善	指安全管理规章制度不完善、安全管理责任和管理目标不明确、安全生产考核不明确或者不合理等
S_{10}	安全检查不足	指未严格落实安全检查制度、未按规定进行安全检查或虽已检查但危险源隐患排查不到位等
S_{11}	安全培训不足	指未严格落实安全培训制度、未按规定进行三级安全培训或虽已培训但流于形式、安全教育依然不足等
S_{12}	应急预案及演练不足	指应急预案及演练缺乏计划和准备，包括缺乏专项应急预案、应急预案不完善、不具有现场适用性和可操作性等
S_{13}	现场管理混乱	指施工总包单位现场安全监管不到位，包括安全管理人员不足、施工作业无管理人员监管、查出安全隐患后未能及时纠正等
S_{14}	安全防护不足	指施工现场安全防护措施和现场工作人员安全防护用具不到位、安全警示标志布置不足，包括未佩戴安全帽、安全带等防护措施，洞口安全防护不到位、高处吊装缺乏有效防坠落措施、场地内和周边缺乏安全警示标志等
S_{15}	施工组织协调不力	指施工单位在组织施工过程中在各专业施工进度协调、专业接口和界面处理等现场施工组织工作的不到位
S_{16}	工期压力大	指建设项目工期目标不合理或有效施工工期过紧
S_{17}	监理监管不足	指监理人员不到场、监理巡视不到位、发出不当指令等监理监管不足或监理失职行为
S_{18}	安全意识不足	指安全管理人员、施工人员安全意识不足、安全管理思想上有懈怠
S_{19}	施工技术欠缺	指施工作业人员的专业知识储备、专业技术水平、施工经验等技术知识、行为习惯方面的不足

城市轨道交通建设项目
安全风险数据挖掘及量化评估

序号	安全风险因素	安全风险因素的解释
S_{20}	违章指挥	指施工单位管理人员对现场施工的不当指挥行为，未按安全生产法规和施工方案等盲目组织施工、危险区域作业时无人指挥或违章指挥、下达不当的施工命令等
S_{21}	违章施工作业	指施工作业人员在现场施工作业时的不当行为，包括未按施工方案、规章制度、标准等擅自作业或简化工序流程等
S_{22}	未按设计要求施工	指施工作业人员由于不了解图纸、未理解图纸含义或者为简便施工等原因而未按设计要求施工或擅自改变做法
S_{23}	吊装起重或设备操作不当	指在吊装起重、施工用车辆操作、机械设备设施操作等过程中的不当行为，包括吊车自重过载、吊臂碰撞、机械设备不当操作等
S_{24}	工人疲劳作业	指施工作业工人在身体和心理上的疲劳、动作反应迟缓等
S_{25}	勘察或补勘不足	指勘察或补勘上的不足，包括勘察方案不全面、不良工程地质与水文地质及周边环境影响未探明、工程勘察与环境调查报告有误、特殊地质条件下未开展专项勘察、未及时补勘等
S_{26}	设计缺陷	指设计上的不足，包括地层物理力学参数的取值不当、工程荷载与计算模型不当、工况选取不当或失误、结构形式与施工方法不适应、现场施工场地及周边环境条件限制施工等
S_{27}	监测方案及其落实不足	指监测方案本身不合理或方案落实不足，包括监测不及时、监测频率不足、监测精度不足、监测数据未能及时上报给管理人员等
S_{28}	施工方案不当	指施工方案的内容不合理或编制审批流程上存在不足，包括施工工艺的选择和论证、施工方法的安全性和可行性不当、缺乏专项方案或专项方案缺专家论证、施工方案的可操作性、计算的合理性存疑，或施工方案未按要求评审等
S_{29}	安全交底不充分	指施工作业人员在施工前未进行安全交底或交底不充分，包括未组织安全交底、安全交底内容不深不细、三级交底未落实等
S_{30}	结构自身质量缺陷	指已完成的永久结构工程自身质量不符合国家标准或未全部合格、未按照标准要求检测和验收，存在安全隐患
S_{31}	模板支撑体系缺陷	指混凝土模板支撑体系存在设计或施工上的缺陷，包括高大模板支撑体系专项方案不健全、模板支架搭设不规范、提前拆模等
S_{32}	基坑支护体系缺陷	指基坑以及隧道支护结构由于未超前支护，或已支护但存在结构上的不足，包括支护桩（墙）和支撑（或锚杆）、超前支护、临时支护、初期支护和二次衬砌等结构自身或施工缺陷
S_{33}	补救措施不足	指风险事件发生后采取的补救措施不当、不及时，抢险物资配备不足或准备不充分等
S_{34}	材料选择不当	指施工材料的选择不当，包括所选材料规格和性能不足、产品质量不合格以及施工单位以次充好等
S_{35}	材料设备堆放不合理	指施工现场材料设备的堆放位置存在安全隐患
S_{36}	机械设备选型不当	指施工机械、设备设施的选择不当，包括选型不当、产品质量不合格等
S_{37}	设备设施故障	指设备设施自身存在功能缺陷、老损等安全隐患，如盾构刀头及刀具磨损、管片破损等

城市轨道交通建设项目安全风险因素识别研究 3

所需要采取的措施却不同，也会给随后的设计带来影响。此外，设计和施工的分离也是导致安全事故发生的重要原因。Gambatese[179]（2008）指出应在设计阶段考虑并避免施工过程中可能出现的安全隐患。因此，在城市轨道交通建设项目安全管理中应考虑勘察、设计阶段中和施工安全相关的风险因素，虽然这两个因素在事故调查报告中提及得较少，但由于其发生时间早，对事故预控可起到至关重要的作用，因此应予以关注。

（2）"基坑支护"在安全调查报告中被多次提及，是高风险安全隐患。地铁车站基坑支护工程往往是临时性工程，这个特点导致建设单位希望花费最少的资金投入和最短的时间来完成支护工作，给基坑稳定性埋下了重大安全隐患，而基坑坍塌往往导致严重的伤亡事故，因此使得基坑支护成为城市轨道交通建设项目安全事故的重要风险来源。

（3）"应急预案及演练不足""补救措施不足"虽然不是引发事故的原因，但属于事故损失扩大的重要原因之一，在事故调查报告中被多次提及，因此也列在安全风险因素之内。

（4）"工期压力大"体现了当前城市轨道交通建设项目有效工期紧的特点。URTC项目施工前期周期较长，往往会大量压缩施工工期，一旦开工则工期紧张的情况普遍存在，施工管理和作业人员常在工期和安全之间博弈。因此，来自建设单位的工期压力是造成施工程序缩减（例如混凝土养护时间不够就拆模）等的重要原因，近年来工期压力因素已被越来越多的事故调查报告提及。

（5）安全风险因素中未能体现安全投入因素。在建地铁项目有不少是PPP模式，社会资本方大多是建筑央企，在成立的项目公司中处于话语权地位，往往既是施工单位又是建设单位，在安全管理方面容易放松标准，因此安全投入是否充足是安全状态能否提升的因素之一，但在安全调查报告中未有涉及，因此在本书中虽未予考虑，但也应当引起建设单位的重视。

（6）除施工单位外，其他单位的安全风险因素在调查报告中较少提及。《安全评价标准》《风险管理规范》以及国家其他法律法规中均提出城市轨道交通建设项目的安全主体主要包括建设单位、勘察设计单位、施工单位、监理单位、监测单位，但安全事故调查报告以及相关期刊文献中对建设单位的安全风险因素提及较少，主要原因是施工单位作为安全责任主体对安全目标产生直接影响，建设单位和建设主管部门在建设施工过程中主要担负监管责任，对安全目标产生间接影响。因此，虽然本书未考虑来自建设单位和建设主管部门的安全风险，但也应当认识到来自建设主管部门的安全风险因素包括地方性标准制定工作相对滞后、质量安全专家库组建不到位、安全监管缺位、应急预案和应急处置不足等，来自建设单位的安全风险因素包括企业标准不健全、风险管理措施和体系不足、组织协调管理不到位、周边环境调查不到位、技术交底不到位、应急预案和应急处置不足等。

（7）在事故致因模型中提及的社会因素在调查报告中没有提及。由于社会风险因素主要通过组织管理、企业文化等方面间接作用于安全管理目标，其作用路径较长，难以量化其对安全事故的影响，因此在调查报告中没有涉及社会风险因素，但在综合原因论等事故致因理论中已开始越发重视社会因素对安全事故的潜在影响。

3.4.3 安全风险因素分类

1.安全风险因素类别

根据4M1E理论，影响URTC项目安全的主要因素为人、机、物、法、环五个方面[180]。在事故致因理论中，综合原因模型将安全风险因素划分为社会因素、管理因素、事故隐患（物的环境因素、人的因素）[181]；能量释放模型将安全因素归纳为管理失误、个人原因、环境原因、人的不安全行为、物的不安全状态[182]；"2-4模型"将安全风险因素划分为组织行为（包括安全文化、安全管理体系）、个人行为（包括习惯性行为、一次性行为与物态）[134]。

综合上述安全风险的分类，将4M1E中人的因素拆分为管理因素、人的不安全行为，将机械设备因素和物的因素合并统称为物料因素，由于社会风险因素在事故调查报告中未有涉及，因此在本书中不予考虑，如图3-8所示。综上所述，

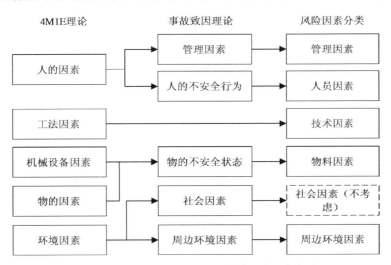

图3-8 城市轨道交通建设项目安全风险因素类别

将URTC项目安全风险因素划分为周边环境类风险（SH）、管理类风险（SG）、人员类风险（SR）、技术类风险（SJ）、物料类风险（SW），其中：

（1）周边环境类风险指URTC项目所处的自然和周边环境可能影响施工安全的风险因素。

（2）管理类风险指URTC项目施工过程中由于人员安排或配备不合理、安全管理不符合标准等引发的安全风险因素。

（3）人员类风险指由于URTC项目管理人员或现场作业人员施工操作等引发事故的一次性行为以及由于缺少专业知识和安全培训等习惯性行为引发的安全风险因素。

（4）技术类风险指URTC项目在施工中由于自身复杂的工艺或技术问题，或采取的施工工艺或技术方法不当等引发的安全风险因素，这部分风险与正在进行的活动密切相关，例如危险性较大的分部分项工程的风险将远大于一般性活动。

（5）物料类风险指URTC项目施工过程中由于施工机械设备、材料性能不佳或存在缺陷，或机械设备、材料等的不当存放或保管引发的安全风险因素。

2.安全风险因素分类

参照图3-7《安全评价标准》中安全风险因素的分类，对安全风险因素（表3-12）进行分类，并按分类结果对安全风险因素重新进行编号，形成城市轨道交通建设项目安全风险因素，如图3-9所示。

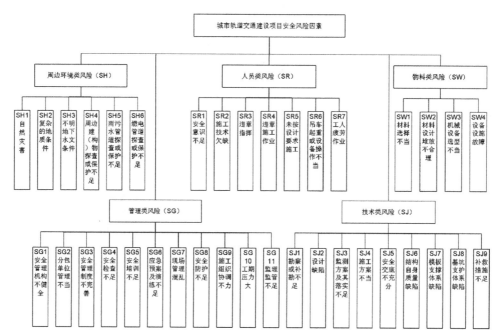

图3-9　城市轨道交通建设项目安全风险因素

（1）周边环境类安全风险因素：

风险因素"自然灾害""复杂的地质条件""不明地下水文条件""周边建（构）筑物探查或保护不足""雨污水管道探查或保护不足""燃电管道探查或保护不足"与城市轨道交通建设项目地下施工环境的特殊性有关，使得URTC项目安全事故多为坍塌事故类型，造成大面积人员伤亡和巨额经济损失。

（2）管理类安全风险因素：

"安全管理机构不健全""对分包单位管理不当""安全管理制度不完善"体现出当前城市轨道交通建设项目在安全管理的底层建设上还有不足，例如安全生产责任制未落实、安全职责不清、安全管理体系不健全等，说明我国城市轨道交通建设项目的安全管理还比较粗放。"安全检查不足""安全培训不足""应急预案及演练不足""现场管理混乱""安全防护不足""施工组织协调不力""监理监管不足""工期压力大"体现了城市轨道交通建设项目在安全管理的具体措施和落实方面还存在较多盲点。由于URTC项目施工工序多、组织协调关系复杂，因此相较于一般建筑工程项目，其在安全管理制度和制度的落实方面还有诸多不足。

（3）人员类安全风险因素：

"安全意识不足""施工技术欠缺""违章指挥""违章施工作业""未按设计要求施工""吊车起重或设备操作不当""工人疲劳作业"体现了城市轨道交通建设项目安全管理和施工作业人员在技术水平和操作行为上的不足，由于现场工人流动性大，人员待遇及职业发展通道有限等，造成人员类风险成为URTC项目安全风险的主要来源之一。

（4）技术类安全风险因素：

"勘察或补勘不足""设计缺陷"体现了勘察单位、设计单位的失误对施工安全的影响。"监测方案及其落实不足""施工方案不当""安全交底不充分""结构自身质量缺陷""模板支撑体系缺陷""基坑支护体系缺陷""补救措施不足"体现了城市轨道交通建设项目在施工工艺和方法上的风险，这与我国建筑工人多数来源于进城务工人员，在人员方面存在流动性较强、缺乏系统和专业培训的不足有关。

（5）物料类安全风险因素：

"材料选择不当""材料设备堆放不当""机械设备选型不当""设备设施故障"体现了城市轨道交通建设项目在物料选择、保管方面还存在诸多不足。随着URTC项目工业化水平的提高，机械设备的使用更多地替代了人工，因此机械设备的性能、维修和保管就成为安全管理的重要环节。

3.4.4 安全风险因素文本特征分析

1. 安全风险因素的文本特征参数

根据公式（3-2）～公式（3-9）计算安全风险因素 S_i 的词频 $TF(S_i)$ 值、文档频率 $DF(S_i)$ 值、$TF\text{-}IDF(S_i)$ 值、信息熵 $H(S_i)$ 值、熵权词频 $TF\text{-}H(S_i)$ 值如表3-13所示。

安全风险因素文本特征参数　　　　　　　　表3-13

风险分类	风险因素编号(S_i)	风险因素	TF(S_i)	DF(S_i)	$TF\text{-}IDF$(S_i)	H(S_i)	$TF\text{-}H$(S_i)
周边环境类风险（SH）	SH_1	自然灾害	79	42	57.0	1.36	107.6
	SH_2	复杂的地质条件	160	77	73.3	1.62	259.7
	SH3	不明地下水文条件	103	61	57.6	1.52	156.4
	SH_4	周边建（构）筑物探查或保护不足	30	18	32.7	1.00	30.0
	SH_5	雨污水管道探查或保护不足	129	61	72.1	1.52	195.9
	SH_6	燃电管道探查或保护不足	88	22	88.2	1.08	95.0
管理类风险（SG）	SG_1	安全管理机构不健全	10	6	14.1	0.72	7.2
	SG_2	分包单位管理不当	81	18	88.2	1.00	81.0
	SG_3	安全管理制度不完善	138	48	91.5	1.41	195.3
	SG_4	安全检查不足	184	74	87.4	1.60	294.8
	SG_5	安全培训不足	68	39	51.2	1.32	89.9
	SG_6	应急预案及演练不足	64	42	46.2	1.36	87.2
	SG_7	现场管理混乱	319	79	142.5	1.63	521.1
	SG_8	安全防护不足	92	46	62.7	1.40	128.6
	SG_9	施工组织协调不力	64	39	48.2	1.32	84.6
	SG_{10}	工期压力大	13	7	19.5	0.82	10.6
	SG_{11}	监理监管不足	105	29	92.6	1.20	126.4
人员类风险（SR）	SR_1	安全意识不足	284	83	120.8	1.65	469.5
	SR_2	施工技术欠缺	111	52	69.8	1.20	133.7
	SR_3	违章指挥	42	22	42.1	1.08	45.3
	SR_4	违章施工作业	282	81	122.9	1.49	420.6
	SR_5	未按设计要求施工	61	33	50.4	1.26	76.6
	SR_6	吊车起重或设备操作不当	41	22	41.1	1.08	44.2
	SR_7	工人疲劳作业	9	6	14.1	0.75	6.8
技术类风险（SJ）	SJ_1	勘察或补勘不足	50	33	41.3	1.23	61.5
	SJ_2	设计缺陷	26	11	33.9	0.78	20.2
	SJ_3	监测方案及其落实不足	120	55	72.5	1.18	141.1
	SJ_4	施工方案不当	85	44	59.6	1.38	117.3
	SJ_5	安全交底不充分	92	28	82.5	1.18	108.2
	SJ_6	结构自身质量缺陷	85	37	66.0	1.30	110.6

风险分类	风险因素编号（S_i）	风险因素	TF (S_i)	DF (S_i)	$TF\text{-}IDF$ (S_i)	H (S_i)	$TF\text{-}H$ (S_i)
技术类风险（SJ）	SJ_7	模板支撑体系缺陷	10	6	15.7	0.7	7.0
	SJ_8	基坑支护体系缺陷	326	77	149.3	1.62	529.2
	SJ_9	补救措施不足	111	52	69.8	1.45	160.6
物料类风险（SW）	SW_1	材料选择不当	11	8	15.9	0.78	8.6
	SW_2	材料设备堆放不合理	22	15	25.7	0.90	19.9
	SW_3	机械设备选型不当	8	6	12.5	0.75	6.0
	SW_4	设备设施故障	105	52	66.0	1.45	152.0

由于 $DF_{SR2}=DF_{SW4}=52$，$TF_{SW4}=TF_{SG11}=105$，因此选取 SR_2、SW_4、SG_{11} 的数值进行对比分析。尽管 SW_4 和 SG_{11} 的词频相等，但 SW_4 的文档频率更高，说明 SW_4 引发安全事故的概率更高，因而其重要性更高。对于 SR_2 和 SW_4，尽管其文档频率相等且 $TF_{SR2}>TF_{SW4}$，从 $TF\text{-}IDF$ 值判断 SR_2 更重要，但信息熵 $H(SW_4)=1.45>H(SR_2)=1.2$，说明 SW_4 在事故调查报告中的分布较为均匀，即在多个事故调查报告中被多次提及，而 SR_2 在一个事故调查报告中提及的次数较多，而在其他事故调查报告中提及的次数较少，因此综合词频和信息熵来看，SW_4 的重要性略大于 SR_2，而以上数值较好地验证了相较于 TF、DF 及 $TF\text{-}IDF$ 值，以 $TF(S_i)\times H(S_i)$ 表征安全风险因素文本特征具有其优越性。

2.安全风险因素的文本特征分析

根据表3-13绘制安全风险因素的词频分布如图3-10所示。词频体现了安全风险因素在事故调查报告中出现的总次数。

安全风险因素"SJ_8 基坑支护体系缺陷""SG_7 现场管理混乱""SR_1 安全意识不足""SR_4 违章施工作业"出现的总频次较高，体现了城市轨道交通建设项目安全事故中基坑坍塌事故类型较多，人的因素依然是事故发生的主要致因。此外，统计37个安全风险因素的文档频率之和为1419，安全事故发生的平均促成因素约有 $1419/221\approx6.4$（个），说明多种因素的复杂交互作用导致最终安全事故的发生。对表3-13中安全风险因素的熵权词频进行标准化处理，得到安全风险因素熵权词频柱状图如图3-11所示。

从图3-11可以看出：

（1）安全风险因素熵权词频分布比较分散，说明多个安全风险因素潜伏在URTC项目施工过程中，形成一张复杂的安全风险网络，需要厘清安全风险因素间的关系，才能较好地描述安全风险的演化过程，此外风险应对无法面面俱到，

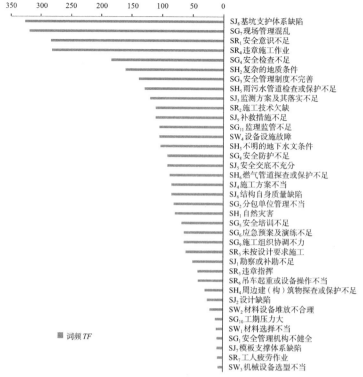

图3-10 安全风险因素词频柱状图

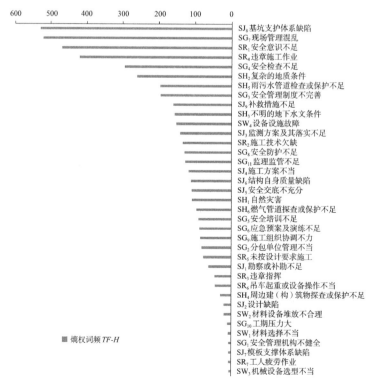

图3-11 安全风险因素熵权词频柱状图

需要根据安全风险因素的等级分级、分重点应对。

（2）熵权词频值较大的安全风险因素来源于多个风险类别，包括地下不明的作业环境（SH_2）、施工管理（SG_4、SG_7）、人员素质（SR_1、SR_4）、技术水平（SJ_8）多个层面。

3.5
安全风险因素文本表示模型

事故调查报告是非结构化数据，需要构建文本表示模型将事故调查报告中的安全风险因素特征提取为计算机可以处理的形式，以便进行后续的传递关系挖掘和分析。

1. 风险-事故向量空间模型（RA-VSM）

鉴于向量空间模型（Vector Space Matrix，VSM）在文本分类领域的良好效果，故本书采用基于向量空间模型的文本表示方法。把特征项看作高维坐标系，权重看作高维坐标的值，得到的向量集合即为文本的向量空间模型[183]，本书将词和文档的映射矩阵表示为安全风险因素的向量空间模型，称之为风险-事故向量空间模型（RA-VSM），代表各安全风险因素在每起安全事故中出现的情况，用矩阵表示为：

$$RA\text{-}VSM = \begin{bmatrix} & S_1 & S_2 & \cdots & S_n \\ D_1 & TF_1^1 & TF_1^2 & \cdots & TF_1^n \\ D_2 & TF_2^1 & TF_2^2 & \cdots & TF_2^n \\ \cdots & \cdots & \cdots & \cdots & \cdots \\ D_m & TF_m^1 & TF_m^2 & \cdots & TF_m^n \end{bmatrix} \quad (3\text{-}11)$$

式中，S_i表示第i项安全风险因素，i=1，2，…，n；D_j表示第j份安全事故调查报告的文档，j=1，2，…，m；矩阵内的数字表示风险因素S_i在文档D_j中出现的频次TF_j^i。

根据公式（3-11），提取风险因素在各个事故调查报告文档中的频次，得到风险-事故向量空间模型（RA-VSM），如表3-14所示，该矩阵为221行×37列。由于篇幅有限，仅列举10个事故调查文档及10个安全风险因素的向量空间模型。可以看出，其中第2行第1列的数值TF_2^1=1，表示风险因素SH_1在报告文档

TF_j^i	SH_1	SH_2	SH_3	SH_4	SH_5	SH_6	SG_1	SG_2	SG_3	SG_4	...	SW_4
D_1	0	0	0	0	0	0	0	0	0	0	...	0
D_2	1	0	0	0	2	0	0	0	0	0	...	0
D_3	2	1	0	0	0	0	0	1	0	0	...	0
D_4	2	1	0	0	0	0	0	1	0	0	...	0
D_5	0	0	0	0	0	0	0	0	0	0	...	2
D_6	2	2	1	0	0	0	0	0	21	0	...	0
D_7	0	0	0	4	0	0	0	0	0	1	...	0
D_8	0	0	0	0	0	0	0	0	0	1	...	4
D_9	4	1	0	0	0	0	0	0	0	1	...	0
D_{10}	1	1	1	1	0	0	0	0	1	2	...	0
...	...	...	...	...	...	...	...	...	...	...	...	...
D_{221}	0	0	1	0	0	0	0	0	0	4	...	0

风险-事故向量空间模型（部分）　　　表3-14

D_2中出现1次，而TF_3^6=21，说明风险因素SG_3在报告文档D_6中共出现21次。

　　将风险-事故向量空间模型（RA-VSM）中的TF值数值转化为一列，去掉个别频次较高的数值后，绘制散点图如图3-12所示，该图反映了37个风险因素在所有事故调查报告中出现次数的分布。可以看出，风险因素密集分布在0轴，这是因为导致安全事故的因素较为分散，多数因素仅潜伏在施工阶段，不会发生，造成事故发生的往往是安全风险系统中少数的重要风险因素。

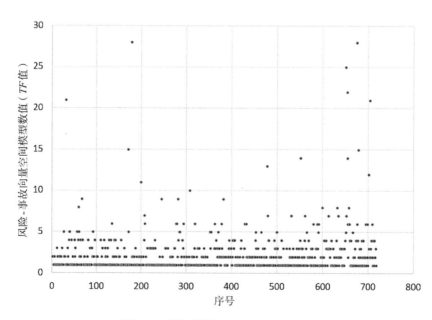

图3-12　风险-事故向量空间模型散点图

2. 共词共现矩阵（CCM）

共词分析的原理是统计一组词汇两两在同一文本中出现的次数，并以词汇和共现关系的集合来反映事故调查报告的主体内容。

提取一组词语在同一文本中出现的次数（DF），得到安全风险因素在语料库中两两出现的共词共现矩阵（Co-word Co-occurence Matrix，CCM），用 C 表示。为了消除文档篇幅对词频的影响，风险因素在同一事故调查报告文本中共现多次只按单次计算，当 $i=j$ 时，取 $c_{ij}=0$，计算公式为：

$$c_{ij} = \sum_n DF_{Si}^n \ I \ DF_{Sj}^n, \begin{cases} DF_{Si}^n \ I \ DF_{Sj}^n = 1, \text{ when } DF_{Si}^n \ I \ DF_{Sj}^n \geq 1 \\ DF_{Si}^n \ I \ DF_{Sj}^n = 0, \text{ when } DF_{Si}^n \ I \ DF_{Sj}^n = 0 \end{cases} \quad (3\text{-}12)$$

式中，n 表示第 n 个文档。共词矩阵是基于文本挖掘得到的，由于统计的是风险因素词汇之间共同出现的概率，因此该矩阵为对称矩阵，不具有方向性，即 $c_{ij} = c_{ji}$，其矩阵形式表示为：

$$C = \begin{bmatrix} & S_1 & S_2 & \cdots & S_n \\ S_1 & 0 & c_{12} & \cdots & c_{1n} \\ S_2 & c_{21} & 0 & \cdots & c_{2n} \\ \cdots & \cdots & \cdots & \cdots & \cdots \\ S_n & c_{n1} & c_{n2} & \cdots & 0 \end{bmatrix} \quad (3\text{-}13)$$

根据公式（3-12），提取共词共现矩阵 C，如表3-15所示，该矩阵为37行 × 37列，由于篇幅有限，仅列举10个安全风险因素的共词共现矩阵。其中，$c_{12}=12$ 表示安全风险因素 SH_1 和 SH_2 在安全事故案例中共同出现12次。

共词共现矩阵（部分）　　　　　　　表3-15

	SH_1	SH_2	SH_3	SH_4	SH_5	SH_6	SG_1	SG_2	SG_3	SG_4	$\cdots$	SW_4
SH_1	0	8	6	0	8	0	0	0	0	0	$\cdots$	2
SH_2	8	0	0	0	0	0	0	0	0	0	$\cdots$	4
SH_3	6	0	0	0	14	0	0	0	0	0	$\cdots$	4
SH_4	0	0	0	0	0	0	0	0	0	0	$\cdots$	0
SH_5	8	0	14	0	0	0	0	0	0	0	$\cdots$	4
SH_6	0	0	0	0	0	0	0	0	0	0	$\cdots$	1
SG_1	0	0	0	0	0	0	0	2	1	0	$\cdots$	0
SG_2	0	0	0	0	0	0	0	0	0	7	$\cdots$	3
SG_3	0	0	0	0	0	0	0	0	0	15	$\cdots$	5
$\cdots$	$\cdots$	$\cdots$	$\cdots$	$\cdots$	$\cdots$	$\cdots$	$\cdots$	$\cdots$	$\cdots$	$\cdots$	$\cdots$	$\cdots$
SW_4	2	4	4	0	4	1	0	3	5	9	$\cdots$	0

利用网络图可视化共词共现矩阵，得到如图3-13所示的安全风险因素共词共现网络图，可见风险因素之间的共现关系较多，因素之间共同出现可能存在相关关系，也可能存在冗余关系，需要进一步筛选。

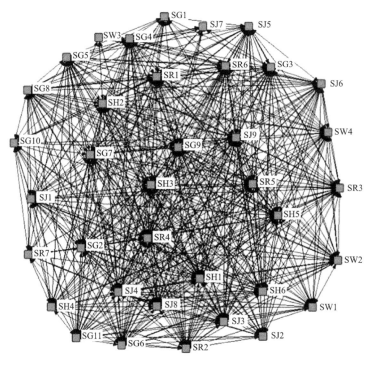

图3-13　共词共现网络图

3.6

本章小结

城市轨道交通建设项目施工安全事故频发，事故调查报告为安全风险管理提供了大量的客观历史资料。事故调查报告篇幅较长，语言表述多样，因此，如何从文本段落中有效挖掘出能够表征事故调查报告的安全风险因素就成为本章重点解决的问题。本章通过词库开发、文本分词、特征选择、因素检验等流程，从221例城市轨道交通建设项目施工安全事故调查报告中挖掘出37个安全风险因素，主要结论如下：

（1）在城市轨道交通建设项目安全事故调查报告和安全风险因素特点的基础上，构建了运用文本挖掘方法提取安全风险因素的方法和流程，通过与国家标准进行比较分析，验证了方法的有效性和适用性。

（2）构建了包含自定义专业词库、过滤词词库、归并词词库的城市轨道交通建设项目安全风险专业词库，为文本分词奠定了基础。

（3）引入信息熵描述安全风险因素在事故调查报告中分布的不确定性，提出基于熵权词频的特征表示参数和基于累积熵权词频的高频词阈值界定方法，经与高频词界定公式及累积词频界定方法进行比较和验证，认为该方法能够较好地筛选出事故调查报告语料库中较为重要的安全风险因素词汇，适用于从段落型文本语料库中提取出重要词汇的特征选择需求。

（4）从221例事故调查报告中挖掘出38个城市轨道交通建设项目安全风险因素，经过与国家标准对标后，修正为37个安全风险因素，并结合4M1E理论将风险因素归类为周边环境类风险、管理类风险、人员类风险、技术类风险、物料类风险。

（5）构建了风险-事故向量空间模型和共现共词矩阵，将城市轨道交通建设项目安全调查报告文本的非结构化数据转换为结构化数据，为后续的分析和研究奠定了数据基础。

4

城市轨道交通建设项目
安全风险传递关系研究

根据第2.4.2节提出的基于自然语言处理的安全风险传递关系分析方法，本章拟构建安全风险因果和耦合关系的抽取模式，利用计算机自动提取安全风险因素之间的因果关系和耦合关系，构建安全风险传递数值矩阵，揭示城市轨道交通建设项目安全风险的传递关系，为安全风险评估奠定基础。

4.1
安全风险因素关联规则挖掘

4.1.1 关联规则挖掘方法和流程

1.关联规则筛选指标

关联规则挖掘是寻找在同一个事件中出现不同项的相关性，找出大量数据中的频繁模式[184]。关联规则的描述为：设 D 是所有事务的集合，事务 D 中的关联规则表示为蕴含式 $X \Rightarrow Y$，X 称为前项，Y 称为后项。关联规则是由支持度和置信度约束的，支持度表示规则的频度，置信度表示规则的强度[185]。在本书中事务集 D 指安全事故案例库，X 和 Y 为安全风险因素，关联规则挖掘的目的是找出可能具有因果关系或耦合关系的安全风险因素的集合。

（1）频繁项集和强关联规则：

规则 $X \Rightarrow Y$ 的集合称为项集，如果该项集中包含 K 个项，则称为 K-项集，频繁项集指规则 $X \Rightarrow Y$ 的支持度大于最小支持度。若规则 $X \Rightarrow Y$ 的支持度和置信度同时大于设定的最小支持度和最小置信度，则称为强关联规则[186]，表示为Asso（X，Y）。

（2）支持度（Support）：

规则X⇒Y的支持度指安全风险因素X和安全风险因素Y同时发生的概率，公式为：

$$\text{Support}(X \Rightarrow Y) = P(XY) \tag{4-1}$$

式中，$P(XY)$表示同时包含安全风险因素X和Y的事故在案例库中的百分比。支持度是关联规则发生频率的度量，支持度太低，表明规则不具有普遍性，只是偶然发生，所以通常用支持度剔除不具有普遍代表性的规则。

（3）置信度（Confidence）：

规则X⇒Y的置信度指安全风险因素X作为先决条件发生的情况下，安全风险因素Y的发生概率，公式为：

$$\text{Confidence}(X \Rightarrow Y) = P(Y|X) = \frac{P(XY)}{P(X)} \tag{4-2}$$

置信度越高，说明安全风险因素X出现时安全风险因素Y出现的可能性越大。但置信度没有考虑Y在整个案例库中出现的概率$P(Y)$，如果Y出现的概率本身就很大，那么置信度大的规则并不一定是有关联的，因此置信度有一定的欺骗性，需要引入其他方法进一步度量规则的有趣性。

2.关联规则的有趣性指标

在生成关联规则的模式中，一般使用经典的支持度-置信度框架，但是会产生大量冗余的、不相关的规则，影响对规则的选择，因此支持度和置信度框架不足以过滤掉无趣的关联规则，因此用有趣性来描述规则的有用程度。关联规则的有趣性是规则有效性、潜在有用性、新颖性的综合度量，一般有提升度、信任度、匹配度三个指标。在关联规则分析中用"有趣性"来分析具有关联关系的事务间实际上是否存在有价值的规则，本书中指包含因果关系或耦合关系的关联规则。

（1）提升度（Lift）：

规则X⇒Y的提升度指安全风险因素X发生的条件下同时包含安全风险因素Y的事故，与仅包含安全风险因素Y的事故的比值，公式为：

$$\text{Lift}(X \Rightarrow Y) = \frac{P(Y|X)}{P(Y)} = \frac{P(XY)}{P(X)P(Y)} \tag{4-3}$$

提升度反映了关联规则中X与Y的相关性，提升度越大，说明X的出现对Y

的出现影响越大，取值范围是[0，∞]。提升度是对称型度量指标，即X与Y互为前后项的提升度的数值是相等的。从提升度可以判断X与Y是否相关，但不能判断哪个是原因、哪个是结果。

当提升度大于1时，表示X和Y同时出现的概率大于它们单独出现的概率，即X的出现会带动Y的出现，两者可能具有相关关系。

当提升度等于1时，表示X和Y同时出现属于随机事件，不具有特别意义，即X的出现与Y的出现是独立的，互不影响。

当提升度小于1时，表示X和Y同时出现的概率小于它们单独出现的概率，即X(Y)的出现会降低Y(X)出现的概率。

由于安全事故中对安全风险因素影响的考虑主要指损失，即叠加和放大效应，不会带来积极的抵消效应，因此认为当提升度大于1时才是有效规则，而不考虑风险因素间相互间的抵消作用。

（2）信任度（Conviction）：

规则$X \Rightarrow Y$的信任度表示安全风险因素X出现与安全风险因素$\overline{Y}$出现占$\overline{Y}$出现时X出现的百分比，数学表示为：

$$\text{Conviction}(X \Rightarrow Y) = \frac{P(X)P(\overline{Y})}{P(X\overline{Y})} = \frac{P(X) - P(X)P(Y)}{P(X) - P(XY)} \tag{4-4}$$

其中，$\overline{Y}$表示安全风险因素Y的补集，即Y不出现。信任度反映了关联规则中X与Y的蕴涵性，取值范围是[0，∞]。

当信任度大于1时，表示X和$\overline{Y}$单独出现的概率大于它们同时出现的概率，即X的出现会降低$\overline{Y}$出现的概率，反过来说，X的出现会提升Y出现的概率。

当信任度等于1时，表示X的出现可能引发Y，也可能引发$\overline{Y}$，因此X与Y无关。

当信任度小于1时，表示X的出现会降低Y出现的概率。

当信任度为∞时，表示Y不出现时，X也不出现，即完备性，符合完备性的关联规则可能具有较强的因果关系。

（3）匹配度（Match）：

规则$X \Rightarrow Y$的匹配度表示安全风险因素X不出现时安全风险因素Y出现的可能性，以及X和Y是否相关，数学表示为：

$$\text{Match}(X \Rightarrow Y) = \frac{P(XY)}{P(X)} - \frac{P(\overline{X}Y)}{P(\overline{X})} = \frac{P(XY) - P(X)P(Y)}{P(X)(1 - P(X))} \tag{4-5}$$

匹配度的取值范围是[-1，1]。

当匹配度（0，1]时，$P(XY)>P(X)P(Y)$，说明X和Y具有正相关性，其中当匹配度等于1时，$P(XY)=P(X)=P(Y)$，说明X和Y在案例库中同时出现或同时不出现，具有极强的相关性。

当匹配度=0时，$P(XY)=P(X)P(Y)$，说明X和Y不相关，为冗余规则。

当匹配度在[-1，0)时，$P(XY)<P(X)P(Y)$，说明X和Y负相关。

3.分析步骤

关联规则主要包括Apriori算法、Carma算法和GRI算法[187]，其中Apriori算法应用最广泛但存在重复扫描事务库、产生的候选项集较为庞大的不足，因此搜索效率较低；Carma算法和GRI算法旨在提高规则的分析效率。由于本书案例库数量不大，因此采用Apriori算法能够满足安全风险因素关联规则挖掘的需求。Apriori算法原理如下：

（1）频繁项集生成：通过项集元素数目的不断增长逐步搜索迭代，利用K-项集寻找（$K+1$）-项集。首先产生1-项集L_1，然后利用L_1寻找2-项集L_2，如此循环直到不能再增加项集的元素数目而停止。

（2）关联规则生成：针对每一个频繁项集L，生成其所有的非空子集，并计算每一个非空子集的置信度，如果大于等于最小置信度则认为是强关联规则。

综上所述，安全风险因素关联规则挖掘的具体步骤如图4-1所示。

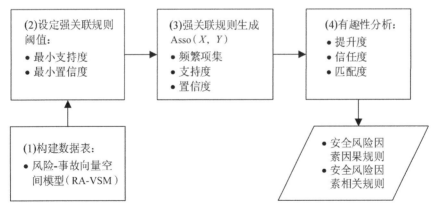

图4-1 安全风险因素关联规则挖掘流程

步骤1：构建数据表。数据表表示数据项在事务中的集合，即为风险-事故向量空间模型（RA-VSM）。

步骤2：设定强关联规则阈值：最小支持度和最小置信度。最小支持度反映了安全风险因素关联规则需要满足的最少案例库数量，最小置信度反映了安全风险因素关联规则的最低可靠度。

步骤3：强关联规则Asso(X, Y)生成。①频繁项集生成（支持度测试），找出超过设定的最小支持度阈值的所有项集，即频繁项集；②强关联规则生成（置信度测试），从频繁项集中提取所有高置信度的关联规则，并基于最小置信度进行筛选，最终得到强关联规则。

步骤4：有趣性分析：通过比较提升度、信任度、匹配度在局部样本中的适用性，提出适用的有趣性指标及其参数取值，生成安全风险因素因果规则、安全风险因素相关规则，为后续自然语义处理奠定基础。

4.1.2 强关联规则挖掘

1.构建数据表

基于第3章文本挖掘所得到的风险-事故向量空间模型，采用公式（4-6）处理成布尔矩阵。判断的条件是：只要安全风险因素在调查报告中被提及就认为该因素出现，取值为1，而不考虑出现的次数。

$$R_{ij} = \begin{cases} 1, \text{when } TF_j^i \geqslant 1 \\ 0, \text{when } TF_j^i = 0 \end{cases} \tag{4-6}$$

2.最小支持度和置信度设置

为简化关联规则的判断，仅考虑安全风险因素之间的两两关系，即提取2-项集关联规则，构建因素间的直接影响关系。采用SPSS Modeler软件对数据进行分析处理。设置前项数（Number of Front Items）为1，不同支持度和置信度下所得到的强关联项数如表4-1、图4-2、图4-3所示。

不同支持度和置信度下的强关联规则项数　　　　表4-1

支持度	强关联项数									
	置信度 0.01%	置信度 10%	置信度 20%	置信度 30%	置信度 40%	置信度 50%	置信度 60%	置信度 70%	置信度 80%	置信度 90%
0	1060	863	638	418	250	175	83	48	29	27
5%	976	779	554	343	192	117	52	19	5	3
10%	807	629	442	258	139	80	37	10	2	0

支持度设置：由图4-2可知，不同支持度对强关联项数的影响较为平均，没有出现明显的拐点，考虑到城市轨道交通建设项目安全事故可能来源于多种因素，即使出现次数很低的因素，也可能带来较负面的安全后果，因此将最小支持度设置为0，即只要该因素出现，就识别出来作为进一步分析的对象。支持度设置为：

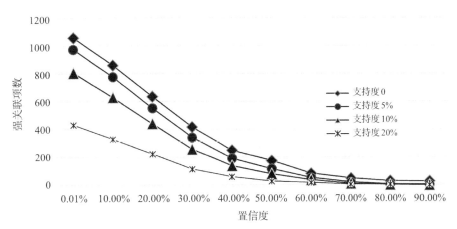

图4-2　不同支持度下关联项数对比

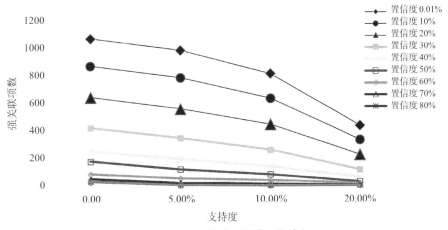

图4-3　不同置信度下关联项数对比

$$\text{Support}(X \Rightarrow Y) \geqslant 0\% \qquad (4-7)$$

　　置信度设置：由图4-3可知，可将置信度划分为两个区间，置信度≥40%时，强关联项数共250条，表示关联规则较为可靠，应重点分析；置信度<40%的强关联项数占大多数，表示项目X出现时，项目Y出现的可能性较小，可以不予考虑。因此，将最小置信度设置为40%，表示为：

$$\text{Confidenct}(X \Rightarrow Y) \geqslant 40\% \qquad (4-8)$$

　　综上所述，强关联规则$\text{Asso}(X, Y)$的生成模式为：

$$\text{Asso}(X,Y) = \{\text{Support} \geqslant 0\%, \text{Confidence} \geqslant 40\%, \text{Number of FI} = 1\} \qquad (4-9)$$

3.强关联规则生成

以公式（4-9）为准则，从风险-事故向量空间模型中生成表4-2所示的强关联规则，合计250条，较筛选前的1060条规则（表4-1）删减率为76.4%，筛选后的强关联规则中仍存在大量的冗余关系，需要借助有趣性指标进一步筛选。

强关联规则项数统计

表4-2

序号	编号	风险因素	规则项数	序号	编号	风险因素	规则项数
1	SG_1	安全管理机构不健全	17	20	SJ_3	监测方案及其落实不足	9
2	SG_2	对分包单位管理不当	11	21	SJ_4	施工方案不当	6
3	SG_3	安全管理制度不完善	6	22	SJ_5	安全交底不充分	3
4	SG_4	安全检查不足	6	23	SJ_6	结构自身质量缺陷	7
5	SG_5	安全培训不足	6	24	SJ_7	模板支撑体系缺陷	10
6	SG_6	应急预案及演练不足	8	25	SJ_8	基坑支护体系缺陷	3
7	SG_7	现场管理混乱	4	26	SJ_9	补救措施不足	7
8	SG_8	安全防护不足	6	27	SR_1	安全意识不足	3
9	SG_9	施工组织协调不力	7	28	SR_2	施工技术欠缺	7
10	SG_{10}	工期压力大	11	29	SR_3	违章指挥	7
11	SG_{11}	监理监管不足	8	30	SR_4	违章施工作业	7
12	SH_1	自然灾害	5	31	SR_5	未按设计要求施工	9
13	SH_2	复杂的地质条件	3	32	SR_6	吊装起重或设备操作不当	15
14	SH_3	不明地下水文条件	4	33	SR_7	工人疲劳作业	11
15	SH_4	周边建（构）筑物探查或保护不足	13	34	SW_1	材料选择不当	3
16	SH_5	雨污水管道探查或保护不足	2	35	SW_2	材料设备堆放不合理	5
17	SH_6	燃电管道探查或保护不足	1	36	SW_3	机械设备选型不当	6
18	SJ_1	勘察或补勘不足	4	37	SW_4	设备设施故障	2
19	SJ_2	设计缺陷	8				

4.1.3 强关联规则有趣性分析

对因果关系、耦合关系这两种关系而言，经典的支持度、置信度指标难以判断规则的有趣性，将多个指标进行组合更有助于筛选出有趣的规则。本节拟通过有趣性分析从强关联规则中找出可能具有因果关系或耦合关系的规则。

1.有趣性评估模式

根据信任度的公式和定义，将信任度为∞的完备性规则提取出来表示因素之间带有明确的因果作用方向，即风险因素 X 引起风险因素 Y 的原因，则安全风险因素因果规则的生成模式为：

$$X < \mathrm{cau} > Y = \{\mathrm{Asso}(X, Y), \mathrm{Conviction} = \infty\} \qquad (4\text{-}10)$$

由于只有很少一部分因果关联很强的规则才具有完备性，因此除公式（4-10）筛选出来的因果规则外，还有大部分因果关系和耦合关系落在相关规则中。

根据公式（4-2）～公式（4-5），计算已挖掘出的250条强关联规则的置信度、提升度、信任度、匹配度，如图4-4所示，其中信任度=∞的强关联规则难以在同一坐标中体现，因此予以去除。

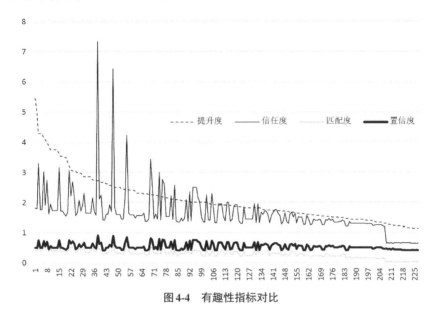

图4-4　有趣性指标对比

从图4-4可以看出：

（1）所有规则的提升度指标均大于1，匹配度指标在（0，1]之间，绝大部分规则的信任度指标大于1，说明强关联规则置信度的参数设置较为合理，即筛选后的强关联规则在数值上体现出较强的相关性。

（2）除提升度指标因具有对称性和其他指标的走势不同外，信任度、匹配度和置信度指标的走势相似，其中置信度指标没有拐点，说明在强关联规则中置信度指标对数值没有区分能力，信任度指标在纵坐标为1值附近出现明显下降，同时匹配度指标也出现明显下降，说明信任度和匹配度指标对安全风险因素相关关系的筛选能力基本相当。

结合上述分析，根据提升度、信任度、匹配度的公式和定义，安全风险因素相关规则应同时满足以上三个指标的相关性要求，即安全风险因素相关规则的生成模式为：

$$\text{Corr}(X,Y) = \{\text{Asso}(X,Y), \text{Lift} > 1, \text{Conviction} > 1, 0 < \text{Match} \leqslant 1\} \qquad (4\text{-}11)$$

按照上述规则筛选出207条安全风险因素相关规则及20条不相关规则，这些不相关规则的提升度和匹配度均较低，说明从数值上均不具有或具有较低的相关性，可以去除。

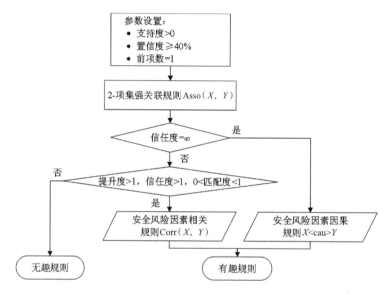

图4-5 关联规则有趣性评估模式

综上所述，形成关联规则有趣性评估模式如图4-5所示。在强关联规则中按公式（4-11）提取出安全风险因素因果规则，但并非所有因果关系都具有完备性，安全风险因素因果规则仅代表少部分因果关系，还有大部分因果关系和耦合关系落在相关规则中，相关规则的判断由提升度、信任度、匹配度指标共同决定。

2.有趣性指标分析

选择项集关联规则项数最多的SG_7因素，分析有趣性指标的适用性。在事故调查报告样本集中，SG_7作为前项和后项共同出现的关联规则共70条，提取出如表4-3所示的35对关联规则。

SG_7因素有趣性指标参数（部分）　　　表4-3

序号	规则描述	支持度百分比	置信度百分比	提升度	信任度	匹配度
1A	SG_1安全管理机构不健全→SG_7现场管理混乱	1.7	100.0	2.79	∞	0.65
1B	SG_7现场管理混乱→SG_1安全管理机构不健全	1.7	4.7	2.79	1.03	0.05

序号	规则描述	支持度百分比	置信度百分比	提升度	信任度	匹配度
2A	SG_7现场管理混乱→SJ_5安全交底不充分	4.2	100.0	2.79	∞	0.65
2B	SJ_5安全交底不充分→SG_7现场管理混乱	4.2	2.3	2.79	1.02	0.02
…		…	…	…	…	…
8A	SG_7现场管理混乱→SG_5安全培训不足	12.5	71.4	1.99	2.25	0.43
8B	SG_5安全培训不足→SG_7现场管理混乱	12.5	34.9	1.99	1.27	0.27
9A	SG_7现场管理混乱→SG_8安全防护不足	14.2	68.0	1.90	2.01	0.41
9B	SG_8安全防护不足→SG_7现场管理混乱	14.2	39.5	1.90	1.31	0.29
…		…	…	…	…	…
14A	SG_7现场管理混乱→SG_4安全检查不足	20.8	62.5	1.74	1.71	0.40
14B	SG_4安全检查不足→SG_7现场管理混乱	20.8	28.1	1.74	1.59	0.19
15A	SJ_4施工方案不当→SG_7现场管理混乱	12.5	62.5	1.74	1.71	0.33
15B	SG_7现场管理混乱→SJ_4施工方案不当	12.5	34.9	1.74	1.23	0.23
…		…	…	…	…	…
19A	SJ_8基坑支护体系缺陷→SG_7现场管理混乱	19.2	54.8	1.53	1.42	0.29
19B	SG_7现场管理混乱→SJ_8基坑支护体系缺陷	19.2	53.5	1.53	1.40	0.29
20A	SR_1安全意识不足→SG_7现场管理混乱	20.0	53.3	1.49	1.38	0.28
20B	SG_7现场管理混乱→SR_1安全意识不足	20.0	55.8	1.49	1.41	0.29
…		…	…	…	…	…
35A	SH_5雨污水管道探查或保护不足→SG_7现场管理混乱	7.5	27.3	0.76	0.88	-0.12
35B	SG_7现场管理混乱→SH_5雨污水管道探查或保护不足	7.5	20.9	0.76	0.92	-0.10

通过对SG_7因素多个有趣性指标的分析，可以归纳出以下几点：

（1）规则支持度在大样本数据集中发挥的作用较大，但在小样本数据集下对因果关系和耦合关系判断的影响较少。如规则NO.14、NO.20的支持度均较高，但通过置信度、提升度、信任度、匹配度的判断依然不足以支持因果关系的判断。

（2）从置信度的公式和定义上看，置信度越大则因果关系成立的可能性越大。观察置信度≥40%的关联规则，置信度越大则因果关系成立的比例越大，如NO.1～8，但也存在大量的冗余规则，并且在置信度的数值指标上不具有明显的区分性，部分规则出现置信度高（规则A）的规则不成立、置信度低（规则B）的规则成立的情况，如NO.13、NO.14、NO.17、NO.19、NO.25～29，因此很难根据置信度指标判断因果关系是否成立，需要借助其他有趣性指标。剩余的规则均集中在置信度<40%，共41条，基本为冗余规则。

（3）提升度指标能够去除大部分无效规则，提取出可能具有相关关系的因素对，筛选效果较好。以Lift$(X \Rightarrow Y)$>1为准则可以筛选出可能具有相关关系的关联规则，如规则NO.1～29。反之，以Lift$(X \Rightarrow Y)$≤1为准则可以基本排除不具有相关关系的因素，如规则NO.30～35，筛选出的规则基本符合主观判断，同时验证了置信度<70%的规则为无效规则的设定。但Lift$(X \Rightarrow Y)$>1的相关规则并非一定具有因果关系，可能只是数值上存在关联性，但并不存在逻辑上的因果关系，如规则NO.15～17。此外，由于提升度是对称性指标，因此Lift$(X \Rightarrow Y)$=Lift$(Y \Rightarrow X)$，无法判断因果关系的方向性。

（4）以"信任度=∞"可以有效筛选出带有方向的因果规则，即前项X是后项Y的原因，但满足该条件的关联规则太少，仅以该条规则进行判断会遗漏绝大多数因果关系或耦合关系。

（5）信任度和匹配度的引入虽然可以减少一部分冗余规则的产生，能够辅助提升度指标筛除不相关规则，筛除效果较好，但对筛选出的相关规则难以进一步判断数值间的因果关系或耦合关系。

综上所述，通过对因素SG$_7$的有趣性指标分析可以看出，采取支持度、置信度、提升度、信任度、匹配度指标能够较好地提取出正相关关系和少部分因果关联关系，但很难仅从数值上对因果关系、耦合关系进行较为全面的判断，还需要采用主观判断的方式进行进一步分析。

3.因果规则和相关规则提取

按照图4-5所示的关联规则有趣性评估模式，以公式（4-10）为准则共提取23条安全风险因素因果规则，如表4-4所示；以公式（4-11）为准则共提取207条安全风险因素相关规则，如表4-5所示，相关规则中包含了安全风险因素的因果关系、耦合关系及其他无意义的冗余关系，其中因果关系和耦合关系难以通过数值统计的方式进行分离，需要进一步借助语义进行筛选。

序号	前项	后项	规则描述	支持度百分比	置信度百分比	提升度	匹配度
1	SG_1	SG_2	安全管理机构不健全→对分包单位管理不当	1.7	100.0	12.0	0.9
2	SG_1	SG_4	安全管理机构不健全→安全检查不足	1.7	100.0	3.0	0.7
3	SG_1	SG_7	安全管理机构不健全→现场管理混乱	1.7	100.0	2.8	0.7
4	SG_1	SJ_9	安全管理机构不健全→补救措施不足	1.7	100.0	4.3	0.8
5	SG_2	SG_7	对分包单位管理不当→现场管理混乱	7.5	90.0	2.5	0.6
6	SG_2	SG_9	对分包单位管理不当→施工组织协调不力	5.8	70.0	4.0	0.6
7	SG_7	SG_5	现场管理混乱→安全培训不足	12.5	71.4	2.0	0.4
8	SG_7	SJ_5	现场管理混乱→安全交底不充分	4.2	100.0	2.8	0.7
9	SG_7	SR_6	现场管理混乱→吊装起重或设备操作不当	6.7	72.7	2.0	0.4
10	SG_{10}	SG_5	工期压力大→安全培训不足	2.5	75.0	4.3	0.6
11	SG_{10}	SG_8	工期压力大→安全防护不足	2.5	75.0	3.6	0.6
12	SG_{10}	SR_7	工期压力大→工人疲劳作业	2.5	100.0	30.0	1.0
13	SG_{11}	SG_4	监理监管不足→安全检查不足	10	75.0	2.3	0.5
14	SG_{11}	SG_7	监理监管不足→现场管理混乱	10.8	81.3	2.3	0.5
15	SG_{11}	SR_1	监理监管不足→安全意识不足	10	75.0	2.0	0.4
16	SJ_5	SW_4	安全交底不充分→设备设施故障或操作不当	7.5	74.3	2.8	0.5
17	SR_2	SG_4	施工技术欠缺→安全检查不足	20.8	74.3	1.9	0.4
18	SR_2	SG_7	施工技术欠缺→现场管理混乱	9.2	78.6	2.2	0.5
19	SR_2	SJ_9	施工技术欠缺→补救措施不足	8.3	71.4	3.1	0.5
20	SR_2	SR_1	施工技术欠缺→安全意识不足	7.5	74.3	1.7	0.3
21	SR_3	SG_7	违章指挥→现场管理混乱	7.5	75.0	2.1	0.4
22	SR_5	SJ_8	未按设计要求施工→基坑支护体系缺陷	10	66.7	1.9	0.4
23	SW_3	SR_6	机械设备选型不当→吊装起重或设备操作不当	0.8	100.0	10.9	0.9

序号	前项	后项	规则描述	支持度百分比	置信度百分比	提升度	信任度	匹配度
1	SG_1	SG_3	安全管理机构不健全↔安全制度及其落实不足	0.8	50	2.3	1.6	0.3

119

城市轨道交通建设项目安全风险传递关系研究

序号	前项	后项	规则描述	支持度百分比	置信度百分比	提升度	信任度	匹配度
2	SG$_1$	SG$_5$	安全管理机构不健全↔安全培训不足	0.8	50	2.9	1.7	0.3
3	SG$_1$	SG$_8$	安全管理机构不健全↔安全防护不足	0.8	50	2.4	1.6	0.3
4	SG$_1$	SG$_9$	安全管理机构不健全↔施工组织协调不力	0.8	50	2.9	1.7	0.3
5	SG$_1$	SG$_{11}$	安全管理机构不健全↔监理监管不足	0.8	50	3.8	1.7	0.4
…	…		…	…	…	…	…	…
205	SW$_1$	SJ$_6$	材料选择不当↔结构自身质量缺陷	3.3	50	3	1.7	0.4
206	SW$_3$	SJ$_6$	机械设备选型不当↔结构自身质量缺陷	1.7	67	2.4	2.2	0.4
207	SW$_4$	SR$_6$	设备设施故障↔吊装起重或设备操作不当	10.8	46	1.2	0.6	0.1

4.2
安全风险因素因果关系抽取

根据第2.4.3节构建的"安全风险传递关系分析模型",采用自然语言处理方法抽取城市轨道交通建设项目安全风险因素间的因果关系。因果关系抽取的目标是从自然语言文本中提取出两个安全风险因素之间存在的因果语义关系。

4.2.1 因果关系抽取方法

1.自然语言处理方法

根据《汉语信息处理词汇　01部分：基本术语》GB/T 12200.1—1990的定义,自然语言处理指"用计算机对自然语言的音、形、义等信息进行处理,即对字、词、句、篇章的输入、输出、识别、分析、理解、生成等的操作与加工"[188]。对于因果关系来说,有意义的自然语言单位是语句,因此采用语义依存分析对语义关系进行处理。语义关系是词或短语表示的两个概念间的潜在关系[189],存在于句子内部和外部的词之间、短语之间、词和短语之间。语义依存分析是对语句中的语义结构和语义关系的分析,是自然语言处理领域的深层应用,通过语义依存结构可以表达词语和词语之间在语义中的依赖关系。

中文语义关系包括显式和隐式两种，其中显式关系包含因果指示词，如"因为""由于"等，可利用因果指示词提取显式因果关系[190]。隐式关系缺少因果指示词，需要根据向上下文推测，如"施工期间遭遇特大暴雨，基坑纵向留坡困难"，其中隐式因果关系的判定一般采用机器学习的方式，准确率较低。Garcia通过分析法语中表达因果关系的动词，实现了形如"原因导致结果"（Cause Verb Effect）的显式因果关系抽取[191]；Khoo等在动词的基础上补充了连词、形容词、副词、字句抽取显式因果关系的方法[192]。在显式因果关系抽取中，常采用模式匹配的方式将文本中的因果语义关系抽取为某些特定的规则，较为适用于抽取带有标记的句内或相邻句子间的因果关系。

由于原因因素和结果因素都可能是主体或客体的属性状态或在事件动作的作用下产生新状态，因果语义表达的知识结构如图4-6所示。图4-6中，名词1与主体间的箭头表示事件的主体是名词1的属性或者组成部分，其中包含原因因素，名词2与客体间的箭头表示事件的客体是名词2的组成部分或者属性，其中包含结果因素。

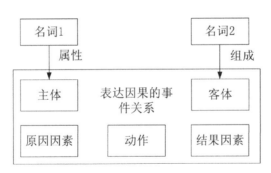

图4-6　因果语义表达的知识结构

语义角色标注：分析句子词语结构及各部分之间的关系，标注出句子谓词及谓词对应的论元结构，如施事、受事、时间和地点等。

语义依存图：根据语义依存关系绘制的有向无环图，节点由词语组成，边代表词语之间的语义关系，每个边带有一个语义标签。

例如：*安全管理机构不健全造成安全管理制度不足。*

图4-7及表4-6给出了这句话的语义角色标注及其说明。语义角色标注以谓词"造成"作为中心（事件），提取出该事件的三个论元（论元指构成事件的单元）：该词的施事A0（安全管理机构不健全）、中枢论元（造成）及该词造成的影响A1（安全管理制度不足）。语义角色标注仅关注句子主要谓词的论元及谓词与

论元之间的关系，不能反映词语之间的语义关系，是一种浅层语义分析技术，这就需要借助语义依存图。语义依存图不仅关注谓词与论元的关系，还关注谓词与谓词之间、论元与论元之间、论元内部的语义关系，语义依存对句子语义信息的刻画更加完整全面[193]。

语义角色标注标记说明   表4-6

主要标记	说明
A0	通常表示动作的施事
A1	通常表示动作的影响等
ADV	adverbial，default tag（附加的，默认标记）

安全	管理	机构	不	健全	造成	安全	管理	制度	不足	。
a	v	n	d	a	v	a	v	n	a	wp
A0			ADV		造成	A1				

图4-7　语义角色标注

图4-8为示例语句的语义依存图，表4-7为语义关系的标记说明。相较于语义角色标注，语义依存图更细致刻画了语句内词语的相互关系，使计算机能够理解该句话表达的逻辑关系。

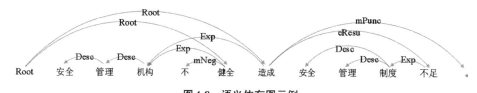

图4-8　语义依存图示例

语义关系的标记说明   表4-7

主要标记	说明
Root	根节点
mNeg	否定标记
eResu	结果关系
Exp	当事关系（如我跑得快，跑→我）
Desc	描写角色

完整的依存结构呈树形，句子中的每一个词语都与它修饰的另一个词语组成依存词对，由依存图中的一条弧连接，词语间的修饰关系标记在对应的依存弧上，箭头从核心节点指向修饰节点，全局的核心词语就是依存树中的根节点[194]。

通过对核心词语的提取，可以将复杂语句简化为简单语句，例如上句可以简化为"机构不健全造成制度不足"（图4-9），事件为"造成"（语义关系为eResu关系），主体及其属性即机构不健全（语义关系为Desc），客体及其属性即制度不足（语义关系为Exp）。因此，根据特定的因果语义分析中标注的事件"eResu"，以及"Exp""Desc"等属性标签即可提取出语句中所表达的因果关系。

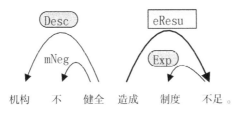

图4-9　因果语义依存图示例

2.语料库及其特点

以第3章整理的城市轨道交通建设项目安全事故调查报告为语料库。为了简化分析过程，同本书第3章所采用的语料库一样，仅分析事故调查报告中的"事故经过""事故原因分析""责任认定及处理建议""整改措施"四部分内容。因此，以事故调查报告作为语料库分析因果语义关系具有以下特点：

（1）事故调查报告由行业专家撰写，其发布需经主管部门审核，因此从报告中筛选出的因果关系可信度较高。

（2）事故调查报告是调查专家共同出具的正式报告，采用书面语言表述，语言表述较为正式，很少出现口语化用语，且逻辑推理性较强，这为因果语义关系的提取提供了有力支撑。

（3）与一般的因果语义关系抽取不同的是，本书是在已筛选的安全风险因素相关规则中提取因果关系，因此不需要搜索因果关系有哪些及其出现的次数，只需要判断因素在语料库中因果关系的方向即可，因此仅考虑显式因果关系的提取，这极大降低了因果语义关系识别的难度。

综上所述，判别相关安全风险因素间是否存在因果关系的表述如下：

因果关系抽取模式 ={安全风险因素，因果关系指示词，特定语义关系}

因果关系抽取模式的要素包括安全风险因素、因果关系指示词和特定语义关系，即通过安全风险因素、因果关系指示词抓取出蕴含因果关系的语句，然后通过特定语义关系筛选出原因因素和结果因素。

3.因果关系抽取流程

基于上述语义分析方法和语料库的特点，构建因果关系抽取流程如图4-10所示。由于抽取的是安全风险因素间的直接因果关系，这些因果关系往往存在于句子内部，因此仅进行句内的语义依存分析，找出具有直接语义关联的风险因素，而不考虑句间的语义依存关系。

具体说明如下：

（1）语句分解：将语料库内容按照句号分解为单独的语句。

（2）语句分词：引入自定义词库，将语句分解为词序列。

（3）词性标注：给句子中的词标注上词性类别，如名词、动词、形容词等。

（4）语义依存分析：分析句子中词之间的语义关联，并将语义关联以依存结构呈现，直接获取深层的语义信息。

（5）语义依存XML语言：XML语言是语义依存分析的其中一种结果表示方式，用户可以通过指定参数来指名分析任务并获取对应的XML结果。

（6）匹配因果关系抽取模式：根据因果关系抽取模式，只要找到一个支持的因果语句，就认为该因果关系存在。

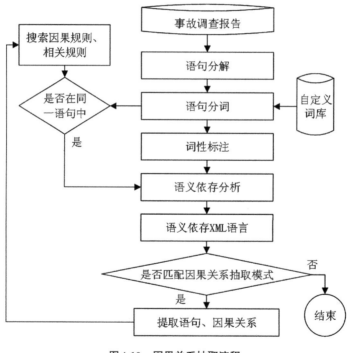

图4-10　因果关系抽取流程

4.2.2　因果关系抽取模式

1. 因果关系抽取模式的构建流程

表达因果关系的产生式规则称为因果关系抽取模式，其形式为$[A_i] \to [B_i]$，其中$[A_i]$与$[B_i]$分别表示原因与结果所处状态的语言值形式。语义分析方法的核心是构建因果关系抽取模式，流程如图4-11所示。

借鉴Esmaeili和Hallowell提出的人工方法构建规则时30%的比例，随机抽取30%的事故调查报告，并将其内容按照句号分解为单独的语句。由于语料库共221例报告，因此抽取了66例报告，共生成912个独立语句。这些语句多为复式，即句内存在多个谓语中心词，少量为单句，即句内存在一个谓语中心词。对这些语句进行人工分析，共提取出82句蕴含因果关系的语句，以这些语句为对象，通过构建因果关系提示词和因果语义关系形成因果关系抽取模式，显式因果关系抽取的正确率在85%以上即可认为抽取模式能够较好地匹配真实语义。抽取模式经验证后在全语料库中抽取所有因果关系。

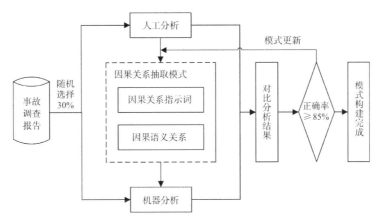

图4-11　因果关系抽取模式的构建流程

2.因果关系指示词

1983年梅家驹等人编著完成《同义词词林》[195]，其中有些词已不再常用，哈尔滨工业大学信息检索研究室参照多部电子词典和人民日报语料库，修正并扩充，形成了《哈工大信息检索研究室同义词词林扩展版》（以下简称《扩展版同义词词林》）。参考该扩展版中的同义词词林，并根据安全事故调查报告中因果关系的表述形式，形成因果关系指示词如表4-8所示。

因果关系指示词修正和补充的原则为：

（1）删除部分可能具有歧义、难以明确表述因果关系的词，包括"熏陶""潜移默化""默化潜移""叫""让""教"。

（2）由于《扩展版同义词词林》的训练语料库为人民日报等生活性和新闻性材料，而事故调查报告的用语更加严谨和正式，较少以"便、就、才""既然""既……就/那么/那末/那/便/也/则……""唯其/惟其……才"等表示因果关系，因此删除部分非正式表述的因果提示词，包括"唤起""挑起""引""逗""招""勾""惹""挑起""招惹""滋生""诱致""俾""敦促""缘"。

（3）根据人工分析事故调查报告样本语料库的因果关系语句，新增部分因果关系指示词，包括"产生""酿成""诱发""引发""触发""使其""来自""取决""源于""在于"。

因果关系指示词 表4-8

分类	编号	同义词词林	修正和补充后的因果关系指示词
影响Je	Je02 影响 触动 带动	Je02A01＝影响 熏陶 潜移默化 默化潜移 Je02C01＝带动 牵动 带来 拉动	影响、带动、牵动、带来、拉动、产生、酿成
	Je04 引起 导致 使得	Je04A01＝引起 唤起 挑起 引逗 招 勾 惹 挑起 招惹 滋生 Je04B01＝导致 招致 以致 引致 诱致 致使 招致 促成 造成 Je04C01＝使得 使 令 让 叫 教 俾 驱动 Je04C02＝促使 驱使 教促	引起、导致、招致、以致、引致、致使、致、促成、造成、使得、使、令、驱动、促使、驱使、引发、诱发、触发、使其、来自、取决、源于、在于
连接Kc	Kc09 因为 所以	Kc09A01＝因为 因 缘 以 归因于 Kc09A02＝由于 鉴于 由 出于 是因为 Kc09A03＝由此可见 有鉴于此 Kc09B01＝所以 因而 因此 故此 故而 从而 故 据此 于是 之所以 为此 就此 因故	因为、因、以、归因于、由于、鉴于、出于、是因为、由此可见、有鉴于此、所以、因而、因此、故此、故而、从而、故、据此、于是、之所以、为此、就此、因故、以至于

备注：深色背景表示被删除因果关系指示词，下划线表示新增因果关系指示词。

3.因果关系语言模式

因果语义关系具有较强的多样性，即使是明确表达因果判断的语句，也有很多语言模式[196]。利用语义依存技术分析蕴含因果关系的典型句子，归纳不同语言模式下因果语义关系的特点，以构建安全风险因素因果关系抽取模式。

首先，对典型句子的语义角色和语义依存关系进行可视化处理，结果如图4-12～图4-15所示。分析工具为哈尔滨工业大学社会计算与信息检索研究中心研发的"语言技术平台（LTP）"，该LTP平台提供包括中文分词、词性标注、命名实体识别、依存句法分析、语义角色标注等自然语言处理技术。

其次，根据语义角色构成，提取典型的因果关系语言模式，不同的语言模式对应不同的因果关系抽取模式，对不同语言模式下的因果关系指示词进行分类。

最后，分析不同语言模式下因果语义关系的特点，构建因果关系抽取模式。

语言模式①示例：施工单位未严格进行现场管理，导致危险作业区监督检查力度不足。

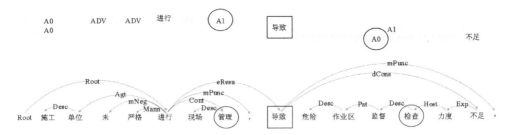

图4-12　因果关系语言模式①示例

语言模式②示例：施工单位管理松散，部分原因来自于心理懈怠。

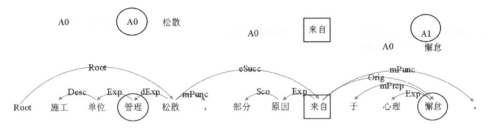

图4-13　因果关系语言模式②示例

语言模式③示例：由于项目部技术管理力量薄弱，处理纵向留坡方案出现不当。

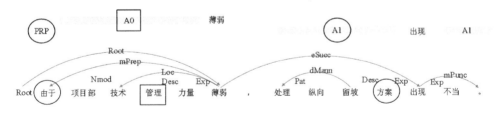

图4-14　因果关系语言模式③示例

语言模式④示例：人员施工技术不足，因此没有及时检查出安全隐患。

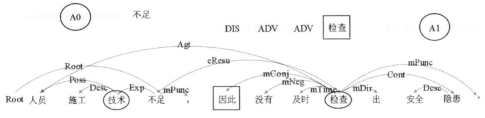

图4-15　因果关系语言模式④示例

根据图4-12提取出语言模式①语义角色分解（核心模块）如图4-16所示，图中A1、A0分别表示施事和受事（详见表4-7），Result-Verb表示果动词，即表示结果的动词。

图4-16　语言模式①语义角色分解

根据图4-13提取出语言模式②语义角色分解（核心模块）如图4-17所示，Cause-Verb表示因动词，即表示原因的动词。

图4-17　语言模式②语义角色分解

根据图4-14提取出语言模式③语义角色分解（核心模块）如图4-18所示，Cause-Prep表示因介词动词，即表示原因的介词。

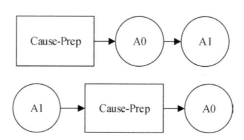

图4-18　语言模式③语义角色分解

根据图4-15提取出语言模式④语义角色分解（核心模块）如图4-19所示，Result-Conj表示果连词，即表示结果的连词。

图4-19　语言模式④语义角色分解

综上所述，可归纳出四种因果关系语言模式如表4-9所示，其中[A_i]表示原因因素，[B_i]表示结果因素，同一个句子中[A_i]和[B_i]一般为一个，但也可能存在多个原因因素或结果因素同时出现，如"*施工单位管理松散，部分原因来自心理懈怠和安全制度不健全*"，则在同一个句子中出现两个结果因素。

因果关系语言模式　　　　　　　　　　　表4-9

序号	典型语句	语言模式	语言模式编号
1	施工单位未严格进行现场管理，导致危险作业区监督检查力度不足。	[A$_i$] Result-Verb [B$_i$]	模式①
2	施工单位管理松散，部分原因来自于心理懈怠。	[B$_i$] Cause-Verb [A$_i$]	模式②
3	由于项目部技术管理力量薄弱，处理纵向留坡方案出现不当。	Cause-Prep [A$_i$] [B$_i$] [B$_i$] Cause-Prep [A$_i$]	模式③
4	人员施工技术不足，因此没有及时检查出安全隐患。	[A$_i$] Result-Conj [B$_i$] Result-Conj [B$_i$] [A$_i$]	模式④

将表4-8中总结的因果关系指示词按不同语言模式进行分解，得到表4-10所示的不同语言模式下的因果指示词。

不同语言模式下的因果指示词　　　　　　　表4-10

序号		因果指示词	语言模式编号
动词	果动词（Result-Verb）	影响、带动、牵动、带来、拉动、产生、酿成、引起、导致、招致、以致、引致、致使、致、促成、造成、使得、使、令、驱动、促使、驱使、引发、诱发、触发、使其	模式①
	因动词（Cause-Verb）	来自、取决、源于、在于、归因于、是因为、和…有关	模式②
连词/介词	因介词（Cause-Prep）	因为、因、归因于、由于、鉴于、出于、只有…才能	模式③
	果连词（Result-Conj）	以、由此可见、有鉴于此、所以、因而、因此、故此、故而、从而、而、以期、故、据此、于是、之所以、为此、就此、因故、以至于	模式④

4. 因果关系抽取模式

参考哈尔滨工业大学LTP提供的语义依存关系体系，形成安全风险因素因果语义关系的类型如表4-11所示。语义依存关系分为三类，分别是：

因果语义关系类型及说明　　　　　　　　　表4-11

与周边论元的关系	分类	因果语义依存关系说明
事件关系（Event Relations）	连续关系	先行关系ePrec、后继关系eSucc、原因关系eCau、结果关系eResu、递进关系eProg
语义角色（Semantic Roles）	主体角色	施事Agt、当事Exp
	客体角色	受事Pat、客事Cont、成事Prod、源事Orig
	情由角色	缘故Reas、意图Int、结局Cons
	修饰角色	描述Desc
	d+语义角色	嵌套关系指一个事件降级充当另一个事件的成分
语义标记（Semantic Markers）	关系标记	连词标记mConj、介词标记mPrep
	依附标记	否定标记mNeg

事件关系（Event relations，ER），描述两个事件间的关系；

语义角色（Semantic roles，SR），每一种语义角色对应存在一个嵌套关系和反关系；

语义标记（Semantic markers，SM），标记说话者语气等依附性信息。

首先根据词性标注，将动词提取出来作为事件，事件关系主要体现为连续关系，语义角色主要包括主体角色、客体角色、情由角色、修饰角色，语义标记主要包括关系标记、依附标记。

模式①：[A$_i$] Result-Verb [B$_i$]

简句情境下，果动词是全句唯一的谓语，因此不存在事件关系，直接以果动词为核心指向原因和结果描述，如"*安全管理机构不健全导致现场安全管理混乱。*"单句情境下模式①的语义依存关系如图4-20所示。

图4-20　单句情境下模式①因果语义依存关系

复句情境下全句出现多个核心词，则产生事件关系（ER），那么果动词指向结果及其描述，与果动词逆向连接的特定事件关系则指向原因及其描述，如"*安全管理机构不健全，导致现场安全管理混乱。*"复句情境下模式①的语义依存关系如图4-21所示。

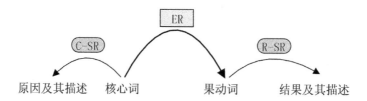

图4-21　复句情境下模式①因果语义依存关系

模式①主要由核心词与因果提示词之间的事件关系构成，核心词通常为进行、发现、不足、有缺陷、未进行、不健全、混乱、松散等形容词或动词，原因及其描述修饰核心词，结果及其描述修饰因果提示词。在模式①中常见的依存关系如表4-12所示。

特定事件关系 （ER）	果动词	表示原因的语义角色 （C-SR）	表示结果的语义角色 （R-SR）
eResu	影响、带来、拉动、产生、酿成、引起、导致、招致、以致、引致、致使、致、造成、使得、使、令、驱使、引发、诱发、触发、使其	（d）Agt、（d）Exp	（d）Pat、（d）Cont、（d）Prod、（d）Cons、（d）Exp
ePurp	带动、牵动、促成、促使		

模式②：[Bᵢ] Cause-Verb [Aᵢ]

与模式①类似，单句情境下模式②的基本语义依存关系如图4-22所示，复句情境下模式①的语义依存关系如图4-23所示，常见的依存关系如表4-13所示。

图4-22　单句情境下模式②因果语义依存关系

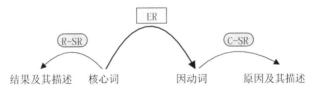

图4-23　复句情境下模式②因果语义依存关系

模式②因果语义依存关系说明   表4-13

特定事件关系 （ER）	因动词	表示原因的语义角色 （C-SR）	表示结果的语义角色 （R-SR）
eSucc	来自、取决、源于、在于、归因于	（d）Pat、（d）Cont、（d）Prod、（d）Cons、（d）Exp	（d）Agt、（d）Exp
eCau	是因为		

模式③：Cause-Prep [Aᵢ] [Bᵢ] 及 [Bᵢ] Cause-Prep [Aᵢ]

包含因介词的语句多为复句，因此不考虑单句情境。根据因介词通过"mPrep"角色关系逆向寻找与其连接的核心词，该核心词指向原因及其描述，同时通过特定事件关系指向结果及其描述。模式③的语义依存关系如图4-24所示，常见的依存关系如表4-14所示。

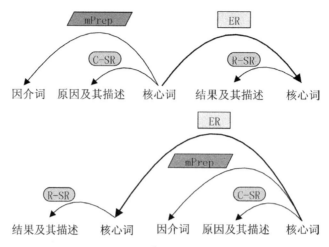

图4-24 模式③因果语义依存关系

特定事件关系（ER）	因介词	表示原因的语义角色（C-SR）	表示结果的语义角色（R-SR）
eCau	因为、因、由于、鉴于、出于	（d）Orig、（d）Reas、（d）Cont、（d）Cons、（d）Exp	（d）Exp、（d）Agt
eSucc	归因于		

模式④：[Aᵢ] Result-Conj [Bⱼ] 及 Result-Conj [Bⱼ] [Aᵢ]

与模式③类似，模式④根据果连词通过"mConj"角色关系逆向寻找与其连接的核心词，该核心词指向结果及其描述，同时通过特定事件关系指向原因及其描述。模式④的语义依存关系图如图4-25、表4-15所示。

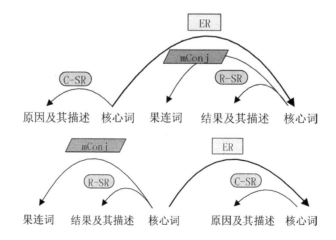

图4-25 模式④因果语义依存关系图

特定事件关系 （ER）	果连词	表示原因的语义角色 （C-SR）	表示结果的语义角色 （R-SR）
eSucc	以、由此可见、有鉴于此、所以、因而、因此、故此、故而、从而、故、据此、于是、之所以、为此、就此、因故、以至于	（d）Exp、（d）Agt	（d）Orig、（d）Reas、（d）Cont、（d）Cons、（d）Exp
eProg	为了		

模式④因果语义依存关系说明 表4-15

5.因果抽取模式的扩展

由于中文表达的复杂性，在基本依存关系之外，还可能出现一些基本模式外的扩展模式，主要体现在以下几点：

（1）否定标记：

动词周边常出现否定标记词，在语义依存关系中以"mNeg"（否定角色）表示，如未、不、没有、无等。虽然否定标记对提取安全风险因素没有影响，但会影响句子的表达，如*"未进行管理导致检查力度不足。"*其语义依存关系如图4-26所示。

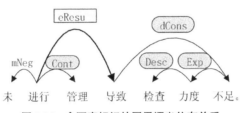

图4-26 含否定标记的因果语义依存关系

（2）语义角色嵌套：

原因及其描述、结果及其描述可能存在嵌套、多层描述的情况，即存在"原因链条""结果链条"，安全风险因素则蕴含在这些链条中，如*"施工单位管理松散，原因来自心理懈怠。"*其语义依存关系如图4-27所示。

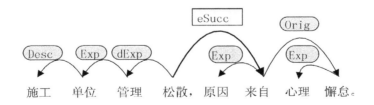

图4-27 含有角色嵌套的因果语义依存关系

（3）组合模式：

根据中文语义特点，可能出现以下两种组合模式：

模式①+模式③，如"*由于安全管理机构不健全，导致现场安全管理混乱。*"组合模式①+③的基本依存关系如图4-28所示。

模式①+模式④，如"*由于安全管理机构不健全，所以现场安全管理混乱。*"组合模式①+④的基本依存关系如图4-29所示。

这两种组合模式并未改变单一模式的依存关系，只是进一步加强了因果关系的语气，因此仍可以采用单一模式判定结果。

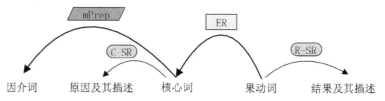

图4-28　组合模式①+③因果语义依存关系

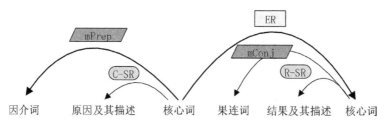

图4-29　组合模式①+④因果语义依存关系

（4）复合因果关系：

复合因果关系指一因多果、一果多因、多因多果、互为因果关系。在语言上以"且"表述。

6.基于XML语言的因果关系抽取流程

判断是否匹配因果关系抽取模式的一般流程为：在事故调查报告语句依存分析的XML语言中，以因果提示词为起点按特定事件关系（ER）寻找与其连接的其他事件和角色标记，一直到找到全部原因和结果因素为止，如果匹配因果语言模式，则提取出该语句及其因果关系。XML是可扩展标记语言，主要用来传输和存储数据。XML文档是以树状结构来展示和存储数据，语法规则简单、数据提取方便。

如：*人员施工技术不足，因此没有及时检查出安全隐患。*其语义依存的XML文件如下所示：

<note sent="y" word="y" pos="y" ne="y" parser="n" semparser="n" lstmsemparser="y" srl="y"/>

<doc>

<para id="0">

<sent id="0" cont=" 人员施工技术不足，因此没有及时检查出安全隐患。">

<word id="0" cont="人　员" pos="n" ne="O" parent="2" relate="ATT" semparent="1" semrelate="Agt">

<sem id="0" parent="2" relate="Poss"/>

<sem id="1" parent="8" relate="Agt"/>

</word>

<word id="1" cont="施　工" pos="v" ne="O" parent="2" relate="ATT" semparent="-1" semrelate="Root">

<sem id="0" parent="2" relate="Desc"/>

</word>

<word id="2" cont="技　术" pos="n" ne="O" parent="3" relate="SBV" semparent="3" semrelate="Exp">

<sem id="0" parent="3" relate="Exp"/>

</word>

<word id="3" cont="不　足" pos="a" ne="O" parent="-1" relate="HED" semparent="1" semrelate="Feat">

<arg id="0" type="A0" beg="0" end="2"/>

<sem id="0" parent="-1" relate="Root"/>

</word>

<word id="4" cont="，" pos="wp" ne="O" parent="3" relate="WP" semparent="1" semrelate="mPunc">

<sem id="0" parent="3" relate="mPunc"/>

</word>

<word id="5" cont="因　此" pos="c" ne="O" parent="8" relate="ADV" semparent="8" semrelate="mConj">

<sem id="0" parent="8" relate="mConj"/>

</word>

<word id="6" cont="没　有" pos="d" ne="O" parent="8" relate="ADV" semparent="8" semrelate="mNeg">

<sem id="0" parent="8" relate="mNeg"/>

</word>

<word id="7" cont="及　时" pos="a" ne="O" parent="8" relate="ADV" semparent="8" semrelate="Mann">

<sem id="0" parent="8" relate="mTime"/>

```
                                    </word>
                                    <word id="8" cont="检 查" pos="v" ne="O" parent="3"
relate="COO" semparent="1" semrelate="eSucc">
                                        <arg id="0" type="DIS" beg="5" end="5"/>
                                        <arg id="1" type="ADV" beg="6" end="6"/>
                                        <arg id="2" type="ADV" beg="7" end="7"/>
                                        <arg id="3" type="A1" beg="10" end="12"/>
                                        <sem id="0" parent="3" relate="eResu"/>
                                    </word>
                                    <word id="9" cont="出" pos="v" ne="O" parent="8"
relate="CMP" semparent="8" semrelate="mDir">
                                        <sem id="0" parent="8" relate="mDir"/>
                                    </word>
                                    <word id="10" cont="安全" pos="a" ne="O" parent="11"
relate="ATT" semparent="11" semrelate="Feat">
                                        <sem id="0" parent="11" relate="Desc"/>
                                    </word>
                                    <word id="11" cont="隐 患" pos="n" ne="O" parent="8"
relate="VOB" semparent="8" semrelate="Cont">
                                        <sem id="0" parent="8" relate="Cont"/>
                                    </word>
                                    <word id="12" cont="。" pos="wp" ne="O" parent="11"
relate="WP" semparent="8" semrelate="mPunc">
                                        <sem id="0" parent="8" relate="mPunc"/>
                                    </word>
                                </sent>
                            </para>
                        </doc>
```

上述XML文件记录了句子分析的结果。在该XML文件中定义了如下节点标签：<xml4nlp>，<note>，<doc>，<para>，<sent>，<word>，<arg>，<sem>。其中<xml4nlp>为根节点，没有任何属性；<note>为标记节点；<doc>为篇章节点，以段落为单位包含文本内容；<para>为段落节点，含id属性；<sent>为句子节点，含属性：id，cont；<word>为分词节点，含属性：id，cont，pos，ne，parent，relate，semparent，semrelate；<arg>为语义角色信息节点，含属性：id，type，beg，end；<sem>为语义依存分析节点，含属性：id，parent，type。该语句依存关系XML语言对应树状结构如图4-30所示。

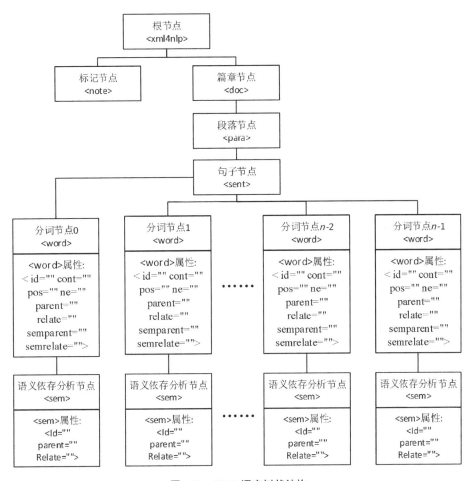

图4-30　XML语言树状结构

根据上述XML语言的特点及因果语义关系模式，构建安全风险因素因果关系抽取流程如图4-31～图4-35所示。

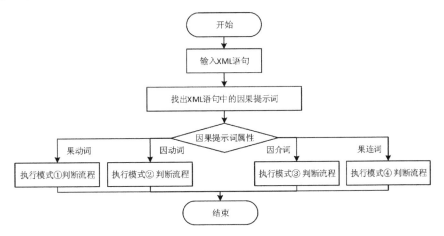

图4-31　因果语义关系抽取总流程

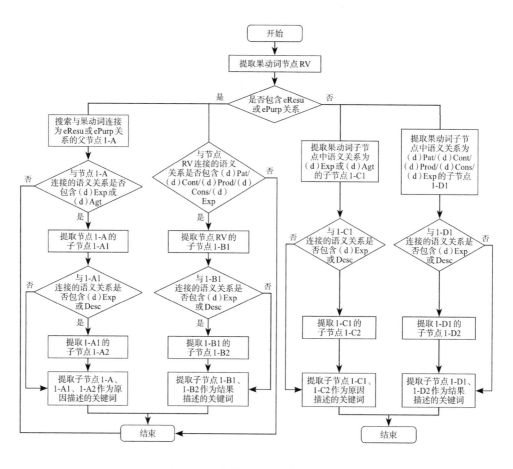

图4-32　模式①因果语义关系抽取流程

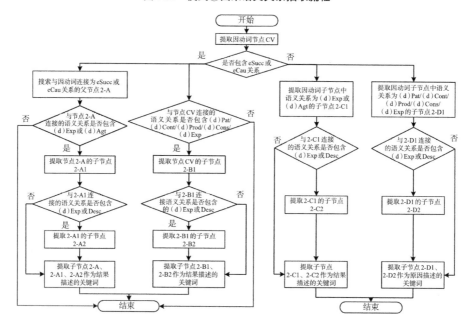

图4-33　模式②因果语义关系抽取流程

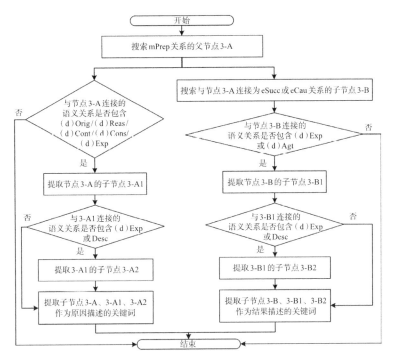

图4-34　模式③因果语义关系抽取流程

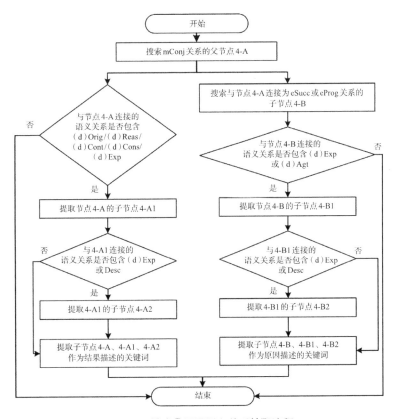

图4-35　模式④因果语义关系抽取流程

7.因果关系抽取模式检验

将30%的事故调查报告按句号分解为独立语句，利用安全风险因素因果关系抽取模式对语义依存的XML语言进行抽取，结果如表4-16所示。

因果关系抽取模式检验结果 表4-16

语言模式	模式①	模式②	模式③	模式④	模式①+③	模式①+④	小计
正确因果关系规则数（A）	45	9	13	31	6	1	105
错误因果关系规则数（B）	2	1	2	4	0	0	9
遗漏因果关系规则数（C）	4	2	4	7	1	0	17
准确率[$P=A/(A+B)$]	95.74%	90.00%	86.67%	88.57%	100%	100%	92.11%
查全率[$R=A/(A+C)$]	91.84%	81.82%	76.47%	81.58%	85.71%	100%	86.07%

总体上看，安全风险因素因果关系抽取模式的准确率与查全率分别达到92.11%和86.07%，相比于其他基于显式因果语义的抽取方法，其两项指标（准确率85%，查全率75%）都有所提高，达到因果关系抽取的使用要求，这与调查报告中语言的使用较为正规、语言模式较为规整有一定关系。但模式③、模式④的准确率和查全率相对偏低，这是因为这两种模式的句子相对较长、嵌套的句法结构较为复杂，再加上中文语义表述得不严谨，使得在因果关系核心词的识别时容易抓取失败，降低了准确率和查全率。抽取失败的典型情况包括以下两种：

情况①：报告中语言表述不准确。

例如，辅工孙某在未停机的状态下，擅自爬上机架排除油管漏油故障，因降雨湿滑，身体滑落井架式桩机框架内挡，被正在提升的动力头压铁挤压致死。

语义分析结果为：*降雨→违章操作*，但实际两个因素之间没有因果关系，使用"因"字是为了表达"降雨"和"滑落"的因果关系。

情况②：语法结构过于复杂。

例如，由于项目部技术管理力量薄弱，在基坑施工中采取分层开挖横向支护时，对处置纵向留坡的留设方案和落实措施不力。

语义分析结果为：*管理薄弱→支护体系缺陷 and 方案不当*，但在原语句中支护仅作为描述性的状语出现，并未表达两者之间的因果关系。

4.2.3 因果关系抽取结果

在全语料库中应用因果关系抽取模式对第4.1节分析得到的相关安全风险因素进行分析，检验23条安全风险因素因果规则（表4-4），得到16条因果关系，检验207条安全风险因素相关规则（表4-5），得到89条因果关系，合计共抽取105条因果关系（表4-17，详见附录3）。

安全风险因素因果关系（部分）　　　　　表4-17

序号	因果规则描述	事故调查报告中的语句	语言模式
1	SG₁安全管理机构不健全→SG₂对分包单位管理不当	施工单位安全管理机构不健全，因而专业分包安全管理不到位。	模式④
2	SG₁安全管理机构不健全→SG₄安全检查不足	现场安全检查不足，一部分原因是施工单位安全管理机构不健全。	模式②
3	SG₁安全管理机构不健全→SG₇现场管理混乱	施工单位安全管理机构不健全导致现场安全管理不足。	模式①
…	…	…	…
105	SW₄设备设施故障或操作不当→SR₆吊装起重或设备操作不当	由于作业人员操作不当，造成吊装吊臂倾斜，砸到周边工作人员。	模式①+③

备注：表中灰色背景表示因果关系提示词，加粗字体表示原因因素或者结果因素。

根据因果关系抽取结果构建URTC项目安全风险因素因果关系布尔矩阵，以 A'' 表示，其中0表示不存在因果关系，1表示存在因果关系。以第3章文本挖掘得到的共词共现矩阵 C 中的共现值（表3-15）代表因果强度，表示两个具有因果关系的安全风险因素间共同出现的强度。将矩阵 C 赋值到因果布尔矩阵中，构建安全风险因素因果传递数值矩阵，以 A' 表示。由于篇幅所限，仅列出因果传递数值矩阵如表4-18所示。因果传递数值矩阵体现了城市轨道交通建设项目安全风险因素之间的直接因果关系及其因果传递强度。

4.3
安全风险因素耦合关系抽取

4.3.1　耦合关系抽取模式

具有耦合关系的因素一旦同时发生会产生共振现象，大幅度增加事故发生的概率。高耦合意味着两者之间存在强关联，低耦合指两者之间关联较弱。

耦合关系抽取模式与因果关系抽取模式类似，定义为：

耦合关系抽取模式 ={安全风险因素，耦合关系指示词，特定语义关系}

同样采用30%的样本数据，构建耦合关系抽取模式，包括确定耦合关系指

表 4-18

安全风险因果传递数值矩阵

	SH₁	SH₂	SH₃	SH₄	SH₅	SH₆	SG₁	SG₂	SG₃	SG₄	SG₅	SG₆	SG₇	SG₈	SG₉	SG₁₀	SG₁₁	SR₁	SR₂	SR₃	SR₄	SR₅	SR₆	SR₇	SJ₁	SJ₂	SJ₃	SJ₄	SJ₅	SJ₆	SJ₇	SJ₈	SJ₉	SW₁	SW₂	SW₃	SW₄
SH₁	0	0	0	0	0	0	0	0	0	0	0	0	0	0	0	0	0	0	0	0	0	0	0	0	0	0	0	0	0	0	0	0	0	0	0	0	0
SH₂	0	0	0	0	0	0	0	0	0	0	0	0	0	0	0	0	0	0	0	0	0	0	0	0	0	0	0	0	0	0	0	0	0	0	0	0	0
SH₃	0	0	0	0	0	0	0	0	0	0	0	0	0	0	0	0	0	0	0	0	0	0	0	0	0	0	0	0	0	0	0	0	0	0	0	0	0
SH₄	0	0	0	0	0	0	0	0	0	0	0	0	0	0	0	0	0	0	0	0	0	0	0	0	0	0	0	0	0	0	0	0	0	0	0	0	0
SH₅	0	0	0	0	0	0	0	0	0	0	0	0	0	0	0	0	0	0	0	0	0	0	0	0	0	0	0	0	0	0	0	0	0	0	0	0	0
SH₆	0	0	0	0	0	0	0	0	0	0	0	0	0	0	0	0	0	0	0	0	0	0	0	0	0	0	0	0	0	0	0	0	0	0	0	0	0
SG₁	0	0	0	0	0	0	0	0	0	0	0	0	0	0	0	0	0	0	0	0	0	0	0	0	0	0	0	0	0	0	0	0	0	0	0	0	0
SG₂	0	0	0	0	0	0	0	0	0	0	0	0	0	0	0	0	0	0	0	0	0	0	0	0	0	0	0	0	0	0	0	0	0	0	0	0	0
SG₃	0	0	0	0	0	0	0	0	0	7	7	5	0	0	0	0	0	0	0	0	2	0	0	0	0	0	0	0	0	0	0	0	0	0	0	0	0
SG₄	0	0	0	0	0	0	0	0	0	0	0	0	0	0	0	0	0	0	0	0	0	0	0	0	0	0	0	0	0	0	0	0	0	0	0	0	0
SG₅	0	0	0	0	0	0	0	0	0	0	0	0	0	17	0	0	0	0	0	0	0	0	0	0	0	0	0	0	0	0	0	0	0	0	0	0	9
SG₆	0	0	0	0	0	0	2	2	0	0	0	0	0	0	0	0	0	0	0	0	0	0	0	0	0	0	0	0	0	0	0	0	5	0	0	0	0
SG₇	0	0	0	0	0	0	9	0	0	20	15	15	0	20	0	0	0	0	0	6	13	11	8	2	2	0	10	15	5	8	1	19	16	0	4	0	13
SG₈	0	0	0	0	0	0	0	0	0	0	0	0	0	0	0	0	0	0	0	0	0	0	0	0	0	0	0	0	0	0	0	0	0	0	0	0	0
SG₉	0	0	0	0	0	0	0	7	0	0	0	11	14	0	0	3	0	0	0	9	10	9	8	2	0	0	0	0	6	0	0	13	14	0	0	0	13
SG₁₀	0	0	0	0	0	0	0	0	0	0	0	0	0	0	0	0	0	0	0	0	0	0	0	0	0	0	0	0	0	0	0	2	0	0	0	0	0
SG₁₁	0	0	0	0	0	0	0	0	0	0	0	0	0	0	0	0	0	0	0	0	0	0	0	0	0	0	0	0	0	0	0	0	0	0	0	0	0
SR₁	0	0	0	0	0	0	0	0	11	12	0	13	13	0	0	0	3	0	0	0	10	6	6	0	0	0	10	7	6	4	0	0	11	0	0	1	13
SR₂	0	0	0	0	0	0	0	0	0	0	0	0	0	0	0	0	0	0	0	0	0	0	0	0	0	0	0	0	1	0	0	0	0	1	1	1	5
SR₃	0	0	0	0	0	0	0	0	0	0	0	0	0	0	0	0	0	0	0	0	0	0	0	0	0	0	0	0	0	0	0	0	0	0	0	0	0
SR₄	0	0	0	0	0	0	0	0	0	0	0	0	0	0	0	0	0	0	0	0	0	0	0	0	0	0	0	0	0	0	0	0	0	0	0	0	0

城市轨道交通建设项目
安全风险数据挖掘及量化评估

	SH₁	SH₂	SH₃	SH₄	SH₅	SH₆	SG₁	SG₂	SG₃	SG₄	SG₅	SG₆	SG₇	SG₈	SG₉	SG₁₀	SG₁₁	SR₁	SR₂	SR₃	SR₄	SR₅	SR₆	SR₇	SJ₁	SJ₂	SJ₃	SJ₄	SJ₅	SJ₆	SJ₇	SJ₈	SJ₉	SW₁	SW₂	SW₃	SW₄
SR₅	0	0	0	0	0	0	0	0	0	0	0	0	0	0	0	0	0	0	0	0	0	0	0	0	0	0	0	0	0	4	0	12	0	0	0	0	0
SR₆	0	0	0	0	0	0	0	0	0	0	0	0	0	0	0	0	0	0	0	0	0	0	0	0	0	0	0	0	0	0	0	0	0	0	0	0	0
SR₇	0	0	0	0	0	0	0	0	0	0	0	0	0	0	0	0	0	0	0	0	3	0	1	0	0	0	0	0	0	0	0	0	0	1	0	0	0
SJ₁	0	0	0	0	0	0	0	0	0	0	0	3	0	0	0	0	0	0	0	0	0	0	0	0	0	4	0	0	0	0	0	0	0	0	0	0	0
SJ₂	0	0	0	0	0	0	0	0	0	0	0	0	0	0	0	0	0	0	0	0	0	0	0	0	0	0	0	0	0	0	0	3	0	0	0	1	0
SJ₃	0	0	0	5	0	3	0	0	0	0	0	0	0	0	0	0	0	0	0	0	0	0	0	0	0	0	0	0	0	0	0	0	8	0	0	0	0
SJ₄	0	0	0	0	0	0	2	0	0	0	0	0	0	0	0	0	0	0	0	0	0	0	0	0	0	0	0	0	0	9	0	10	0	0	0	0	0
SJ₅	0	0	0	0	0	0	0	0	0	0	0	0	0	0	0	0	0	0	0	0	1	0	1	0	0	0	0	0	0	1	0	0	0	0	0	0	0
SJ₆	0	0	0	0	0	0	0	0	0	0	0	0	0	0	0	0	0	0	0	0	0	0	0	0	0	0	0	0	0	0	0	0	0	0	0	0	0
SJ₇	0	0	0	0	0	0	0	0	0	0	0	0	0	0	0	0	0	0	0	0	0	0	0	0	0	0	0	0	0	0	0	0	0	0	0	0	0
SJ₈	0	0	0	0	0	0	0	0	0	0	0	0	0	0	0	0	0	0	0	0	0	0	0	0	0	0	0	0	0	0	0	0	0	0	0	0	0
SJ₉	0	0	0	0	0	0	0	0	0	0	0	0	0	0	0	0	0	0	0	0	0	0	0	0	0	0	0	0	0	0	0	0	0	0	0	0	0
SW₁	0	0	0	0	0	0	0	0	0	0	0	0	0	0	0	0	0	0	0	0	0	0	0	0	0	0	0	0	0	0	0	0	0	0	0	0	0
SW₂	0	0	0	0	0	0	0	0	0	0	0	0	0	0	0	0	0	0	0	0	0	0	0	0	0	0	0	0	0	0	0	0	0	0	0	0	0
SW₃	0	0	0	0	0	0	0	0	0	0	0	0	0	0	0	0	0	0	0	0	0	0	5	0	0	0	0	0	0	0	0	0	0	0	0	0	0
SW₄	0	0	0	0	0	0	0	0	0	0	0	0	0	0	0	0	0	0	0	0	0	0	0	0	0	0	0	0	0	0	0	0	0	0	0	0	0

示词、耦合语义关系，然后按照图4-11所示的流程进行检验，在全样本数据中抽取耦合关系。

1. 耦合关系指示词

同因果关系指示词的确定过程一样，对《扩展版同义词词林》进行局部修正和补充，得到表4-19所示的耦合关系指示词。

耦合关系指示词　　　　　　　　　　表4-19

分类	编号	同义词词林	修正和补充后的耦合关系指示词
连接Kc	Kc01 和 或者	Kc01A01=和 同 与 跟 及 以及	和 同 与 跟 及 以及 并且 而且 同时 并且 而 又 与此同时 再就是 再者 况且 而况 何况 况 加以 再说 再则 更何况 再者说 加上 加之 此外
	Kc02 并且 况且	Kc02A01=并且 而且 同时 并且 而 又 与此同时 再就是 再者 Kc02B01=况且 而况 何况 况 加以 再说 再则 更何况 再者说	

备注：下划线表示新增因果关系指示词。

2. 耦合关系语言模式及语义分析

由于耦合关系没有方向的区分，因此语言模式较为单一。耦合关系语言模式示例如图4-36所示。

耦合关系示例：*该工程地基软弱，加上大雨影响，造成基坑土体滑坡。*

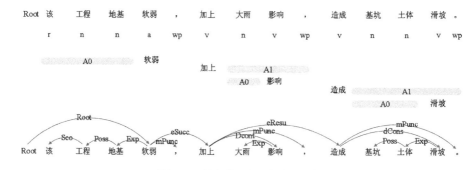

图4-36　耦合关系语义依存图示例

经过对样本数据分析后提取出耦合关系语义角色分解如图4-37所示，其中Coupling-Conj表示耦合关系的连接指示词（表4-19），耦合语义依存如图4-38所示，图中包含的语义依存信息如表4-20所示。

图4-37　耦合关系语义角色分解

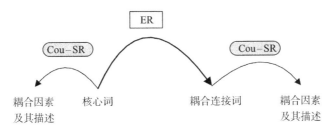

图4-38　耦合语义依存关系

耦合关系语义依存说明　　　　　表4-20

特定事件关系（ER）	耦合关系提示词	表示耦合的语义角色（Cou-SR）
eSucc	和 同 与 跟 及 以及 并且 而且 同时 并且 而 又 与此同时 再就是 再者 况且 而况 何况 况 加以 再说 再则 更何况 再者说 加上 加之	（d）Agt、（d）Pat、（d）Cont、（d）Prod、（d）Cons、（d）Exp
eCau	是 因为	

3.基于XML语言的耦合关系抽取流程

根据耦合语义依存关系，构建安全风险因素耦合关系抽取流程如图4-39所示。

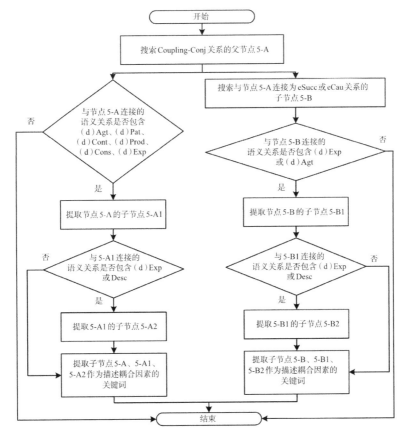

图4-39　耦合语义关系抽取流程

4. 耦合关系抽取模式检验

在30%的事故调查报告样本语料库中，利用耦合关系抽取模式对语义依存的XML语言进行抽取，分析其抽取的误差结果并检验抽取模式的有效性，结果如表4-21所示。

耦合关系抽取模式检验结果				表4-21
正确耦合关系规则数（A）	错误耦合关系规则数（B）	遗漏耦合关系规则数（C）	准确率 [P=A/(A+B)]	查全率 [R=A/(A+C)]
23	1	5	95.83%	82.14%

耦合关系抽取模式的准确率与查全率分别为95.83%和82.14%，准确率较高，但查全率略低。这是因为耦合关系的语言模式较为单一，易于抽取。由于事故调查报告中描述多原因的语句较长、句法结构复杂，使得在抽取耦合关系时会有部分遗漏，造成查全率偏低。

4.3.2 耦合关系抽取结果

在全语料库中应用耦合关系抽取模式，检验207条安全风险因素相关规则（表4-5），得到23条双因素耦合关系，如表4-22所示。

安全风险耦合关系			表4-22
序号	耦合关系	事故调查报告中的语义描述	
1	SH_1自然灾害↔SH_2复杂地质条件	该工程所处地基软弱，加上大雨影响，造成基坑土体滑坡。	
2	SH_1自然灾害↔SH_3不明水文条件	事发部位地下存在多层和多类型的地下水，土层松散且范围较大，加上前几天大雨，引发土体流失形成空洞。	
3	SH_1自然灾害↔SH_5雨水污水管道探查或保护不足	雨水管线出现渗漏，而且多日来的降雨，使得土质松散引起土方滑落。	
4	SH_1自然灾害↔SR_4违章作业	辅工孙某在未停机的状态下，擅自爬上机架排除油管漏油故障，与此同时降雨湿滑，身体滑落井架式桩机框架内挡，被正在提升的动力头压铁挤压致死。	
5	SH_1自然灾害↔SJ_3监测方案及其落实不足	第三方监测单位没有做好土压力的监测，加上当天下午有非常大的降雨，使得土质膨胀松动引起滑坡。	
6	SH_1自然灾害↔SJ_8基坑支护体系缺陷	该工地地质条件复杂，加上近期连降暴雨，同时，施工单位的围护措施没有及时到位，造成此次塌方。	
7	SH_1自然灾害↔SW_2材料设备堆放不合理	前期下雨，土层浸水松动，而且管道上方土层夯实不牢，堆放的建筑材料压在上面，引起塌方。	
8	SH_2复杂地质条件↔SJ_1勘察或补勘不足	该地区地下条件复杂，又未对隧道前方顶部岩层进行超前钻探，没有及时发现塌陷处隧道拱顶薄弱岩层。	
9	SH_2复杂地质条件↔SJ_3监测方案及其落实不足	工地地下是大面积溶洞群，地质情况十分复杂，加上监测不到位，使得溶洞处发生小面积塌方。	

序号	耦合关系	事故调查报告中的语义描述
10	SH₂复杂地质条件↔SJ₈基坑支护体系缺陷	该工程**土质条件**复杂，土层自稳能力差，以及施工单位的**基坑围护**措施不到位，也是造成此次塌方的原因。
11	SH₃不明水文条件↔SH₅雨污水管道探查或保护不足	该工程地下有**承压水**，加上地表水（绿化带的灌溉、雨水等）的入渗及**地下管道**的渗漏，引发塌方。
12	SH₃不明水文条件↔SR₄违章施工作业	施工单位没有查明地下有**承压水**，此外施工单位未按规范要求施工，形成安全隐患。
13	SH₃不明水文条件↔SJ₁勘察或补勘不足	该工程所处**地下水位**较高，开挖范围内基本为淤泥质土，极易发生触变现象，且施工期间遭百年一遇**大雨**影响，造成基坑大面积土体滑坡。
14	SH₃不明水文条件↔SJ₃监测方案及其落实不足	较大范围的松散土层和**局部**地带富水，并且施工**监测**数据未及时反馈给相关单位。
15	SH₃不明水文条件↔SW₄设备设施故障	冷冻设备出现**故障**导致温度回升以及地下**承压水**导致喷沙，最终导致了事故的发生。
16	SH₅雨污水管道探查或保护不足↔SG₈安全防护不足	**污水水管**老化渗水，以及现场**安全防护**措施不到位，造成工人失足落入基坑。
17	SH₆燃电管道探查或保护不足↔SG₈安全防护不足	废弃迁改的**天然气管道**实际埋深与其相差较大，加以带班领导带领盾构机司机在没有采取**安全防护**措施的情况下，发生爆炸。
18	SG₈安全防护不到位↔SR₄违章作业	工人在搭设作业平台时，**违反操作规程**，在高处作业情况下未系安全带，以及作业面**安全防护**不到位，造成坠落事故发生。
19	SG₈安全防护不到位↔SR₆吊车起重或设备操作不当	操作工人吊装作业**操作不当**，同时现场未按要求设置**安全防护**措施，以至发生吊车倒塌事故。
20	SG₈安全防护不到位↔SW₄设备设施故障	电机车司机驾驶无视频探头的**故障电机车**，在通过缺少**安全防护**设施的移动操作平台时，电机车载运的垃圾土箱与移动操作平台的立杆发生碰撞，导致在平台上的施工人员跌落。
21	SR₄违章施工作业↔SW₁材料选择不当	施工人员在焊接作业时，**未按章程作业**，加上使用不合格耐火**材料**，引发局部火灾。
22	SR₄违章施工作业↔SW₄设备设施故障	竖井与旁通道施工作业时**未按开挖顺序施工**，同时出现**设备故障**导致事故。
23	SJ₃监测方案及其落实不足↔SJ₈基坑支护体系缺陷	地铁公司未落实基坑**监测**方案，监测数据滞后，再加上**基坑支护**未能及时加固，使得事故发生。

备注：表中灰色背景表示耦合关系提示词，加粗字体表示安全风险因素。

在多因素耦合中，假设A、B因素耦合的同时，满足A、C耦合及B、C耦合，则认为A、B、C因素产生三因素耦合，将满足上述条件的多因素耦合为：

（1）SH₁自然灾害↔SH₂复杂地质条件↔SJ₈基坑支护体系缺陷。

（2）SH₁自然灾害↔SH₃不明水文条件↔SH₅雨污水管道探查或保护不足。

（3）SH₃不明水文条件↔SR₄违章作业↔SW₄设备设施故障。

以第3章文本挖掘得到的共词共现矩阵C中的共现值（表3-15）代表耦合强度，构建安全风险因素耦合传递数值矩阵，详见表4-23中含"X"的因素，耦合传递数值矩阵体现了城市轨道交通建设项目安全风险因素之间的双因素耦合及耦合传递强度。

将双因素耦合转化为多因素耦合后，形成安全风险因素耦合集为：

$$X<cou>Y=\begin{Bmatrix} (SH_1,SR_4),(SH_1,SJ_3),(SH_1,SW_2),(SH_2,SJ_1),(SH_2,SJ_3), \\ (SH_3,SJ_1),(SH_3,SJ_3),(SH_5,SG_8),(SH_6,SG_8),(SG_8,SR_4), \\ (SG_8,SR_6),(SG_8,SW_4),(SR_4,SW_1),(SJ_3,SJ_8), \\ (SH_1,SH_2,SJ_8),(SH_1,SH_3,SH_5),(SH_3,SR_4,SW_4) \end{Bmatrix} \quad (4\text{-}12)$$

4.4

安全风险因素传递强度研究

根据第4.2节安全风险因果关系抽取和第4.3节安全风险耦合关系抽取的分析结果，以矩阵形式汇总形成安全风险传递数值矩阵（以 A 表示），如表4-23所示。以第3章文本挖掘得到的共词共现矩阵 C 中的共现值（表3-15）代表传递强度，即两个因素共同出现的次数越多，则认为因果关系和耦合关系越强。以 V 表示行因素是列因素的原因因素，即行因素的发生影响列因素的发生，以 X 表示行因素和列因素相互耦合，空格表示行因素和列因素无关，符号后的数值表示因素间的共现值。

4.4.1 安全风险因素传递强度分析方法

以决策实验室（Decision Making Trial and Evaluation Laboratory，DEMATEL）模型中的影响度、被影响度、原因度、中心度为指标，分析安全风险因素的传递强度。DEMATEL方法应用复杂网络的思想分析因素之间的作用关系，可以较好地描述多维度的网络结构，并确定不同维度权重大小。最初由美国Bastille国家重点实验室学者Gabus A.和Fontela E.于20世纪70年代提出，该方法运用图论与矩阵论原理进行系统因素分析，通过系统中各因素之间的逻辑关系构建直接影响矩阵[197]。该方法自被提出后在很多领域得到广泛应用，在城市轨道交通建设项目的安全风险分析方面，苟敏等[198]从施工工艺、管理、环境三个方面构建了地铁盾构施工风险模型；徐青等（2017）[199]运用DEMATEL方法构建了地铁深基坑施工事故致因网络模型，提取了导致地铁深基坑事故的关键致因因素，并分析

表 4-23

	SH₁	SH₂	SH₃	SH₄	SH₅	SH₆	SG₁	SG₂	SG₃	SG₄	SG₅	SG₆	SG₇	SG₈	SG₉	SG₁₀	SG₁₁	SR₁	SR₂	SR₃	SR₄	SR₅	SR₆	SR₇	SJ₁	SJ₂	SJ₃	SJ₄	SJ₅	SJ₆	SJ₇	SJ₈	SJ₉	SW₁	SW₂	SW₃	SW₄
SH₁		X8	X6																		X10											X10				X2	
SH₂			X8																					X13			X4					X16					
SH₃						X14															X15				X8		X3										X4
SH₄																																					
SH₅		X8						X14																													
SH₆							X14																														
SG₁								V2	V1					X6	X4																					X2	
SG₂												V7																									
SG₃											V15	V7	V5	V16								V13	V11						V3						V2		V9
SG₄														V17							V2											V14					V5
SG₅											V11	V7									V13	V11	V8						V5	V8	V1	V11		V11	V4		V13
SG₆																							V10		X8												X8
SG₇									V9		V20	V15	V15	V20							V13	V11	V8				V10	V15	V5	V8	V1	V19	V16	V4			V13
SG₈				V6	X6	X4	X4														X12	X10															X8
SG₉				V7	V4	V3		V7					V11	V14									V2	V2								V2	V13	V13			
SG₁₀											V3	V2	V2	V5										V2					V3								
SG₁₁										V12		V13	V8										V6					V7		V6			V11				V13
SR₁								V11	V20		V10	V13	V18	V17			V3				V6	V8	V9	V6			V10						V11		V2		V13
SR₂											V10	V6									V9	V10	V9	V8	V2		V10	V5	V1	V4		V11	V1	V11	V1	V1	V5
SR₃													V9								V4	V4	V4														
SR₄	X10		X15											X12													X2							X2			X5

	SH1	SH2	SH3	SH4	SH5	SH6	SG1	SG2	SG3	SG4	SG5	SG6	SG7	SG8	SG9	SG10	SG11	SR1	SR2	SR3	SR4	SR5	SR6	SR7	SJ1	SJ2	SJ3	SJ4	SJ5	SJ6	SJ7	SJ8	SJ9	SW1	SW2	SW3	SW4
SR5																														V4		V12					
SR6														X10																							
SR7												V3									V3		V1														
SJ1	X13	X8																								V4					V3						
SJ2																			V4													V3					
SJ3	X4	X4	X3	V5	V3	V2															V3		V1						V9		X8	V8					
SJ4																														V9	V10						
SJ5																					V1		V1						V1								
SJ6																																					
SJ7																				X8																	
SJ8	X10	X16																																			
SJ9																																					
SW1																					X2								V1								
SW2	X2																																				
SW3																					X5		V5						V1								
SW4	X4													X8																							

了地铁深基坑施工致因因素之间的相互关系与重要性。可以说DEMATEL模型在URTC项目安全风险分析领域有着较好的应用基础。

1.基于DEMATEL的安全风险传递强度分析方法

DEMATEL擅长对因素间的因果作用关系进行分析，本书关注的是因果关系和耦合关系的综合影响，因此在数据处理上略有不同，主要体现在：

（1）由于影响度f_i、被影响度e_i和原因度N_i三个指标是对因果关系的判断，因此采用因果数值矩阵进行计算。

（2）由于中心度M_i指标反映的是因素间影响和被影响的综合程度，反映了风险因素节点在安全传递网络中聚集的密集情况，因此采用中心度指标代表风险传递强度。

（3）采用因果数值矩阵计算因果中心度M_i^{cau}指标，作为安全风险因果传递强度；采用耦合数值矩阵计算耦合中心度M_i^{cou}指标，作为安全风险耦合传递强度。

（4）由于DEMATEL方法是基于复杂网络中节点度的计算，根据网络节点出度和入度的数量计算节点的影响度、被影响度、中心度和原因度，因此DEMATEL方法体现的是安全风险因素在传递网络拓扑结构中的相互关系，网络中节点指出的箭线越多，表明其影响度越大，指向该节点的箭线越多，表明其被影响度越大。因此，采用因果中心度和耦合中心度的代数和作为安全风险传递强度M_i^{RT}，安全风险传递强度数值反映的是因果和耦合强度的叠加影响，用公式表示为：

$$M_i^{RT} = M_i^{cau} + M_i^{cou} \tag{4-13}$$

2. DEMATEL建模步骤

基于DEMETAL的安全风险传递强度分析的步骤如下：

步骤1：构建直接影响数值矩阵A。将第4.2节分析得到的安全风险因果传递数值矩阵A'中的数值（表4-18）作为直接影响矩阵，表示安全风险因素间的直接因果关系。

步骤2：计算规范化直接影响矩阵B。将因果关系数值矩阵中的数值转变为[0，1]区间内的取值数，组成归一化的标准矩阵。通过公式（4-14）规范化处理后，使得$0 < b_{ij} < 1$，对角线的元素记为0。

$$B = \frac{1}{\max\limits_{1 \le i \le n} \sum\limits_{j=1}^{n} a_{ij}} A \tag{4-14}$$

式中，分母 $\max\limits_{1\leqslant i\leqslant n}\sum\limits_{j=1}^{n}a_{ij}$ 为行和的最大值。

步骤3：计算综合影响矩阵 T。直接影响矩阵 B 表示不同风险因素间的直接因果作用关系，并不能反映风险因素在因果作用下形成的网络关系。实际中还要考虑风险因素间的间接影响，即一个风险因素变化而引起其他风险因素变化的传递效应。综合影响矩阵表示风险因素直接影响和间接影响的累加，表示风险因素相对于最大传递强度的风险因素的综合影响。计算公式为：

$$T = B + B^2 + \mathrm{L}\ B^n = \sum_{i=1}^{n} B^i \tag{4-15}$$

由于 $0 < b_{ij} < 1$，因此，当 $n \to \infty$ 时，$b^{n-1} \to 0$，可采用公式（4-16）近似计算：

$$T = B(I - B)^{-1} \tag{4-16}$$

式中，I 为单位矩阵。

步骤4：计算安全风险因素的影响度 f_i 和被影响度 e_i，影响度 f_i 表示风险因素 i 对其他所有因素的综合影响度（包括直接影响和间接影响），被影响度 e_i 表示风险因素 i 受其他所有因素的综合影响度。基于综合影响矩阵 T，将风险因素按行相加得到风险因素影响度 f_i，将风险因素按列相加得到风险因素被影响度 e_i，计算公式为：

$$f_i = \sum_{j=1}^{n} t_{ij} \tag{4-17}$$

$$e_i = \sum_{j=1}^{n} t_{ji} \tag{4-18}$$

步骤5：计算安全风险因素的原因度 N_i，原因度 N_i 表示安全风险因素 i 对其他因素的纯粹影响，为影响度 f_i 和被影响度 e_i 相减之差，计算公式为：

$$N_i = f_i - e_i \tag{4-19}$$

$N_i > 0$ 表示风险因素 i 对其他因素的影响大于被影响，为原因类因素；$N_i = 0$，表示因素 i 既不影响其他因素也不受其他因素影响，为独立因素；$N_i < 0$，表示风险因素 i 受其他因素的影响大于其影响其他因素，为结果类因素。

步骤6：计算耦合影响度 f_i^{cou}，将安全风险因素传递数值矩阵（表4-23）中的耦合数值作为直接影响矩阵，重复步骤1～步骤5，得到影响度 f_i^{cou} 值作为耦合影响度。由于耦合值和耦合强度是对称性指标，因此其影响度和被影响度值相等。

步骤7：计算中心度M_i，中心度表示风险因素i对所有因素的影响以及其他因素对该风险因素i的影响。因此安全风险因素的因果中心度M_i^{cau}及耦合中心度M_i^{cou}的计算公式为：

$$M_i^{cau} = f_i + e_i \qquad (4\text{-}20)$$

$$M_i^{cou} - 2 \times f_i^{cou} \qquad (4\text{-}21)$$

中心度M_i表示风险因素i在所有因素中的综合影响程度，中心度越大，因素的综合影响度越高，因此，将因果关系和耦合关系叠加后的中心度M_i^{RT}作为安全风险传递强度的核心指标。

4.4.2 安全风险传递强度分析

1. DEMATE模型构建

采用Matlab在初始直接影响矩阵的基础上进行规范化处理，并根据简化公式计算得到安全风险传递综合影响矩阵（详见附录4），根据公式（4-13）～公式（4-21）可得到如表4-24所示的节点度数值。

安全风险因素节点度分析　　　　　　　　　　　　　　　表4-24

风险因素	影响度	被影响度	原因度	中心度				因素分类
				因果强度	耦合强度	传递强度	传递强度排序	
SH₁ 自然灾害	0.00	0.00	0.00	0.00	0.65	0.65	8	独立
SH₂ 复杂的地质条件	0.00	0.00	0.00	0.00	0.54	0.54	10	独立
SH₃ 不明地下水文条件	0.00	0.00	0.00	0.00	0.67	0.67	7	独立
SH₄ 周边建（构）筑物探查或保护不足	0.00	0.04	-0.04	0.04	0.03	0.07	31	结果类
SH₅ 雨污水管道探查或保护不足	0.00	0.03	-0.03	0.03	0.38	0.41	15	结果类
SH₆ 燃电管道探查或保护不足	0.00	0.02	-0.02	0.02	0.06	0.08	29	结果类
SG₁ 安全管理机构不健全	0.04	0.00	0.04	0.04	0	0.04	32	原因类
SG₂ 分包单位管理不当	0.04	0.10	-0.06	0.14	0.01	0.15	27	结果类
SG₃ 安全管理制度不完善	0.30	0.06	0.25	0.36	0.02	0.38	16	原因类
SG₄ 安全检查不足	0.13	0.56	-0.43	0.69	0	0.69	6	结果类
SG₅ 安全培训不足	0.23	0.18	0.05	0.40	0.03	0.43	14	原因类
SG₆ 应急预案及演练不足	0.05	0.30	-0.25	0.35	0.02	0.37	18	结果类
SG₇ 现场管理混乱	1.05	0.39	0.67	1.44	0.07	1.51	1	原因类
SG₈ 安全防护不足	0.00	0.37	-0.37	0.37	0.54	0.91	2	结果类
SG₉ 施工组织协调不力	0.35	0.00	0.35	0.36	0.02	0.38	17	原因类
SG₁₀ 工期压力大	0.09	0.01	0.08	0.10	0.03	0.13	28	原因类

风险因素	影响度	被影响度	原因度	中心度				因素分类
				因果强度	耦合强度	传递强度	传递强度排序	
SG$_{11}$监理监管不足	0.40	0.00	0.40	0.40	0.06	0.46	11	原因类
SR$_1$安全意识不足	0.89	0.00	0.89	0.89	0	0.89	3	原因类
SR$_2$施工技术欠缺	0.25	0.00	0.25	0.25	0.05	0.30	21	原因类
SR$_3$违章指挥	0.12	0.07	0.04	0.19	0.03	0.22	24	原因类
SR$_4$违章施工作业	0.00	0.20	-0.20	0.20	0.62	0.82	4	结果类
SR$_5$未按设计要求施工	0.08	0.16	-0.09	0.24	0.02	0.26	23	结果类
SR$_6$吊车起重不当	0.00	0.20	-0.20	0.20	0.16	0.36	19	结果类
SR$_7$工人疲劳作业	0.01	0.02	-0.01	0.03	0.01	0.04	33	结果类
SJ$_1$勘察或补勘不足	0.03	0.01	0.02	0.04	0.28	0.32	20	原因类
SJ$_2$设计缺陷	0.01	0.01	0.01	0.02	0.02	0.04	34	原因类
SJ$_3$监测方案及其落实不足	0.06	0.09	-0.04	0.15	0.31	0.46	12	结果类
SJ$_4$施工方案不当	0.09	0.16	-0.07	0.25	0.02	0.27	22	结果类
SJ$_5$安全交底不充分	0.07	0.10	-0.02	0.17	0	0.17	25	结果类
SJ$_6$结构自身质量缺陷	0.00	0.16	-0.16	0.16	0	0.16	26	结果类
SJ$_7$模板支撑体系缺陷	0.00	0.01	-0.01	0.01	0	0.01	37	结果类
SJ$_8$基坑支护体系缺陷	0.00	0.30	-0.30	0.30	0.41	0.71	5	结果类
SJ$_9$补救措施不足	0.00	0.43	-0.43	0.43	0	0.43	13	结果类
SW$_1$材料选择不当	0.00	0.00	-0.00	0.01	0.03	0.04	35	结果类
SW$_2$材料设备堆放不合理	0.00	0.04	-0.04	0.04	0.03	0.07	30	结果类
SW$_3$机械设备选型不当	0.00	0.01	-0.00	0.01	0.01	0.02	36	结果类
SW$_4$设备设施故障或操作不当	0.02	0.31	-0.29	0.34	0.25	0.59	9	结果类

以影响度为横坐标，被影响度为纵坐标，绘制安全风险因素影响度-被影响度分布图（图4-40），以安全风险传递中心度为横坐标，原因度为纵坐标，绘制安全风险因素中心度-原因度分布图（图4-41）。

2.基于DEMATEL的安全风险传递强度分析

（1）影响度和被影响度分析：

如图4-40所示，趋势线表明原因类风险因素逐步转变为结果类因素，同时风险因素可控性逐渐减少。影响度越大、被影响度越小，说明该风险因素对其他因素产生的影响大，受其他因素的影响小，因此更加不可控，如SG$_7$现场管理混乱、SR$_1$安全意识不足、SG$_{11}$监理监督不足、SG$_9$施工组织协调不力等。影响度越小、被影响度越大，说明该风险因素的产生受其他因素影响较大，如SG$_4$安全检查不足、SJ$_9$补救措施不足、SG$_7$现场管理混乱、SG$_8$安全防护不足，其中SG$_7$的影响度和被影响度均较大。

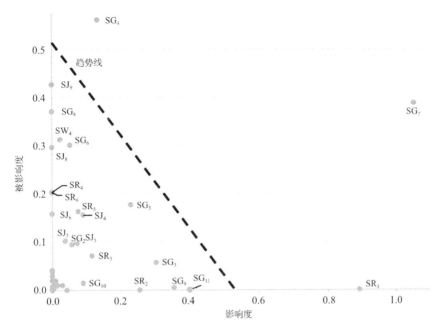

图 4-40　安全风险因素影响度-被影响度分布图

155

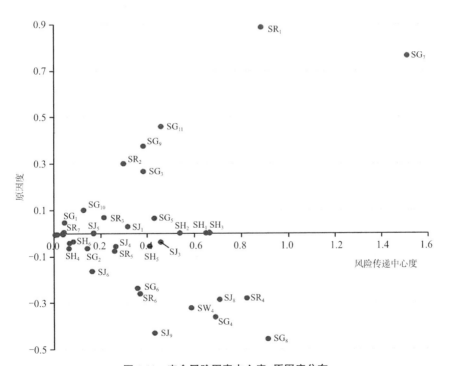

图 4-41　安全风险因素中心度-原因度分布

（2）原因度分析：

从图4-41可以看出，安全风险因素原因度在0轴附近分布紧密，两端分布稀疏，且基本处于[-0.5，0.5]区域之间，中心度-原因度数值呈"<"形分布。超出这个区域的因素说明其影响其他因素的能力远大于受其他因素影响的能力，包括SR_1安全意识不足、SG_7现场管理混乱、SG_{11}监理监管不足、SG_9施工组织协调不力、SR_2施工技术欠缺、SG_3安全管理制度不健全等。

原因度为正值的风险因素，说明该因素产生的综合影响大于受其他因素影响（影响度大于被影响度），为原因类因素，包括SG_1安全管理机构不健全、SG_3安全管理制度不完善、SG_5安全培训不足、SG_7现场管理混乱、SG_9施工组织协调不力、SG_{10}工期压力大、SG_{11}监理监管不足、SR_1安全意识不足、SR_2施工技术欠缺、SR_3违章指挥、SJ_1勘察或补勘不足、SJ_2设计缺陷，共12个因素。以上因素更多地扮演"风险源"的角色，是城市轨道交通建设项目施工安全的风险来源，需要在风险管理的日常工作中进行不断完善和缓解相应的风险因素。

原因度为负值的风险因素，说明该因素受其他因素的综合影响大于对其他因素的影响（被影响度大于影响度），为结果类因素，包括SH_4周边建（构）筑物探查或保护不足、SH_5雨污水管道探查或保护不足、SH_6燃电管道探查或保护不足、SG_2分包单位管理不当、SG_4安全检查不足、SG_6应急预案及演练不足、SG_8安全防护不足、SR_4违章施工作业、SR_5未按设计要求施工、SR_6吊车起重不当、SR_7工人疲劳作业、SJ_3监测方案及其落实不足、SJ_4施工方案不当、SJ_5安全交底不充分、SJ_6结构自身质量缺陷、SJ_7模板支撑体系缺陷、SJ_8基坑支护体系缺陷、SJ_9补救措施不足、SW_1材料选择不当、SW_2材料设备堆放不合理、SW_3机械设备选型不当、SW_4设备设施故障或操作不当，共22个因素。以上结果因素更多的是扮演"风险结果"的角色，是城市轨道交通建设项目施工安全的风险现象，需要在风险管理的日常工作中进行不断监测和控制的风险因素。

（3）中心度分析：

如图4-41所示，安全风险因素中心度集中分布在[0，0.6]的区域内。

中心度越小，说明该因素与其他因素的关系越疏远，中心度为0的因素说明该因素与其他因素没有影响与被影响的关系，为独立因素，独立因素包括SH_1自然灾害、SH_2复杂的地质条件、SH_3不明地下水文条件，共3个因素。

中心度越大，说明该因素与其他因素的关系越密切，传递性越强。包括SG_7现场管理混乱、SG_8安全防护不足、SR_1安全意识不足、SR_4违章施工作业等，其中SG_8、SR_4中心度偏大的一部分原因是其容易和其他因素发生耦合，正是这些中心度大的因素造成风险因素间复杂的传递关系。

4.5
本章小结

城市轨道交通建设项目安全事故案例库具有书面性、语言逻辑性强的特点，因此，如何从文本语言中有效抽取风险传递关系成为本章重点解决的问题。本章运用关联规则的有趣性指标筛选出相关规则，然后通过自然语言处理方法从事故调查报告语义中抽取出因果关系和耦合关系，形成城市轨道交通建设项目安全风险传递数值矩阵。

主要结论如下：

（1）在支持度、置信度关联规则框架下，构建了关联规则有趣性筛选条件，以"$X<cau>Y=\{Asso(X, Y), Conviction= \infty \}$"为准则，共筛选23条安全风险因素因果规则，以$Corr(X, Y)=\{ Asso(X, Y), Lift>1, Conviction>1, 0<Match \leqslant 1\}$为准则，共筛选207条安全风险因素相关规则，作为语义依存分析的对象。

（2）利用自然语言处理方法中的语义依存分析，提出了事故调查报告中表达显式因果关系的四种语言模式，对不同语言模式下因果关系的语义依存关系进行分析，构建了从XML语言中抽取因果关系的模式和流程。经过检验，因果关系抽取的正确率为92.11%、查全率为86.07%。最终在207条相关规则中发现105条安全风险因素因果关系，构建了安全风险因果传递数值矩阵，该矩阵反映了城市轨道交通建设项目中安全风险因素的直接因果作用。

（3）利用自然语言处理方法中的语义依存分析，构建了表达显式耦合关系的语言模式和语义依存关系，提出了从XML语言中抽取耦合关系的模式和流程。经过检验，耦合关系抽取的正确率为95.83%、查全率为82.14%。最终在207条相关规则中发现23条安全风险因素耦合关系，构建了安全风险耦合传递数值矩阵，该矩阵反映了城市轨道交通建设项目中安全风险的多因素耦合作用。

（4）以影响度、被影响度及原因度指标分析安全风险因素间的因果作用，发现SG_7现场管理混乱、SR_1安全意识不足等因素对其他因素产生的影响大，受其他因素的影响小；SG_4安全检查不足、SJ_9补救措施不足等因素产生受其他因素的影响较大；所有因素中有3个独立因素，12个原因因素，22个结果因素。

（5）通过累加因果中心度、耦合中心度得到传递中心度指标，代表了安全风险因素的传递强度，发现安全风险因素传递强度集中分布在$[0，0.6]$的区域内，且SG_7现场管理混乱、SR_1安全意识不足、SG_8安全防护不足等因素的传递中心度较大，揭示了城市轨道交通建设项目中安全风险传递关系的大小。

5

城市轨道交通建设项目安全风险评估研究

5.1
安全风险评估模型构建

5.1.1 安全风险系统结构

根据第 2 章风险传递理论和方法的研究，安全风险系统结构是安全风险因素、安全风险传递关系、系统结构层级的集合，本书第 3 章和第 4 章已构建安全风险因素、安全风险传递关系，因此本节内容是在安全风险因果关系的基础上，利用解释结构模型（ISM）构建带有层级的安全风险系统结构。

ISM 是 J.Warfield 在 1973 年为分析复杂系统的结构模型而开发的一种系统分析方法。该方法为定性分析方法，基于有向连接图和矩阵，利用专家经验和知识，把一个复杂系统分解成若干因素，并确定因素之间的关系，然后通过计算因素间的关系矩阵确定复杂系统内部的多级递阶结构模型[200]。由于 ISM 方法在构建系统结构方面的优越性，因此在 URTC 项目安全风险分析领域有着较为广泛的应用，如谢洪涛[201]利用 ISM 模型对基坑工程施工坍塌事故致因的相互影响关系进行了分析，建立了五层的基坑坍塌事故致因系统层次结构。

1. ISM 建模步骤

基于 ISM 的 URTC 项目安全风险系统结构模型的建模步骤如下[202]：

步骤 1：将第 3 章分析得到的安全风险因素 S_1，S_2，$\cdots$，S_n，$S_i \in S(i=1, 2, \cdots, n)$（表 3-12）构建为风险因素集合 S，其中 n 为风险因素的数目。

步骤 2：构建直接影响布尔矩阵 A''。将第 4 章分析得到的安全风险因果传递数值矩阵 A''（表 4-18）转换为布尔矩阵，作为初始直接影响布尔矩阵，该矩阵反映了风险因素间的直接因果关系。

步骤3：计算可达矩阵K。可达矩阵是由[0，1]元素组成的布尔矩阵，是利用矩阵形式描述的有向连接图中各节点间经过一定长度的通路后最终可以到达的程度，能够全面反映整个风险网络中各风险因素间直接和间接关系。利用公式（5-1），按布尔代数运算法则进行自乘，直到某一幂次后所有成绩都相等为止。

$$K=(A''+I)^{k+1}，\ k<n-1 \tag{5-1}$$

式中，I为单位矩阵。

可达矩阵表示一个要素到另一个要素之间连接的路径，是风险因素之间的因果作用路径，因此可以通过可达矩阵，分析出系统因素间的层次关系。

步骤4：求解可达集$R(S_i)$、前因集$A(S_i)$和共同集$C(S_i)$，见公式（5-2）～公式（5-4）。

可达集$R(S_i)$：将可达矩阵K第i行中值为1所对应的列组成的集合，定义为风险因素S_i的可达集合，表示从S_i出发可以到达的全部风险因素的集合，记为$R(S_i)$。

前因集$A(S_i)$：将可达矩阵K第i列中值为1所对应的行组成的集合，定义为风险因素S_i的前因集合，表示到达S_i的全部风险因素的集合，记为$A(S_i)$。

共同集$C(S_i)$：可达集$R(S_i)$和前因集$A(S_i)$的交集，记为$C(S_i)$。

$$R(S_i)=\{S_i|K_{ij}=1\} \tag{5-2}$$

$$A(S_i)=\{S_j|K_{ij}=1\} \tag{5-3}$$

$$C(S_i)=R(S_i)\cap A(S_i) \tag{5-4}$$

步骤5：进行区域划分和级位划分。区域划分$\prod_s=\{P_i\}$是将系统要素集合划分为互相独立的几个区域P_i的过程，利用初始集$B(S_i)$[公式（5-5）]中的要素进行判断，如果$R(S_i)\cap R(S_j)=\phi$则认为分属于不同区域。级位划分$\prod_p=\{L_i\}$是确定该区域内各个要素所处的层级，利用公式（5-6）进行判断，同属于一个集合L的因素表明其同属于一个层级，然后从可达矩阵K中删除对应L_i中因素的行、列，得到矩阵K'，对K'重复步骤4、步骤5，可依次确定其他层级级位，直至完成所有层级级位划分。

$$B(S_i)=\{S_i|C(S_i)=A(S_i)\} \tag{5-5}$$

$$L_i=\{S_i|C(S_i)=R(S_i)\} \tag{5-6}$$

步骤6：根据因素被划出的顺序，对可达矩阵K进行分检得到骨架矩阵K''，具体分为三步：①去强连接要素得缩减矩阵；②去越级二元关系；③去单位矩阵得骨架矩阵。

步骤7：根据区域划分、级位划分和骨架矩阵K''绘制多级递阶有向图。对于骨架矩阵K''，将因素k_i''第i行中值为1的列所对应的风险因素作为节点S_i的出边，表示S_i对其他风险因素的影响；因素k_i''第i列中值为1的行所对应的风险因素作为节点S_i的入边，表示S_i受其他风险因素的影响。箭头表示安全风险因素间的因果方向。

2.基于ISM的安全风险系统结构构建

利用Matlab，根据公式（5-1）计算，得到可达矩阵K（详见附录4），根据公式（5-2）～公式（5-4），计算共同集$C(S_i)$、可达集$R(S_i)$和前因集$A(S_i)$，得到第一层级位划分如表5-1所示，说明第一层因素共包含14个安全风险因素，即$L_1=\{SH_1，SH_2，SH_3，SH_4，SH_5，SH_6，SG_8，SR_4，SR_6，SJ_6，SJ_7，SJ_8，SJ_9，SW_2\}$。根据公式（5-5），得到初始集$B_1=\{SH_1，SH_2，SH_3，SG_1，SG_{10}，SG_{11}，SR_1，SR_2\}$，任取两个要素进行比较，由于$R(SH_1)\cap R(SH_2)\cap R(SH_3)=\phi$，其他因素不为空，因此将安全风险因素划分为4个区域$P_1～P_4$，区域之间的因素没有相关关系，但每个区域内部是相互联系的一个整体，即$\prod_s=\{P_1，P_2，P_3，P_4\}=\{SH_1\}\cap\{SH_2\}\cap\{SH_3\}\cap\{SH_4，\cdots，SW_4\}$。

第一层级位划分　　　　　　　　　　　　　　　　　　表5-1

S_i	可达集$R(S_i)$	前因集$A(S_i)$	$C(S_i)$	L_1	$B(S_i)$
1	SH_1	SH_1	SH_1	SH_1	SH_1
2	SH_2	SH_2	SH_2	SH_2	SH_2
3	SH_3	SH_3	SH_3	SH_3	SH_3
4	SH_4	$SH_4\ SG_1\ SG_3\ SG_7\ SG_9\ SG_{10}\ SG_{11}\ SR_1\ SR_2$ $SR_3\ SJ_3$	SH_4	SH_4	
5	SH_5	$SH_5\ SG_1\ SG_3\ SG_7\ SG_9\ SG_{10}\ SG_{11}\ SR_1\ SR_2$ $SR_3\ SJ_3$	SH_5	SH_5	
6	SH_6	$SH_6\ SG_1\ SG_3\ SG_7\ SG_9\ SG_{10}\ SG_{11}\ SR_1\ SR_2$ $SR_3\ SJ_3$	SH_6	SH_6	
7	$SH_4\ SH_5\ SH_6\ SG_1\ SG_2\ SG_3$ $SG_4\ SG_5\ SG_6\ SG_7\ SG_8\ SG_9$ $SW_2\ SR_4\ SR_5\ SR_6\ SJ_3\ SJ_4$ $SJ_5\ SJ_6\ SJ_7\ SJ_8\ SJ_9\ SW_4$	SG_1	SG_1		SG_1
8	$SG_2\ SG_4\ SG_8\ SW_2\ SR_6\ SW_4$	$SG_1\ SG_2\ SG_3\ SG_7\ SG_9\ SG_{10}\ SG_{11}\ SR_1\ SR_3$	SG_2		

S_i	可达集$R(S_i)$	前因集$A(S_i)$	$C(S_i)$	L_1	$B(S_i)$
9	SH$_4$ SH$_5$ SH$_6$ SG$_2$ SG$_3$ SG$_4$ SG$_5$ SG$_6$ SG$_7$ SG$_8$ SW$_2$ SR$_4$ SR$_5$ SR$_6$ SJ$_3$ SJ$_4$ SJ$_5$ SJ$_6$ SJ$_7$ SJ$_8$ SJ$_9$ SW$_4$	SG$_1$ SG$_3$ SR$_1$	SG$_3$		
10	SG$_4$ SG$_8$ SW$_2$ SR$_6$ SW$_4$	SG$_1$ SG$_2$ SG3 SG$_4$ SG5 SG$_7$ SG9 SG$_{10}$ SG$_{11}$ SR$_1$ SR$_2$ SR$_3$	SG$_4$		
11	SG$_4$ SG$_5$ SG$_6$ SG$_8$ SW$_2$ SR$_4$ SR$_5$ SR$_6$ SJ$_5$ SJ$_6$ SJ$_8$ SJ$_9$ SW$_4$	SG$_1$ SG$_3$ SG$_5$ SG$_7$ SG$_9$ SG$_{10}$ SG$_{11}$ SR$_1$ SR$_2$ SR$_3$	SG$_5$		
12	SG$_6$ SJ$_9$	SG$_1$ SG$_3$ SG$_5$ SG$_6$ SG$_7$ SG$_9$ SG$_{10}$ SG$_{11}$ SR$_1$ SR$_2$ SR$_3$ SJ$_1$	SG$_6$		
13	SH$_4$ SH$_5$ SH$_6$ SG$_2$ SG$_4$ SG$_5$ SG$_6$ SG$_7$ SG$_8$ SW$_2$ SR$_4$ SR$_5$ SR$_6$ SJ$_3$ SJ$_4$ SJ$_5$ SJ$_6$ SJ$_7$ SJ$_8$ SJ$_9$ SW$_4$	SG$_1$ SG$_3$ SG$_7$ SG$_9$ SG$_{10}$ SG$_{11}$ SR$_1$ SR$_3$	SG$_7$		
14	SG$_8$	SG$_1$ SG$_2$ SG$_3$ SG$_4$ SG$_5$ SG$_7$ SG$_8$ SG$_9$ SG$_{10}$ SG$_{11}$ SR$_1$ SR$_2$ SR$_3$	SG$_8$	SG$_8$	
15	SH$_4$ SH$_5$ SH$_6$ SG$_2$ SG$_4$ SG$_5$ SG$_6$ SG$_7$ SG$_8$ SG$_9$ SW$_2$ SR$_4$ SR$_5$ SR$_6$ SJ$_3$ SJ$_4$ SJ$_5$ SJ$_6$ SJ$_7$ SJ$_8$ SJ$_9$ SW$_4$	SG$_1$ SG$_9$	SG$_9$		
16	SH$_4$ SH$_5$ SH$_6$ SG$_2$ SG$_4$ SG$_5$ SG$_6$ SG$_7$ SG$_8$ SG$_{10}$ SW$_2$ SW$_3$ SR$_4$ SR$_5$ SR$_6$ SR$_7$ SJ$_1$ SJ$_2$ SJ$_3$ SJ$_4$ SJ$_5$ SJ$_6$ SJ$_7$ SJ$_8$ SJ$_9$ SW$_4$	SG$_{10}$ SR$_1$	SG$_{10}$		
17	SH$_4$ SH$_5$ SH$_6$ SG$_2$ SG$_4$ SG$_5$ SG$_6$ SG$_7$ SG$_8$ SG$_{11}$ SW$_2$ SR$_3$ SR$_4$ SR$_5$ SR$_6$ SJ$_3$ SJ$_4$ SJ$_5$ SJ$_6$ SJ$_7$ SJ$_8$ SJ$_9$ SW$_4$	SG$_{11}$	SG$_{11}$		SG$_{11}$
18	SH$_4$ SH$_5$ SH$_6$ SG$_2$ SG$_3$ SG$_4$ SG$_5$ SG$_6$ SG$_7$ SG$_8$ SG$_{10}$ SR$_1$ SW$_2$ SW$_3$ SR$_3$ SR$_4$ SR$_5$ SR$_6$ SR$_7$ SJ$_1$ SJ$_2$ SJ$_3$ SJ$_4$ SJ$_5$ SJ$_6$ SJ$_7$ SJ$_8$ SJ$_9$ SW$_4$	SR$_1$	SR$_1$		SR$_1$
19	SH$_4$ SH$_5$ SH$_6$ SG$_4$ SG$_5$ SG$_6$ SG$_8$ SW$_2$ SW$_3$ SR$_2$ SR$_4$ SR$_5$ SR$_6$ SJ$_3$ SJ$_4$ SJ$_5$ SJ$_6$ SJ$_8$ SJ$_9$ SW$_1$ SW$_4$	SR$_2$	SR$_2$		SR$_2$
20	SH$_4$ SH$_5$ SH$_6$ SG$_2$ SG$_4$ SG$_5$ SG$_6$ SG$_7$ SG$_8$ SW$_2$ SR$_3$ SR$_4$ SR$_5$ SR$_6$ SJ$_3$ SJ$_4$ SJ$_5$ SJ$_6$ SJ$_7$ SJ$_8$ SJ$_9$ SW$_4$	SG$_{11}$ SR$_1$ SR$_3$	SR$_3$		

S_i	可达集$R(S_i)$	前因集$A(S_i)$	$C(S_i)$	L_1	$B(S_i)$
21	SR₄	SG₁ SG₃ SG₅ SG₇ SG₉ SG₁₀ SG₁₁ SR₁ SR₂ SR₃ SR₄ SR₇ SJ₅	SR₄	SR₄	
22	SR₅ SJ₆ SJ₈	SG₁ SG₃ SG₅ SG₇ SG₉ SG₁₀ SG₁₁ SR₁ SR₂ SR₃ SR₅ SJ₅	SR₅		
23	SR₆	SG₁ SG₂ SG₃ SG₄ SG₅ SG₇ SG₉ SG₁₀ SG₁₁ SR₁ SR₂ SR₃ SR₆ SR₇ SJ₅ SW₄	SR₆	SR₆	
24	SR₄ SR₆ SR₇	SG₁₀ SR₁ SR₇	SR₇		
25	SG₆ SW₃ SJ₁ SJ₂ SJ₆ SJ₈ SJ₉	SG₁₀ SR₁ SJ₁	SJ₁		
26	SJ₂ SJ₈	SG₁₀ SR₁ SJ₁ SJ₂	SJ₂		
27	SH₄ SH₅ SH₆ SJ₃ SJ₉	SG₁ SG₃ SG₇ SG₉ SG₁₀ SG₁₁ SR₁ SR₂ SR₃ SJ₃	SJ₃		
28	SJ₄ SJ₆ SJ₈	SG₁ SG₃ SG₇ SG₉ SG₁₀ SG₁₁ SR₁ SR₂ SR₃ SJ₄	SJ₄		
29	SR₄ SR₅ SR₆ SJ₅ SJ₆ SJ₈ SW₄	SG₁ SG₃ SG₅ SG₇ SG₉ SG₁₀ SG₁₁ SR₁ SR₂ SR₃ SJ₅	SJ₅		
30	SJ₆	SG₁ SG₃ SG₅ SG₇ SG₉ SG₁₀ SG₁₁ SR₁ SW₃ SR₂ SR₃ SR₅ SJ₁ SJ₄ SJ₅ SJ₆ SW₁	SJ₆	SJ₆	
31	SJ₇	SG₁ SG₃ SG₇ SG₉ SG₁₀ SG₁₁ SR₁ SR₃ SJ₇	SJ₇	SJ₇	
32	SJ₈	SG₁ SG₃ SG₅ SG₇ SG₉ SG₁₀ SG₁₁ SR₁ SR₂ SR₃ SR₅ SJ₁ SJ₂ SJ₄ SJ₅ SJ₈	SJ₈	SJ₈	
33	SJ₉	SG₁ SG₃ SG₅ SG₆ SG₇ SG₉ SG₁₀ SG₁₁ SR₁ SR₂ SR₃ SJ₁ SJ₃ SJ₉	SJ₉	SJ₉	
34	SJ₆ SW₁	SR₂ SW₁	SW₁		
35	SW₂	SG₁ SG₂ SG₃ SG₄ SG₅ SG₇ SG₉ SG₁₀ SG₁₁ SR₁ SW₂ SR₂ SR₃	SW₂	SW₂	
36	SW₃ SJ₆	SG₁₀ SR₁ SW₃ SR₂ SJ₁	SW₃		
37	SR₆ SW₄	SG₁ SG₂ SG₃ SG₄ SG₅ SG₇ SG₉ SG₁₀ SG₁₁ SR₁ SR₂ SR₃ SJ₅ SW₄	SW₄		

从表5-1中划去L_1中因素的行和列，得到第2级可达集和前因集，以此类推，最终确定的因素级位划分如表5-2所示，反映了城市轨道交通建设项目安全风险系统的层级结构。

安全风险系统层级结构　　　　　　　　　　　　表5-2

层级	风险因素
第一层	SH₁自然灾害、SH₂复杂的地质条件、SH₃不明地下水文条件、SH₄周边建（构）筑物探查或保护不足、SH₅雨污水管道探查或保护不足、SH₆燃电管道探查或保护不足、SG₈安全防护不足、SR₄违章施工作业、SR₆吊车起重或设备操作不当、SJ₆结构自身质量缺陷、SJ₇模板支撑体系缺陷、SJ₈基坑支护体系缺陷、SJ₉补救措施不足、SW₂材料设备堆放不合理
第二层	SG₅应急预案及演练不足、SR₅未按设计要求施工、SR₇工人疲劳作业、SJ₂设计缺陷、SJ₃监测方案及其落实不足、SJ₄施工方案不当、SW₁材料选择不当、SW₃机械设备选型不当、SW₄设备设施故障

层级	风险因素
第三层	SG₄安全检查不足、SJ₁勘察或补勘不足、SJ₅安全交底不充分
第四层	SG₂分包单位管理不当、SG₅安全培训不足
第五层	SG₇现场管理混乱、SR₂施工技术欠缺
第六层	SG₃安全管理制度及其落实不足、SG₉施工组织协调不力、SG₁₀工期压力大、SR₃违章指挥
第七层	SG₁安全管理机构不健全、SG₁₁监理监管不足、SR₁安全意识不足

对可达矩阵按照级位划分结果进行分检后，删减越级二元关系，且减去单位矩阵后，得到精简后的骨架矩阵（详见附录6），根据骨架矩阵绘制解释结构模型如图5-4所示。其中，L_1级位中的因素只受其他因素的影响，且最直接影响城市轨道交通建设项目施工安全，L_7级位中的因素是风险来源的深层原因，将逐层影响施工安全。

3.安全风险系统结构分析

（1）城市轨道交通建设项目安全风险传递具有递阶传递特性，在风险传递过程中，风险因素的产生与扩散受传递路径中其他因素的风险传递作用。

（2）自下而上的箭头表明低一层次的风险因素对高一层次的风险因素产生因果作用，箭头方向表示因果传递的方向，城市轨道交通建设项目的安全风险作为一个复杂系统，其风险因素之间具有单向递阶传递关系。

（3）将安全风险因素划分为图5-1所示的三个层面，表示影响城市轨道交通建设项目安全的直接、间接和深层风险因素。最上层是L_1，风险因素主要包括不当的施工操作（人的不安全行为）和危险的作业环境（环境因素），这些因素直接导致安全事故的发生，属于直接风险因素；中间层$L_2 \sim L_4$，风险因素主要体现在安全管理制度的落实（人的行为习惯），这些因素不会直接导致安全事故的发生，但会影响L_1层的风险因素，属于间接风险因素；底层$L_5 \sim L_7$，风险因素主要包括安全管理制度和管理缺陷，这些因素潜伏在项目施工期间，并通过间接风险影响直接风险发生，属于深层风险因素。

5.1.2 安全风险评估模型拓扑结构

1.节点和节点状态设置

贝叶斯网络（BN）中每个节点都需要设置节点状态，节点状态是节点发生概率的度量。在同一个贝叶斯网络中，所有节点的状态不一定是相同的，需要根据变量取值和分析需要确定。将第3章分析得到的37个安全风险因素（S_i）作为证据节点，根据风险因素的发生概率确定证据节点的状态[$state(S_i)$]；以安全事

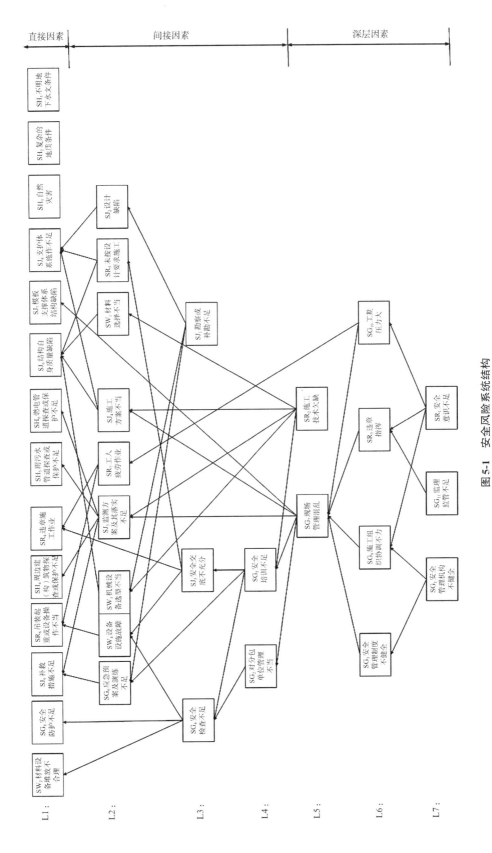

图 5-1 安全风险系统结构

5

城市轨道交通建设项目安全风险评估研究

故（T_i）作为目标节点（叶节点），根据安全事故的严重程度确定目标节点的状态
[state（T_i）]，如表5-3所示。

节点设置

表5-3

节点类型	节点表示含义	节点状态
证据节点	安全风险因素 S_i	风险因素的发生概率 state（S_i）
目标节点	安全事故 T_i	安全事故等级 state（T_i）

（1）风险因素节点状态和根节点初始概率设置。

将风险因素的节点状态设置两个等级：风险因素发生（Y）、风险因素不发生
（N），即 state（S_i）＝{Y，N}，如表5-4所示。

风险因素节点状态

表5-4

状态表示	状态	参数设置
Y	风险因素发生	在单个事故调查报告中出现1次及以上
N	风险因素不发生（潜伏）	不出现

对于根节点 SG_1、SG_{11}、SR_1、SR_2、SJ_1、SH_1、SH_2、SH_3 的边缘概率，初
始假设这些因素的先验概率 $p（X_i）＝1/2$，其他中间节点的先验概率通过参数学
习获取。

（2）安全事故节点状态设置。

《生产安全事故报告和调查处理条例》中将安全生产事故划分为特别重大事
故、重大事故、较大事故、一般事故四个等级，但考虑到城市轨道交通建设项目
已发生的安全事故中特别重大事故和重大事故较少，因此按照《城市轨道交通地
下工程建设风险管理规范》GB 50652—2011中的"工程建设人员和第三方伤亡
等级标准"，将安全事故划分为重大事故（Tremendous）、较大事故（Larger）、一
般事故（General）、轻微事故（Minor）四个状态，即 state（T_i）＝{T，L，G，M}。
对四种事故等级状态下的事故后果进行下调，最终确定URTC项目安全事故等级
状态如表5-5所示。由于模型是从已发生安全事故的调查报告中获得的，表示得

安全事故节点状态（T节点）

表5-5

序号	T	L	G	M
状态等级	重大事故	较大事故	一般事故	轻微事故
事故后果	死亡10人（含）以上	死亡3～9人或重伤10人以上	死亡1～2人或重伤2～9人	重伤1人或无人员伤亡

是不同事故等级的概率，因此目标节点事故发生概率总和为100%。

2. BN 拓扑结构构建

选用Pittsburgh大学决策系统实验室开发的GeNie 2.0软件，该软件内置多种参数学习和推理算法，提供与Access等外部数据的接口，支持任意规模BN构建，但计算效率受计算机内存大小的影响。

将已建立的安全系统结构转化为BN网络形式，以节点表示安全风险因素，以有向弧表示风险因素之间的因果关系，构建安全风险评估模型的贝叶斯网络拓扑结构如图5-2所示。图中"◯"表示证据节点，为安全风险因素S_i；"⬭"表示目标节点，为安全事故T_i。

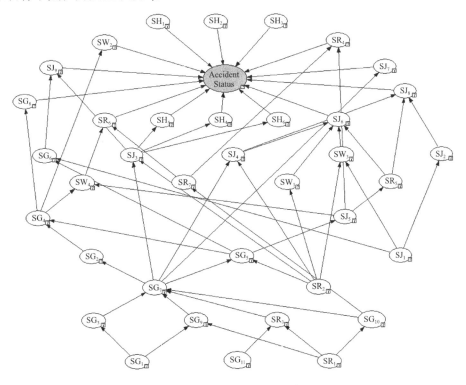

图5-2 安全风险BN拓扑结构

5.1.3 安全风险评估模型结构修正

1. Leaky Noisy-Max 模型

（1）模型结构。

在构建的贝叶斯网络中出现多个原因（父节点）共同影响同一结果（子节点）的"多因一果"情况，此时CPT参数呈指数级增加，给参数学习和诊断推理带来较大难度[203]。

如图5-3（a）所示的局部贝叶斯网络，假设子节点Y有n个父节点X_i，每个父节点X_i有m_x个状态，子节点Y有m_y个状态，那么需要估计$(m_y-1) \times m_x^n$个参数才能构成Y节点的条件概率表。因此，随着父节点数量n的增加，节点间的关系更加复杂，CPT参数计算和CBN网络推理计算的复杂度将达到数百万参数级别甚至更高。

为了降低BN计算的复杂性，同时考虑到样本数据规模的有限性（221例）会影响目标节点CPT数据的获取，因此对局部BN结构采用Leaky Noisy-Max模型进行修正（简称LNM）。

Noisy-OR gate由Henrion（1989）提出，要求节点变量为二值变量，即真值和假值两种状态，后由Diez（1993）和Srinivas（1993）扩展为多状态的Noisy-Max模型，Leaky Noisy-Max模型就是在Noisy-Max模型的基础上增加遗漏概率（Leak Probability）的扩展模型[204]，如图5-3（b）所示。

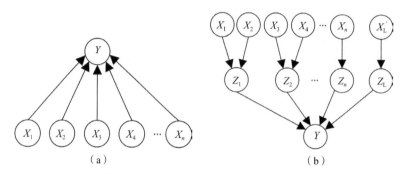

图5-3　普通BN模型与LNM-BN模型对比

（a）局部贝叶斯网络结构；（b）Leaky Noisy-Max模型结构

（2）局部BN修正为LNM-BN模型的路径。

首先，增加辅助节点Z，将局部父节点较多的BN模型转换为Noisy-Max模型。

中间节点Z的状态与X节点具有一样的状态空间，其状态取值取决于各原因节点的最大影响，即：$Y=f(Z)=\text{Max}(Z_1, Z_2, \cdots, Z_n)$，若记$C_{zi}^{xi}=P(Z_i=z_i|X_i=x_i)$，则可得到条件概率分布$P(Y|X)$的因子分解形式为：

$$P(Y=y|X)=\sum_Z P(Y=y|Z)\prod_i P(Z_i|X_i)=\sum_{Z|f(Z)=y}\prod_i c_{z_i}^{x_i} \qquad (5-7)$$

因此，通过结构上的转换，Noisy-Max模型将条件概率表的参数数量降低到$(m_y-1) \times m_x \times n$个，大大降低了参数学习的复杂度和模型计算量，减少了数据稀缺对参数学习的影响。

其次，增加参数遗漏概率（Leak Probability）Z_L，在条件概率表中考虑缺失风险因素对目标节点的影响，将局部Noisy-Max模型扩展为Leaky Noisy-Max模型。

图5-3（a）中假设安全风险因素X中包含所有影响安全风险因素Y的原因，当所有X值均缺失时，Y值必然缺失，但考虑到全面安全风险管理的思想，不可能将全部风险因素列入模型，这些缺失的风险因素也会对贝叶斯参数学习产生影响。也就是说当LNM模型中所有父节点均处于缺失状态时，子节点可能仍然有参数。未列入模型中的风险因素通过Z_L对Y节点施加影响，记$c_y^L = P(Z_L = y)$，其累加参数$C_y^L \sum_{Z_L \leqslant y} c_{Z_L}^L$，则由公式（5-7）可以得到：

$$P(Y \leqslant y | X) = C_y^L \prod_i c_y^{x_i} \qquad (5\text{-}8)$$

LNM-BN模型能在保证计算精度的情况下，使条件概率表的参数数量大大下降，有效降低了参数学习的复杂度，提高了生成条件概率表的计算效率。

2. 贝叶斯模型改进

已构建的BN模型包含38个节点、63条弧，其参数数量为65784个。为提高参数学习和计算机的运行效率，对局部BN模型应用LNM-BN进行修正。考虑到目标节点T有14个父节点，每个父节点有2个状态，目标节点有4个状态，且父节点之间相互独立，因此针对目标节点T引入LNM模型进行修正，以减少条件概率表需要学习的参数数量。

将目标节点T由普通机会节点设置为"Leaky Noisy-Max"节点，修正后的BN模型网络结构参数如图5-4所示。可以看出，通过局部修正为LNM节点后，在不改变模型准确性的前提下，参数数量由65784下降到364个。

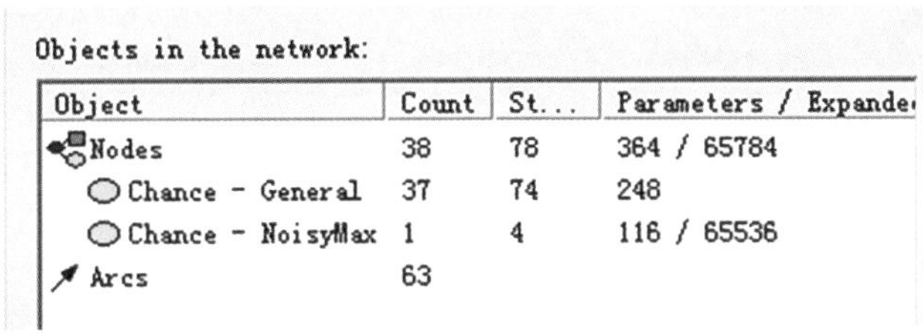

```
Objects in the network:

Object              Count   St...   Parameters / Expanded
Nodes               38      78      364 / 65784
  Chance - General  37      74      248
  Chance - NoisyMax 1       4       116 / 65536
Arcs                63
```

图5-4　BN模型网络结构参数

5.1.4　安全风险评估模型参数学习

参数学习目的是获得各节点的条件概率表，以便计算节点的后验概率，进行BN推理。常见的参数学习方法有最大似然估计（MLE）和期望最大化（EM）。一般在缺值样本情况下采用EM算法，在数据集中的观测值完整的情况下采用MLE算法。由于本书采用的数据是从事故调查报告中挖掘而来，不存在缺失和模糊值，因此采用MLE算法进行BN参数学习。

MLE算法认为待解参数是一个确定值，即样本对数似然分布最大时对应的参数值[205]。该方法基于极大似然原理，该方法通过给定观测值来评估模型参数。极大似然估计就是在一次抽样中，若得到观测值x_1，x_2，…，x_n，则选取$\hat{\theta}(x_1,$ $x_2,$ …，$x_n)$作为θ的估计值，使得$\theta = \hat{\theta}(x_1,$ $x_2,$ …，$x_n)$时，样本出现的概率最大[164]。当样本量足够大时，通过不断试验和结果修正，参数估计与实际情况越接近。

学习数据为第3章分析得到的风险-事故向量空间模型（表3-14），按照表5-4的参数设置要求将其转换为二级离散值，即：

$$\begin{cases} \text{state}(S_i) = Y, & \text{when } TF_{D_j}^{S_i} \geq 1 \\ \text{state}(S_i) = N, & \text{when } TF_{D_j}^{S_i} = 0 \end{cases} \quad (5\text{-}9)$$

其中，$TF_{D_j}^{S_i}$表示安全风险因素S_i在事故调查报告文档D_j中出现的频次。

将风险-事故向量空间模型中的离散数据作为参数学习的数据，在BN网络中创建变量和数据集的变量之间的映射，实现BN各节点状态与数据的一一对应。由于篇幅所限，仅给出节点SR_3的条件概率如表5-6所示。

SR_3节点条件概率表　　　　表5-6

父节点	SG_{11}		SR_1	
父节点SG_{11}状态	Y		N	
父节点SR_1状态	Y	N	Y	N
$SR_3 = Y$	0.416666667	0.25	0.121212121	0.028169014
$SR_3 = N$	0.583333333	0.75	0.878787879	0.971830986

由于安全事故节点采用"Leaky Noisy-Max"节点，因此其条件概率表根据公式（5-7）修正为表5-7所示。

目标节点T条件概率表　　　　表5-7

父节点=Y	SH_1	SH_2	SH_3	SH_4	SH_5	…	Leak
节点状态为T	0.008	0.009	0.007	0.006	0.006	…	0.009
节点状态为L	0.108	0.119	0.090	0.077	0.084	…	0.122
节点状态为G	0.275	0.303	0.230	0.195	0.215	…	0.311
节点状态为M	0.608	0.570	0.673	0.722	0.694	…	0.558

5.2

安全风险状态评估

运用因果推理对城市轨道交通建设项目进行整体安全风险评估，目的是根据安全风险因素的发生概率预测安全事故发生等级。

5.2.1 安全风险值设置

参照LEC评价法中对事故产生后果的赋值[206]，将不同事故等级状态下的安全损失影响进行如表5-8所示的赋值。

安全事故后果赋值 表5-8

节点状态	T	L	G	M
后果赋值（c_i）	100	40	15	3

根据表5-8中的安全事故后果值，在BN模型中增加价值节点"Risk Value"，在BN网络中以"⬢"表示，代表安全风险值，见图5-5。

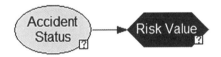

图5-5 安全风险值节点设置

参照LEC评价法中评价危险程度的计算原则和取值标准，假设在城市轨道交通建设项目中工人仅每天工作时间暴露于危险环境中，因此取频繁程度E=6，推算得到URTC项目安全风险值及相应的风险状态如表5-9所示。

安全风险值及风险状态 表5-9

风险状态	极其危险	高度危险	显著危险	一般危险
LEC法中的D值	＞320	160～320	70～160	20～70
风险值R取值	＞53	27～53	12～27	3～12
建议措施	不能继续作业	要立即整改	需要整改	需要注意

根据公式（2-10）计算安全事故不同状态的发生概率，结果如图5-6所示，可以得到城市轨道交通建设项目在风险因素因果关系作用下安全事故等级发生的概率分别为0.6%（重大事故）、10.4%（较大事故）、26.7%（一般事故）、62.3%

（轻微事故）。

5.2.2 安全风险值评估

按照表5-8对四类安全事故等级进行赋值，利用公式（2-10）对安全风险值的计算，计算得到城市轨道交通建设项目施工安全初始风险值 R_0 为：

$$R_0=0.6\% \times 100+10.4\% \times 40+26.7\% \times 15+62.3\% \times 3=10.6$$

根据表5-9中的风险值危险程度，表明目前我国整体安全风险处于一般危险水平，建议措施为"需要注意"，但处于一般危险水平的上限，接近显著危险，分析结果和当前城市轨道交通建设项目安全事故常发生的现状较为吻合。

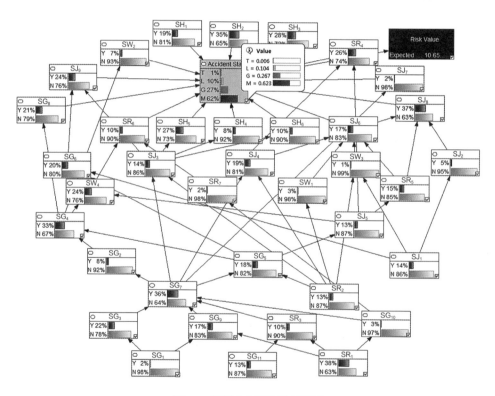

图5-6 不同安全事故等级预测

5.2.3 安全风险因素的发生概率分析

CPT参数学习后，得到安全风险因素的后验概率（修正后的发生概率，概念详见第2.4.4节），如表5-10所示，即考虑因果传递作用时，引起URTC项目安全事故的安全风险因素的发生概率。按照后验概率由高到低排列，绘制安全风险因素发生概率柱状图如图5-7所示。

安全风险因素后验概率　　　　　　　　　　　　　　　　　表 5-10

编号	安全风险因素	后验概率	编号	安全风险因素	后验概率
SH_1	自然灾害	19.20%	SR_3	违章指挥	9.60%
SH_2	复杂的地质条件	35.00%	SR_4	违章施工作业	25.80%
SH_3	不明地下水文条件	27.50%	SR_5	未按设计要求施工	15.00%
SH_4	周边建（构）筑物探查或保护不足	8.30%	SR_6	吊车起重或设备操作不当	10.00%
SH_5	雨污水管道探查或保护不足	27.20%	SR_7	工人疲劳作业	1.70%
SH_6	燃电管道探查或保护不足	9.90%	SJ_1	勘察或补勘不足	14.20%
SG_1	安全管理机构不健全	1.70%	SJ_2	设计缺陷	5.00%
SG_2	分包单位管理不当	8.30%	SJ_3	监测方案及其落实不足	14.20%
SG_3	安全管理制度不完善	21.70%	SJ_4	施工方案不当	18.90%
SG_4	安全检查不足	33.40%	SJ_5	安全交底不充分	12.50%
SG_5	安全培训不足	18.00%	SJ_6	结构自身质量缺陷	17.20%
SG_6	应急预案及演练不足	20.50%	SJ_7	模板支撑体系缺陷	1.70%
SG_7	现场管理混乱	35.80%	SJ_8	基坑支护体系缺陷	37.30%
SG_8	安全防护不足	20.90%	SJ_9	补救措施不足	24.20%
SG_9	施工组织协调不力	17.30%	SW_1	材料选择不当	2.50%
SG_{10}	工期压力大	3.30%	SW_2	材料设备堆放不合理	6.70%
SG_{11}	监理监管不足	13.30%	SW_3	机械设备选型不当	0.90%
SR_1	安全意识不足	37.50%	SW_4	设备设施故障	23.80%
SR_2	施工技术欠缺	13.30%			

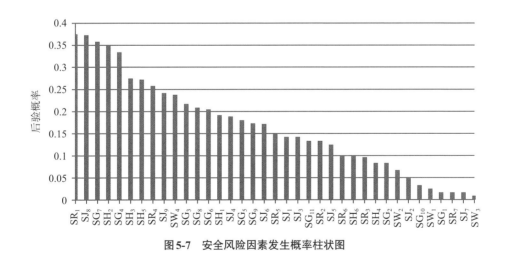

图5-7　安全风险因素发生概率柱状图

图5-7表明，安全风险因素"SR_1安全意识不足""SJ_8基坑支护体系缺陷""SG_7现场管理混乱""SH_2复杂的地质条件""SG_4安全检查不足"引发安全事故的概率在30%～40%，明显高于其他风险因素，说明以上安全风险因素较容易引发安全事故，应纳入安全风险管控常态中。

173

城市轨道交通建设项目安全风险评估研究　**5**

5.3.1 安全风险因素因果作用分析

利用贝叶斯网络的逆向推理对安全风险因素的因果作用和耦合作用进行诊断。在贝叶斯网络模型构建完成后，通过指定某个特定节点的状态推理出其他节点的后验概率。推理算法包括精确推理算法和近似推理算法，其中精确推理算法适用于规模不大的小型或者逻辑相对简单的网络结构模型，其推理效率不高但是准确性较高。精确推理算法包括聚类算法、多树传播算法、联合树算法等[207]。聚类算法最早由 Lauritzen 和 Spiegelhalter（1988）提出，后由 Jensen（1990）、Dawid（1992）等学者改进。聚类算法包括两个步骤：①将有向图转换为联合树；②在联合树上更新概率值。聚类算法适用于大多数 BN 结构，其局限是当网络结构非常大且复杂时，计算时间较长、效率较低，这种情况下适宜选择近似推理算法，如统计抽样算法等。近似推理算法能够在保证结果信度的情况下获取精度稍低的结果，其推理效率较高。由于已构建的安全风险评估模型规模不大，因此采用精确算法中的聚类算法进行贝叶斯推理。GeNie 2.0 软件中内置了聚类算法，可以直接用于推理计算，由于该算法在后台将有向图转换为联合树，因此在软件界面中仍显示为网络图结构的形式。

1. 安全风险因素因果作用诊断

将安全事故节点的四种状态分别设置为 100%，根据公式（2-11）对安全风险因果作用的计算，运用诊断推理，可计算出城市轨道交通建设项目发生重大事故、较大事故、一般事故、轻微事故时安全风险因素的发生概率。推理得出的结果如图 5-8～图 5-11 所示。

在重大事故状态下，即 state（$T_i = T$）=100% 时，SJ_8 支护体系缺陷（46%）、SH_2 复杂的地质条件（42%）、SR_1 安全意识不足（38%）、SG_7 现场管理混乱（37%）、SG_4 安全检查不足（37%）、SR_4 违章作业（35%）、SH_3 不明地下水文条件（32%）、SG_8 安全防护不足（30%），这 8 个风险因素的发生概率大于 30%，相对较高。

在较大事故状态下，即 state（$T_i = L$）=100% 时，SR_1 安全意识不足（38%）、SH_2 复杂的地质条件（37%）、SG_7 现场管理混乱（37%）、SG_4 安全检查不足

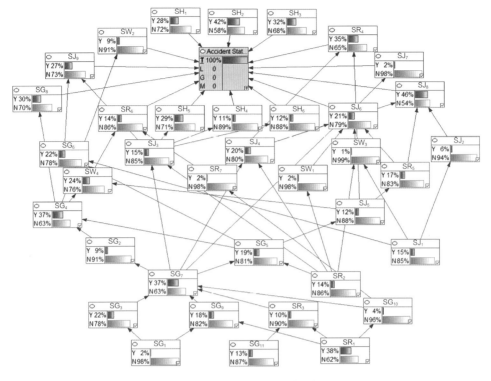

图5-8　重大事故状态下的诊断推理

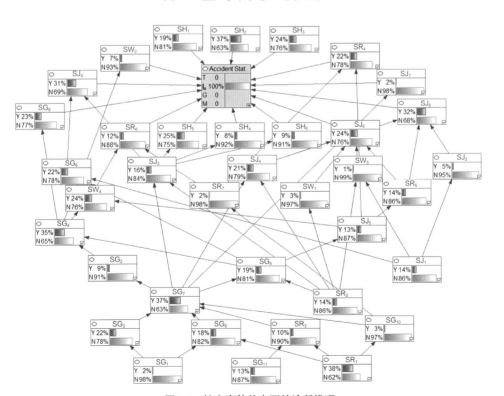

图5-9　较大事故状态下的诊断推理

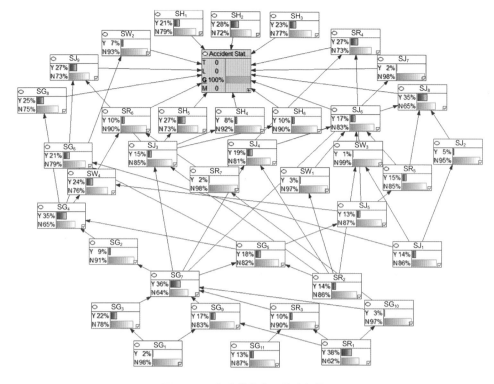

图5-10　一般事故状态下的诊断推理

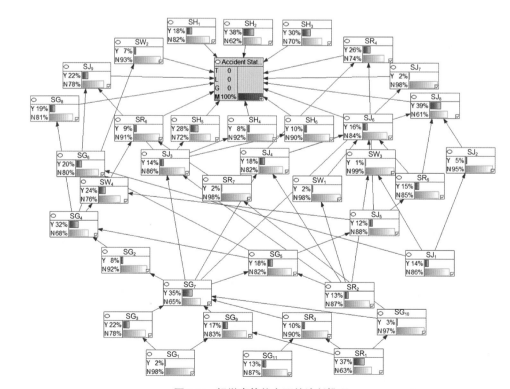

图5-11　轻微事故状态下的诊断推理

（35%）、SJ_8 支护体系缺陷（32%）、SJ_9 补救措施不足（31%），这6个因素的风险的发生概率大于30%。

在一般事故状态下，即 $state(T_i = G) = 100\%$ 时，SR_1 安全意识不足（38%）、SJ_8 支护体系缺陷（35%）、SG_4 安全检查不足（35%）、SG_7 现场管理混乱（36%），这4个因素的风险的发生概率大于30%。

在轻微事故状态下，即 $state(T_i = M) = 100\%$ 时，SJ_8 支护体系缺陷（39%）、SH_2 复杂的地质条件（38%）、SR_1 安全意识不足（37%）、SG_7 现场管理混乱（35%）、SG_4 安全检查不足（32%）、SH_3 不明地下水文条件（30%），这6个因素的风险的发生概率相对较高。

2. 不同事故等级下安全风险因素对比分析

为了进一步分析不同事故等级下安全风险因素发生的特征，对不同事故等级下安全风险因素的发生概率进行比较分析，如表5-11和图5-12所示。

不同事故等级下安全风险因素发生概率 表5-11

风险因素	T 状态概率	L 状态概率	G 状态概率	M 状态概率	概率波动
SH_1	28%	19%	21%	18%	10%
SH_2	42%	37%	28%	38%	14%
SH_3	32%	24%	23%	30%	9%
SH_4	11%	8%	8%	8%	3%
SH_5	29%	25%	27%	28%	4%
SH_6	12%	9%	10%	10%	3%
SG_1	2%	2%	2%	2%	0%
SG_2	9%	9%	9%	8%	1%
SG_3	22%	22%	22%	22%	0%
SG_4	37%	35%	35%	32%	5%
SG_5	19%	19%	18%	18%	1%
SG_6	22%	22%	21%	20%	2%
SG_7	37%	37%	36%	35%	2%
SG_8	30%	23%	25%	19%	11%
SG_9	18%	18%	17%	17%	1%
SG_{10}	4%	3%	3%	3%	1%
SG_{11}	13%	13%	13%	13%	0%
SR_1	38%	38%	38%	37%	1%
SR_2	14%	14%	14%	13%	1%
SR_3	10%	10%	10%	10%	0%
SR_4	35%	22%	27%	26%	13%
SR_5	17%	14%	15%	15%	3%
SR_6	14%	12%	10%	9%	5%
SR_7	2%	2%	2%	2%	0%

风险因素	T状态概率	L状态概率	G状态概率	M状态概率	概率波动
SJ$_1$	15%	14%	14%	14%	1%
SJ$_2$	6%	5%	5%	5%	1%
SJ$_3$	15%	16%	15%	14%	2%
SJ$_4$	20%	21%	19%	18%	3%
SJ$_5$	12%	13%	13%	12%	1%
SJ$_6$	21%	24%	17%	16%	8%
SJ$_7$	2%	2%	2%	2%	0%
SJ$_8$	46%	32%	35%	39%	14%
SJ$_9$	27%	31%	27%	22%	9%
SW$_1$	2%	3%	3%	2%	1%
SW$_2$	9%	7%	7%	7%	2%
SW$_3$	1%	1%	1%	1%	0%
SW$_4$	24%	24%	24%	24%	0%

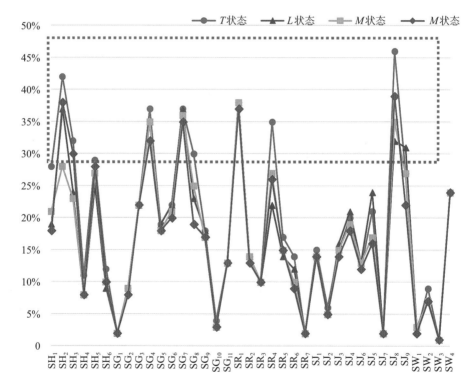

图5-12　不同事故等级下安全风险因素概率曲线

从表5-11及图5-12中可以看到，不同事故等级下，安全风险因素发生概率在小范围内浮动变化。比较各因素概率变化的趋势，可以得到以下结论：

（1）比较不同事故等级下风险因素发生概率的均值，发生重大事故（T状态）时风险因素发生概率普遍略高于L、G、M三种状态，说明发生重大事故时整体项目的潜在风险因素较多，潜在风险因素的发生概率略偏高，安全风险系统整体处于较脆弱的状态。

（2）比较重大事故和轻微事故时风险因素概率的变化，发现SR_4违章作业和SJ_8支护体系缺陷的波动较大，幅度为11%和10%，说明SR_4违章作业和SJ_8支护体系缺陷这两个风险因素更容易导致重大事故（如杭州"11·15"坍塌事件），同时这两个因素如果同时发生会造成耦合效应，增加安全事故发生的概率。

（3）比较不同事故等级下风险因素发生概率变化的范围，其中SH_2复杂的地质条件、SJ_8支护体系缺陷、SR_4违章施工作业、SG_8安全防护不足、SH_1自然灾害这五个因素发生概率波动较大，分别为14%、14%、13%、11%、10%，说明这些因素在一定程度上影响事故发生的等级，但这也与这些因素本身的发生概率较大有一定关系，因此可以说上述因素的发生概率越高，越倾向于发生重大事故，但没有必然的对应关系。

（4）比较不同风险类别，环境、管理、人员、技术、物料五个类别的风险因素发生概率的均值分别为22%、18%、17%、17%、10%，即从发生概率上来看，环境类风险高于其他类风险，而在重大事故等级下，环境类风险发生的概率高达27%，管理类、人员类、技术类风险因素的发生概率则基本相当，物料类风险因素的发生概率较低。说明随着当前URTC项目安全管理水平的逐步提高，相较于管理、技术、人员、物料这些主观性因素，来自环境的客观性因素更不可控，且更容易引起重大安全事故。

此外，不管哪个事故等级，引起安全事故的高概率风险因素较为一致，基本上集中在SH_2、SH_3、SH_5、SG_4、SG_7、SG_8、SR_1、SR_4、SJ_8、SJ_9这10个高概率风险因素（图5-12中矩形框内因素），说明同样的风险因素既可能引发重大事故也可能造成轻微事故，例如SG_4违章施工作业（土方超挖）可能引发重大安全事故，也可能只是造成轻微事故，甚至不发生安全事故，因此不能仅通过风险因素的发生概率来判断城市轨道交通建设项目的安全事故等级，还要综合现场施工作业人员的具体活动、位置、作业环境等因素共同判定。

5.3.2 安全风险因素耦合作用分析

首先，利用公式（2-12）推理不同事故等级的发生概率，得到单因素作用下的推理结果如表5-12所示。根据第4章耦合关系抽取结果（表4-22），具有耦合作用的风险因素为SH_1、SH_2、SH_3、SH_5、SH_6、SG_8、SR_4、SR_6、SJ_1、SJ_3、SJ_8、SW_1、SW_2、SW_4，对以上因素分别作为证据节点进行状态指定，即设置$state(S_i=Y)=100\%$。

序号	风险因素	T状态概率	L状态概率	G状态概率	M状态概率	风险值
1	SH_1	0.6%	10.1%	28.9%	60.4%	10.787
2	SH_2	0.8%	11.0%	21.3%	66.9%	10.402
3	SH_3	0.7%	8.9%	22.6%	67.8%	9.684
4	SH_5	0.6%	9.6%	26.6%	63.2%	10.326
5	SH_6	0.8%	9.6%	27.1%	62.5%	10.58
6	SG_8	0.6%	10.6%	31.5%	57.3%	11.284
7	SR_4	0.9%	8.9%	27.6%	62.6%	10.478
8	SR_6	0.9%	12.8%	27.2%	59.1%	11.873
9	SJ_1	0.7%	10.5%	26.5%	62.3%	10.744
10	SJ_3	0.6%	11.9%	27.8%	59.7%	11.321
11	SJ_8	0.8%	8.9%	25.2%	65.1%	10.093
12	SW_1	0.6%	10.4%	26.9%	62.1%	10.658
13	SW_2	0.8%	10.3%	27.8%	61.1%	10.923
14	SW_4	0.7%	10.6%	26.6%	62.1%	10.793

其次，利用BN诊断推理对具有耦合作用的因素集进行分析，同时将耦合集中的风险因素对设置为证据节点，指定其状态为同时发生，即state($S_i = Y$, $S_j = Y$)=100%，得到不同耦合因素作用下的风险值如表5-13所示。此时，在BN模型中加入新的证据，当具有耦合作用的风险因素出现在根节点时，证据沿着边缘正向向目标节点传递，当具有耦合作用的风险因素出现在子节点时，证据则逆着箭线反向传递。

最后，对比分析单因素和多因素耦合作用的差异，得到安全风险因素多因素耦合作用对安全事故的影响。

序号	耦合集	T状态概率	L状态概率	G状态概率	M状态概率	风险值
1	$SH_1 \leftrightarrow SR_4$	0.8%	10.8%	27.5%	60.9%	11.072
2	$SH_1 \leftrightarrow SJ_3$	0.9%	12.3%	28.0%	58.8%	11.784
3	$SH_1 \leftrightarrow SW_2$	0.9%	10.7%	28.1%	60.3%	11.204
4	$SH_2 \leftrightarrow SJ_1$	0.9%	11.8%	27.2%	60.1%	11.503
5	$SH_2 \leftrightarrow SJ_3$	0.8%	15.5%	21.8%	61.8%	12.124
6	$SH_3 \leftrightarrow SJ_1$	1.1%	10.9%	24.0%	64.0%	10.98
7	$SH_3 \leftrightarrow SJ_3$	1.2%	11.9%	23.9%	63.0%	11.435
8	$SH_5 \leftrightarrow SG_8$	0.9%	11.6%	26.2%	61.3%	11.309
9	$SH_6 \leftrightarrow SG_8$	0.9%	10.9%	28.9%	59.3%	11.374
10	$SG_8 \leftrightarrow SR_4$	1.4%	10.7%	27.3%	60.6%	11.593
11	$SG_8 \leftrightarrow SR_6$	0.8%	17.2%	27.9%	54.1%	13.488

序号	耦合集	T状态概率	L状态概率	G状态概率	M状态概率	风险值
12	$SG_8 \longleftrightarrow SW_4$	0.9%	12.2%	31.2%	55.7%	12.131
13	$SR_4 \longleftrightarrow SW_1$	0.8%	9.9%	27.6%	61.7%	10.751
14	$SJ_3 \longleftrightarrow SJ_8$	1.0%	12.5%	26.1%	60.4%	11.727
15	$SH_1 \longleftrightarrow SH_2 \longleftrightarrow SJ_8$	2.0%	15.4%	26.0%	56.6%	13.758
16	$SH_1 \longleftrightarrow SH_3 \longleftrightarrow SH_5$	0.9%	10.4%	25.7%	63.0%	10.805
17	$SH_3 \longleftrightarrow SR_4 \longleftrightarrow SW_4$	0.9%	10.9%	25.4%	62.8%	10.954

对比表5-12和表5-13，可得到城市轨道交通建设项目安全风险因素耦合作用的特点如下：

（1）耦合作用不是所有安全事故发生的必要条件，即使风险因素不发生耦合也同样可能造成安全事故，但耦合作用可能将轻微事故升级为重大事故，放大安全事故造成的损失。如SG_8安全防护不足和SR_6吊装起重或设备操作不当，即使仅发生SR_6也会产生诸如机械侧翻等事故，但一旦耦合SG_8因素，则大大增加人员伤亡事故的概率。

（2）耦合因素越多，耦合发生的概率越低，但造成事故的损失就越高，即耦合因素的数量和发生概率成反比，和事故严重程度成正比。很明显，三因素耦合作用的发生概率远低于双因素耦合发生的概率，但其风险值亦远高于双因素，而双因素耦合作用的风险值则高于单因素，如SH_1、SH_2、SJ_8这三个因素同时出现时发生重大事故的概率较其单独发生提高了约1倍，因此在风险防范和预警方面应避免多因素耦合作用的发生。

（3）三因素耦合中，$SH_1 \longleftrightarrow SH_2 \longleftrightarrow SJ_8$带来的风险值最高，$R_{(SH_1, SH_2, SJ_8)}=$ 13.758，根据表5-9安全风险状态的界定，已达到显著危险的程度，需要整改。比较SH_1自然灾害、SH_2复杂地质条件、SJ_8基坑支护体系缺陷三个因素的单因素作用风险值，发现SJ_8因素的风险值最大，说明SJ_8因素更容易引起重大事故或者较大事故，因此更需要及时整改、采取预控措施；$SH_1 \longleftrightarrow SH_3 \longleftrightarrow SH_5$和$SH_3 \longleftrightarrow SR_4 \longleftrightarrow SW_4$的风险值$R_{(SH_1, SH_3, SH_5)}=10.805$、$R_{(SH_3, SR_4, SW_4)}=10.954$不高，说明更容易引起一般事故或轻微事故，需要注意其发展和变化。

（4）在双因素耦合中，$SG_8 \longleftrightarrow SR_6$、$SG_8 \longleftrightarrow SW_4$、$SH_2 \longleftrightarrow SJ_3$的风险值均大于12，根据表5-9安全风险状态的界定，属于显著危险的程度，需要整改。此外，虽然SH_3不明地下水文条件因素单独发生时风险值不高，但容易和其他因素发生耦合，也需要加强跟踪和监测。

5.3.3 安全风险因素敏感性分析

敏感性分析是确定某个参数输入变化对风险等级的影响，这项分析可用来识别哪些数据是对结果影响较大的，从而更应确保其精确性[10]，目的是找出影响安全事故等级的敏感性因素。敏感性分析的原理是假设其他因素的概率不变，仅改变当前因素的概率，对安全事故节点产生较大影响的因素即为敏感性因素。敏感性指标最大敏感值 $SE_{\max}(S_i)$、最小敏感值 $SE_{\min}(S_i)$ 的计算公式为：

$$SE_{\min}(S_i) = \frac{P(T_i) - P(T_i \mid S_{i\,\min})}{P(T_i)}$$

$$SE_{\max}(S_i) = \frac{P(T_i \mid S_{i\,\max}) - P(T_i)}{P(T_i)}$$

（5-10）

对已构建的 URTC 项目安全风险 BN 模型进行敏感性分析，以重大事故等级下敏感性因素为例，BN 模型分析结果如图 5-13 所示，其中深色背景填充的结点为敏感性因素，颜色越深说明敏感性越高，越浅说明敏感性越低，具体敏感性指标详见表 5-14（以重大事故 T 状态和轻微事故 M 状态为例）。

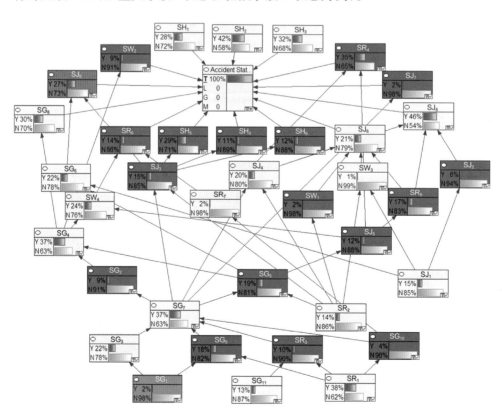

图 5-13　重大事故状态下安全风险因素敏感性分析

序号	风险因素	T状态 最大敏感值	T状态 最小敏感值	M状态 最大敏感值	M状态 最小敏感值	排序
1	SJ_7模板支撑体系结构缺陷	236000	0.992	164000	0.692	1
2	SR_3违章指挥	104000	0.365	101000	0.356	2
3	SG_{10}工期压力大	39800	0.579	35100	0.512	3
4	SW_1材料选择不当	14800	0.415	14800	0.415	4
5	SJ_3监测方案及其落实不足	13100	0.56	12400	0.527	5
6	SG_9施工组织协调不力	10000	0.579	9890	0.57	6
7	SG_2分包单位管理不当	6940	0.495	6340	0.453	7
8	SW_2材料设备堆放不合理	5080	1.66	3940	1.28	8
9	SR_6吊车起重不当	3670	0.468	2700	0.344	9
10	SH_4周边建（构）筑物探查或保护不足	2700	1.62	2700	1.62	10
11	SG_5安全培训不足	2550	0.63	2040	1.22	11
12	SJ_2设计缺陷	2070	0.535	1830	0.471	12
13	SH_6燃电管道探查或保护不足	1970	1.75	1620	1.44	13
14	SR_5未按设计要求施工	1080	2.24	1010	2.08	14
15	SR_4违章施工作业	396	0.906	336	0.769	15
16	SJ_5安全交底不充分	270	0.883	272	0.89	16
17	SH_5雨污水管道探查或保护不足	122	1.79	117	1.73	17
18	SJ_9补救措施不足	76	0.892	65	0.765	18
19	SG_1安全管理机构不健全	59	1.01	59	0.998	19

城市轨道交通建设项目安全风险因素敏感性分析的结果如下：

（1）不同安全事故等级下的敏感性因素相同，敏感值略有不同。说明安全风险因素发生概率的变化会较大程度影响安全事故发生的概率，但对安全事故等级的影响较小，即敏感性因素的变化虽然会影响安全风险系统的稳定，造成安全事故的发生，但既可能引发重大事故，也可能仅造成轻微事故。

（2）重大事故状态下安全风险因素的敏感值高于其他事故状态，说明重大事故等级下安全风险系统最不稳定、最脆弱。

（3）敏感性因素由高到低依次为：SJ_7模板支撑体系结构缺陷、SR_3违章指挥、SG_{10}工期压力大、SW_1材料选择不当、SJ_3监测方案及其落实不足、SG_9施工组织协调不力、SG_2分包单位管理不当、SW_2材料设备堆放不合理、SR_6吊车起重不当、SH_4周边建（构）筑物探查或保护不足、SG_5安全培训不足、SJ_2设计缺陷、SH_6燃电管道探查或保护不足、SR_5未按设计要求施工、SR_4违章施工作业、SJ_5安全交底不充分、SH_5雨污水管道探查或保护不足、SJ_9补救措施不足、SG_1安全管理机构不健全，共19个因素，上述因素小幅度的变化会对URTC项目安全系统功能造成较大扰动。19个因素约占总安全风险因素数量的一半，这说明URTC项目敏感性因素较多，安全风险系统较为脆弱，系统内轻微的波动可能会引发安全状态的较大变化。

5.3.4 安全风险传递关键路径分析

在逆向推理的基础上，根据条件概率之间的依赖程度，将可能性大的因素逐级向上传递，可以得到一条或几条安全风险传递路径。条件概率的依赖程度通过父节点的状态与子节点概率分布之间的距离测定，在GeNie中采用欧几里得距离法进行度量。

对已构建的URTC项目安全风险BN模型进行影响力分析（Strength of Influence），由于条件概率的依赖程度相同，因此不同事故等级下的风险传递路径相同，BN模型分析结果如图5-14所示，图中线条越粗表示父节点对子节点的影响力越大，表征该路径发生的可能性越大，所有安全风险因素间的传递路径影响力如表5-15所示。

城市轨道交通建设项目 安全风险数据挖掘及量化评估

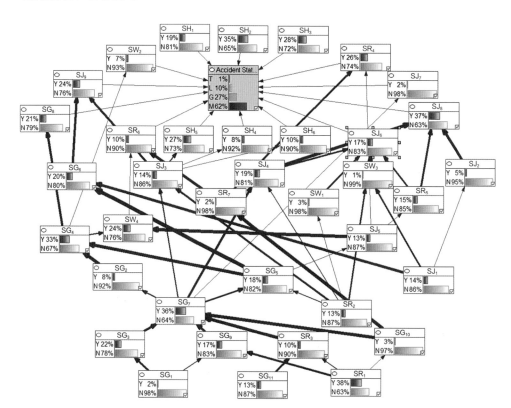

图5-14　安全风险传递路径

序号	路径	影响力	序号	路径	影响力	序号	路径	影响力
1	$SG_1 \rightarrow SG_3$	0.288	22	$SG_2 \rightarrow SG_4$	0.415	43	$SJ_4 \rightarrow SJ_6$	0.237
2	$SG_1 \rightarrow SG_9$	0.122	23	$SG_5 \rightarrow SG_4$	0.415	44	$SJ_4 \rightarrow SJ_8$	0.413
3	$SG_{11} \rightarrow SR_3$	0.259	24	$SG_5 \rightarrow SG_6$	0.503	45	$SW_1 \rightarrow SJ_6$	0.227
4	$SR_1 \rightarrow SG_9$	0.272	25	$SG_5 \rightarrow SJ_5$	0.022	46	$SW_3 \rightarrow SJ_6$	0.328
5	$SR_1 \rightarrow SR_3$	0.130	26	$SG_4 \rightarrow SG_8$	0.325	47	$SR_5 \rightarrow SJ_6$	0.237
6	$SR_1 \rightarrow SG_{10}$	0.053	27	$SG_4 \rightarrow SW_4$	0.161	48	$SR_5 \rightarrow SJ_8$	0.283
7	$SG_3 \rightarrow SG_7$	0.336	28	$SG_4 \rightarrow SW_2$	0.025	49	$SJ_2 \rightarrow SJ_8$	0.392
8	$SG_9 \rightarrow SG_7$	0.333	29	$SJ_5 \rightarrow SW_4$	0.408	50	$SH_1 \rightarrow T$	0.004
9	$SR_3 \rightarrow SG_7$	0.440	30	$SJ_5 \rightarrow SR_4$	0.031	51	$SH_2 \rightarrow T$	0.004
10	$SG_{10} \rightarrow SG_7$	0.423	31	$SJ_5 \rightarrow SR_5$	0.095	52	$SH_3 \rightarrow T$	0.004
11	$SG_{10} \rightarrow SR_7$	0.5	32	$SJ_1 \rightarrow SG_6$	0.372	53	$SH_4 \rightarrow T$	0.004
12	$SG_7 \rightarrow SG_2$	0.186	33	$SJ_1 \rightarrow SW_3$	0.25	54	$SH_5 \rightarrow T$	0.004
13	$SG_7 \rightarrow SJ_3$	0.160	34	$SJ_1 \rightarrow SJ_2$	0.079	55	$SH_6 \rightarrow T$	0.004
14	$SG_7 \rightarrow SJ_4$	0.308	35	$SG_6 \rightarrow SJ_9$	0.316	56	$SG_8 \rightarrow T$	0.005
15	$SG_7 \rightarrow SG_5$	0.109	36	$SW_4 \rightarrow SR_6$	0.056	57	$SR_4 \rightarrow T$	0.004
16	$SG_7 \rightarrow SJ_7$	0.010	37	$SJ_3 \rightarrow SJ_9$	0.316	58	$SR_6 \rightarrow T$	0.004
17	$SR_2 \rightarrow SG_5$	0.138	38	$SJ_3 \rightarrow SH_4$	0.019	59	$SJ_6 \rightarrow T$	0.005
18	$SR_2 \rightarrow SJ_3$	0.299	39	$SJ_3 \rightarrow SH_5$	0.162	60	$SJ_7 \rightarrow T$	0.005
19	$SR_2 \rightarrow SJ_4$	0.109	40	$SJ_3 \rightarrow SH_6$	0.038	61	$SJ_8 \rightarrow T$	0.004
20	$SR_2 \rightarrow SW_1$	0.043	41	$SR_7 \rightarrow SR_4$	0.269	62	$SJ_9 \rightarrow T$	0.004
21	$SR_2 \rightarrow SW_3$	0.25	42	$SR_7 \rightarrow SR_6$	0.377	63	$SW_2 \rightarrow T$	0.004

在表5-15中，影响力大于0.4的路径从大到小依次为：$SG_5 \rightarrow SG_6$（0.503）、$SR_3 \rightarrow SG_7$（0.44）、$SG_{10} \rightarrow SG_7$（0.423）、$SG_2 \rightarrow SG_4$（0.415）、$SG_5 \rightarrow SG_4$（0.415）、$SJ_4 \rightarrow SJ_8$（0.413）、$SJ_5 \rightarrow SW_4$（0.408），表示父节点因素的发生较大程度上影响子节点因素的发生，例如因素SG_5安全培训不足发生的情况下，因素SG_6应急预案及演练不足最有可能同时发生。

取大于影响力平均值（0.19）的路径作为城市轨道交通建设项目安全风险传递关键路径，将其整理成风险链的形式如下：

路径P_1：$SW_1 \rightarrow SJ_6 \rightarrow T$

路径P_2：$SR_5 \rightarrow SJ_6 \rightarrow T$

路径P_3：$SG_1 \rightarrow SG_3 \rightarrow SG_7 \rightarrow SJ_4 \rightarrow SJ_6 \rightarrow T$

路径P_4：$SR_1 \rightarrow SG_9 \rightarrow SG_7 \rightarrow SJ_4 \rightarrow SJ_6 \rightarrow T$

路径P_5：$SG_{11} \rightarrow SR_3 \rightarrow SG_7 \rightarrow SJ_4 \rightarrow SJ_6 \rightarrow T$

路径P_6：$SG_{10} \rightarrow SG_7 \rightarrow SJ_4 \rightarrow SJ_6 \rightarrow T$

路径 P_7: $SJ_1 \rightarrow SW_3 \rightarrow SJ_6 \rightarrow T$

路径 P_8: $SR_2 \rightarrow SW_3 \rightarrow SJ_6 \rightarrow T$

路径 P_9: $SG_1 \rightarrow SG_3 \rightarrow SG_7 \rightarrow SJ_4 \rightarrow SJ_8 \rightarrow T$

路径 P_{10}: $SR_1 \rightarrow SG_9 \rightarrow SG_7 \rightarrow SJ_4 \rightarrow SJ_8 \rightarrow T$

路径 P_{11}: $SG_{11} \rightarrow SR_3 \rightarrow SG_7 \rightarrow SJ_4 \rightarrow SJ_8 \rightarrow T$

路径 P_{12}: $SG_{10} \rightarrow SG_7 \rightarrow SJ_4 \rightarrow SJ_8 \rightarrow T$

路径 P_{13}: $SJ_2 \rightarrow SJ_8 \rightarrow T$

路径 P_{14}: $SR_5 \rightarrow SJ_8 \rightarrow T$

路径 P_{15}: $SG_2 \rightarrow SG_4 \rightarrow SG_8 \rightarrow T$

路径 P_{16}: $SG_1 \rightarrow SG_3 \rightarrow SG_7 \rightarrow SG_5 \rightarrow SG_4 \rightarrow SG_8 \rightarrow T$

路径 P_{17}: $SR_1 \rightarrow SG_9 \rightarrow SG_7 \rightarrow SG_5 \rightarrow SG_4 \rightarrow SG_8 \rightarrow T$

路径 P_{18}: $SG_{11} \rightarrow SR_3 \rightarrow SG_7 \rightarrow SG_5 \rightarrow SG_4 \rightarrow SG_8 \rightarrow T$

路径 P_{19}: $SG_{10} \rightarrow SG_7 \rightarrow SG_5 \rightarrow SG_4 \rightarrow SG_8 \rightarrow T$

路径 P_{20}: $SG_1 \rightarrow SG_3 \rightarrow SG_7 \rightarrow SG_5 \rightarrow SG_6 \rightarrow SJ_9 \rightarrow T$

路径 P_{21}: $SR_1 \rightarrow SG_9 \rightarrow SG_7 \rightarrow SG_5 \rightarrow SG_6 \rightarrow SJ_9 \rightarrow T$

路径 P_{22}: $SG_{11} \rightarrow SR_3 \rightarrow SG_7 \rightarrow SG_5 \rightarrow SG_6 \rightarrow SJ_9 \rightarrow T$

路径 P_{23}: $SG_{10} \rightarrow SG_7 \rightarrow SG_5 \rightarrow SG_6 \rightarrow SJ_9 \rightarrow T$

路径 P_{24}: $SJ_1 \rightarrow SG_6 \rightarrow SJ_9 \rightarrow T$

路径 P_{25}: $SR_2 \rightarrow SJ_3 \rightarrow SJ_9 \rightarrow T$

路径 P_{26}: $SG_{10} \rightarrow SR_7 \rightarrow SR_4 \rightarrow T$

路径 P_{27}: $SG_{10} \rightarrow SR_7 \rightarrow SR_6 \rightarrow T$

在上述 $P_1 \sim P_{27}$ 的路径中，最大路径长度为7，最短路径长度为3，最大路径长度反映了从最底层风险因素到安全事故的传递过程。计算最大路径长度的累加路径影响力，值最大的三个路径为 P_{22}（1.631）、P_{20}（1.556）、P_{18}（1.553），说明这些路径中的父节点因素较大程度影响其子节点因素，是安全风险传递关系最为密切的路径。

5.4

多维度安全风险评估

经过安全风险评估分析后，第4.4节分析得到的安全风险因素的中心度指标作为风险因素传递强度（表4-24），与第5.2节分析得到的安全风险因素的后验概率（表5-10）形成两个维度的URTC项目安全风险因素分析结果，综合评价安全风险因素的重要度，如表5-16所示。

		安全风险因素重要度分析维度	表5-16
编号	维度	维度解释	高风险因素排序
D_1	风险传递强度（中心度）	风险因素间相互作用和影响的程度	SG_7、SG_8、SR_1、SR_4、SJ_8、SG_4、SH_3、SH_1、SW_4、SH_2等
D_2	发生概率	风险因素的后验概率	SR_1、SJ_8、SG_7、SH_2、SG_4、SH_3、SH_5、SR_4、SJ_9、SW_4等

首先，将风险因素按照传递强度（表4-24）以及发生概率（表5-10）两个维度的数值，绘制散点图如图5-15所示，横坐标表示发生概率，纵坐标表示传递强度。根据散点图的分布，可以将安全风险因素分为A、B、C三个区间。A类

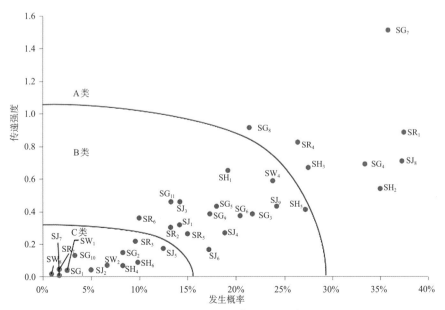

图5-15 安全风险因素重要度散点图

因素的数值较高且分布较为分散，作为重要安全风险因素考虑，共8个因素；B类因素的数值分布在中间区域，作为较重要安全风险因素考虑，共16个因素；C类因素的数值整体偏低且较为集中，作为一般安全风险因素考虑，共13个因素。安全风险因素重要度等级详见表5-17。

安全风险因素重要度等级 表5-17

编号	类别	风险因素
A类	重要安全风险因素	SH_2、SH_3、SG_4、SG_7、SG_8、SR_1、SR_4、SJ_8
B类	较重要安全风险因素	SH_1、SH_5、SG_3、SG_5、SG_6、SG_9、SG_{11}、SJ_1、SJ_3、SJ_4、SJ_6、SJ_9、SR_2、SR_5、SR_6、SW_4
C类	一般安全风险因素	SH_4、SH_6、SG_1、SG_2、SG_{10}、SR_3、SR_7、SJ_2、SJ_5、SJ_7、SW_1、SW_2、SW_3

由于篇幅所限，仅对A类重要安全风险因素分析如下：

（1）SH_2复杂的地质条件：城市轨道交通建设项目多为地下工程，受地质条件制约较大。相较于其他A类因素，SH_2为独立因素，其风险传递强度不高（主要来源于风险耦合），但其发生概率较高（35%），说明约1/3安全事故的发生与地质条件有关，因此将其列为A类高风险因素，需要重点监控。

（2）SH_3不明地下水文条件：广州市、深圳市、上海市等东部沿海城市是目前国内轨道交通建设项目的主要城市，这些地区地下水丰富、水位高且复杂多变，穿越或邻近江河的地铁线路较多。与SH_2因素类似，SH_3因素的主要危险在于其耦合性和普遍性。

（3）SG_4安全检查不足：安全检查工作主要由施工单位安全员完成，目前部分施工项目现场存在安全员能力、水平及经验不足以发现安全问题的情况。此外，管理者本身感知危险源的能力不足，无法对每一项安全检查项目的落实情况都监管到位，容易出现安全检查制度在实施过程中走流程、走过场的现象，使得某些安全隐患不能被及时发现，引发安全事故，因安全检查不足成为URTC项目安全事故的高风险因素。

（4）SG_7现场管理混乱：URTC项目施工涉及众多不同的专业和工序，经常在有限的场地和空间内集中大量的作业人员、大型机械、运输设备以及高危险性的作业面，使得施工作业多层次主体交叉，再加上URTC项目施工周期较长，且始终处于动态变化中，现场安全管理也要随之变化调整，这些因素都会增大现场管理的复杂性。SG_7因素的风险传递强度、发生概率的综合指标高于其他因素，说明该因素是目前URTC项目普遍的短板，是引发安全事故的最主要、最常发原因。

（5）SG$_8$安全防护不足：URTC项目施工多伴随复杂的施工环境和施工工艺，施工危险性较高，因此安全防护就成为保护施工作业人员安全的屏障。SG$_8$因素的发生概率不高，但风险传递性较强，这是因为该因素受SG$_4$、SG$_7$等其他因素影响较多，而且和SR$_4$、SR$_6$等多个因素容易发生耦合，大大增加事故发生的概率。

（6）SR$_1$安全意识不足：URTC项目施工作业人员普遍文化水平不高，且多来自劳务分包，再加上安全风险因素的不确定性、分散性特征，因此施工作业人员安全意识差、存在侥幸心理是一个普遍现象，形成潜在安全隐患。同SG$_7$因素类似，SR$_1$因素风险传递强度、发生概率的综合指标均较高，说明目前URTC项目普遍存在安全意识不足的情况。

（7）SR$_4$违章施工作业：一方面，工人对现场施工作业的安全技术措施、安全操作规范要求等不清楚，导致违章施工作业或技术操作不当。另一方面，工人往往重视效益和速度，从而采用更便捷、更快的施工方式，出现有意违章、明知故犯的情况，造成安全事故的发生。

（8）SJ$_8$基坑支护体系缺陷：URTC项目施工以深基坑和地下工程为主，深基坑施工作业属于危险性较大的分部分项工程，容易发生突水突泥、坍塌、坠落等安全事故。SJ$_8$因素的风险传递强度一般，发生概率较高，说明该因素是引发事故的主要、常见原因之一。

5.5

安全风险分级和精准应对策略

在第2.4.5节提出的基于反传递的安全风险应对框架下，参照《城市轨道交通地下工程建设风险管理规范》GB 50652—2011、《城市轨道交通工程建设安全风险技术管理规范》DB 11/1316—2016划分安全风险等级，落实城市轨道交通建设项目安全风险应对的"3优先1同时"策略。

根据URTC项目安全风险系统结构层级，直接风险因素处于风险系统最顶层，从风险传递的角度来说距离安全事故最近，需要紧急应对（1类紧急风险），中间起风险传递作用的间接风险因素较紧急（2类较紧急风险），深层风险因素潜伏在风险系统底部，风险传递路径最长，风险应对的时间也更从容，因此不需要紧急应对（3类不紧急风险）。根据安全风险的重要度和紧急度，将URTC项目安全风险等级划分为三级，如表5-18所示。

紧急度等级 ＼ 重要度等级		A类 重要	B类 较重要	C类 一般重要
1类	直接风险　紧急	Ⅰ级	Ⅰ级	Ⅱ级
2类	间接风险　较紧急	Ⅰ级	Ⅱ级	Ⅲ级
3类	深层风险　不紧急	Ⅱ级	Ⅲ级	Ⅲ级

根据表5-18制定的安全风险等级标准，构建URTC项目安全风险因素等级划分矩阵如图5-16所示，图中红色色块（A1、B1、A2区间）为"Ⅰ级"风险，共11个风险因素，橙色色块（C1、B2、A3区间）为"Ⅱ级"风险，共13个风险因素，黄色色块（C2、B3、C3区间）为"Ⅲ级"风险，共13个风险因素。

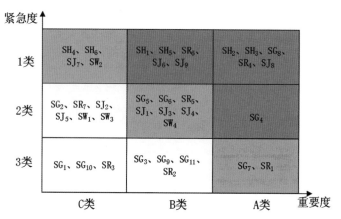

图5-16　安全风险因素等级划分矩阵

针对不同等级的安全风险因素，采用不同的风险应对策略和风险控制措施，如表5-9所示，具体包括：

（1）Ⅰ级为"不可接受"安全风险因素，必须立即消除或降低风险发生的概率。

（2）Ⅱ级为"不愿接受"安全风险因素，应当尽快消除或降低风险。其中一般重要但紧急的因素（C1区间）应尽快采取控制措施消除风险；对于重要但不紧急的因素（A3区间）应作为安全风险管理的重点工作，不断降低该区间风险发生的概率，控制风险传递强度。

（3）Ⅲ级为"可接受"安全风险因素，宜选择性控制，即在考虑风险控制成本的情况下实施风险控制，或者风险自留，予以定期跟踪和监测。

因素等级	风险因素	接受准则	风险应对策略	风险控制方案
I级	SH_1 SH_2 SH_3 SH_5 SG_4 SG_8 SR_4 SR_6 SJ_6 SJ_8 SJ_9	不可接受	必须立即消除立即采取风险控制措施降低风险，至少应将风险降低至不愿接受或可接受的水平	制定专项风险预警与应急处置方案并立即实施，不断检查和跟踪风险应对效果，调整风险应对措施
II级	SH_4 SH_6 SG_5 SG_6 SG_7 SR_1 SR_5 SJ_1 SJ_3 SJ_4 SJ_7 SW_2 SW_4	不愿接受	应实施风险控制，将风险降低至可接受的水平	应尽快消除紧急风险，对重要风险应制定风险处置措施并实施控制
III级	SG_1 SG_2 SG_3 SG_9 SG_{10} SG_{11} SR_2 SR_3 SR_7 SJ_2 SJ_5 SW_1 SW_3	可接受	宜实施风险控制，且风险降低所需要的成本不应高于风险发生后的损失	宜加强日常管理与监测，开展日常安全风险检查和隐患排查工作

　　安全风险因素等级指标已考虑了"优先应对传递路径上发生概率和传递强度高的重要风险因素""优先应对距离安全事故节点路径最短的紧急风险因素"，能够基本满足城市轨道交通建设项目安全风险分级应对的需要。在此基础上，为了进一步精准应对风险、提高风险应对的效率和效益，还从"优先应对具有耦合效应的风险因素""同时监控邻居节点风险因素"两个角度细化安全风险应对策略。

　　将安全风险因素等级、敏感性因素、耦合因素集成到风险传递关键路径中，形成城市轨道交通建设项目关键安全风险传递网络，如图5-17所示。

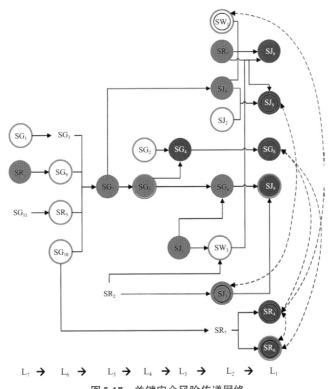

图5-17　关键安全风险传递网络

图中红色、橙色、黄色节点对应Ⅰ级、Ⅱ级、Ⅲ级安全风险等级，节点蓝色边线表示敏感性因素，实箭线表示因果传递路径，虚箭线表示风险耦合，L表示安全风险系统结构的层级，可以看出安全风险因素在安全风险关键路径中逐级传递的全貌。

根据图5-17所示的关键安全风险传递网络，提出城市轨道交通建设项目安全风险精准应对策略如下：

（1）同等级安全风险因素中，优先应对具有耦合效应的风险因素，防止安全事故的非线性涌现。如SG_8、SJ_8、SR_4因素既是重要紧急因素同时又是高耦合因素，一旦同时触发，极易发生安全事故，是安全风险应对的重中之重。

（2）同等级安全风险因素中，重点监控或应对敏感性风险因素，防止敏感性因素风险的小幅度增大对安全系统造成扰动。如SJ_9、SR_6因素属于紧急较重要因素，同时是敏感性因素，因此应在密切监控其风险状态的同时，尽快采取风险控制或者缓解的措施。

（3）为提高风险应对的效率，除对该风险因素自身采取应对措施外，应针对风险传递路径采取阻断措施，对其父节点采取控制措施，以降低该因素发生的概率，并监控其子节点因素，防止风险的进一步扩散。如对SG_4因素采取应对措施的同时，还应同时采取措施降低其父节点SG_2、SG_5因素的风险，并检查是否触发其子节点SG_8因素。

5.6

本章小结

以系统工程思想和方法为指导，构建基于贝叶斯网络的城市轨道交通建设项目安全风险评估模型。主要结论如下：

（1）城市轨道交通建设项目安全风险因素及其传递关系构成7层级安全风险系统结构，风险由底层L_7逐步传递到L_1层，对应着深层风险、间接风险、间接风险三个等级。

（2）借助解释结构模型构建贝叶斯网络拓扑结构，针对局部贝叶斯网络中多因一果的情况，引入Leaky Noisy-Max模型修正网络结构，使得条件概率的计算量由指数级降到线性级，然后通过机器学习自动生成贝叶斯网络概率参数，构建了基于客观数据的安全风险评估模型，弥补了贝叶斯网络应用中先验概率主要依靠专家判断的不足。

（3）运用安全风险评估模型分析城市轨道交通建设项目的安全风险状态，发现目前我国URTC项目安全事故等级发生的概率分别为0.6%（重大事故）、10.4%（较大事故）、26.7%（一般事故）、62.3%（轻微事故），安全初始风险值为10.6，处于一般危险水平，建议措施为"需要注意"，但处于一般危险水平的上限，接近显著危险水平。安全风险因素"SR_1安全意识不足""SJ_8基坑支护体系缺陷""SG_7现场管理混乱""SH_2复杂的地质条件""SG_4安全检查不足"引发安全事故的概率在30%～40%，反映了目前我国城市轨道交通建设项目安全风险管理的现状。

（4）运用安全风险评估模型诊断城市轨道交通建设项目的安全风险因素，发现重大事故时安全风险因素的发生概率普遍高于其他事故等级状态，不同事故等级下的高概率风险因素较为一致，高概率风险因素集中在SH_2、SH_3、SH_5、SG_4、SG_7、SG_8、SR_1、SR_4、SJ_8、SJ_9这10个因素，环境类风险因素发生概率最高，管理类、人员类、技术类风险因素居中，物料类风险因素发生概率最低。

（5）运用安全风险评估模型分析城市轨道交通建设项目的安全风险耦合作用，发现耦合作用不是所有安全事故发生的必要条件，但会放大安全事故造成的损失，耦合因素的数量和发生概率成反比，和事故严重程度成正比。

（6）运用安全风险评估模型分析城市轨道交通建设项目安全风险因素的敏感性，发现不同安全事故等级下的敏感性因素相同，敏感值略有不同，敏感性因素的变化虽然会影响安全风险系统的稳定，造成安全事故的发生。重大事故风险因素的敏感值高于其他事故等级，说明重大事故等级下安全风险系统最脆弱。敏感性因素包括SJ_7模板支撑体系结构缺陷、SR_3违章指挥、SG_{10}工期压力大等19个因素，这些因素小幅度的变化会对城市轨道交通建设项目安全系统造成较大的扰动。

（7）运用安全风险评估模型分析城市轨道交通建设项目的安全风险传递路径，取大于影响力平均值的传递路径，组成安全风险传递路径，共提取关键径27条，累加影响力最大的路径为P_{22}（$SG_{11} \rightarrow SR_3 \rightarrow SG_7 \rightarrow SG_5 \rightarrow SG_6 \rightarrow SJ_9 \rightarrow T$）、路径$P_{20}$（$SG_1 \rightarrow SG_3 \rightarrow SG_7 \rightarrow SG_5 \rightarrow SG_6 \rightarrow SJ_9 \rightarrow T$）、路径$P_{18}$（$SG_{11} \rightarrow SR_3 \rightarrow SG_7 \rightarrow SG_5 \rightarrow SG_4 \rightarrow SG_8 \rightarrow T$），说明这些路径中的父节点因素较大程度影响其子节点因素，是安全风险传递关系最为密切的路径。

（8）以安全风险因素的发生概率及风险传递强度作为安全风险因素的重要度

评价维度，将安全风险因素的重要度划分为 A、B、C 三个等级，评价得到 A 类重要安全风险因素 8 个，B 类较重要安全风险因素 16 个，C 类一般安全风险因素 13 个。

（9）以安全风险系统结构层级对应 1 类紧急风险、2 类较紧急风险、3 类不紧急风险，构建了基于重要度-紧急度的城市轨道交通建设项目安全风险等级划分标准和安全风险分级应对策略，其中，I 级为"不可接受"风险因素，必须立即消除或降低风险发生的概率；II 级为"不愿接受"风险因素，应当尽快消除或降低风险；III 级为"可接受"风险因素，宜选择性控制，以便进行城市轨道交通建设项目安全风险分级应对。

（10）将安全风险因素等级、耦合因素集和敏感性因素反映到风险传递路径中，构建关键安全风险传递网络，从降低风险因素发生概率、阻断风险传递路径的角度，提出了基于反传递的城市轨道交通建设项目安全风险分级应对策略和精准应对策略，以提高风险应对的效率和效益。

案例研究

6.1
工程概况

　　某城市轨道交通2号线项目位于江苏省某市，北起新台子河站，途经二环北路、彭城广场、江苏师范大学、淮海战役烈士纪念园、七里沟、市政府，止于京沪高铁以西的新区东站。线路长23.9km，设站20座，全部为地下站。该项目08标土建工程（以下简称X项目），包括2站（七里沟站、姚庄站）2区间（七里沟站～姚庄站区间、姚庄站～文博园站区间）土建工程及其他附属工程。X项目线路如图6-1中虚线部分所示。

　　七里沟车站共设8个出入口，3个安全出口，4组风亭为11m站台，地下二层岛式车站。围护结构采用ϕ1000@1400钻孔灌注桩＋ϕ850@1400双重管旋喷桩止水帷幕＋内支撑结构形式，采用半盖挖法施工，内支撑采用一道混凝土支撑加两道钢支撑。

　　姚庄站车站共设3个出入口，两组风亭11m站台，地下二层岛式车站。车站第一道支撑为800mm×1000mm混凝土支撑，第二道、第三道支撑为钢支撑，钢支撑为ϕ800mm，壁厚16mm的钢管，围檩采用型钢腰梁（2I45C）。

　　区间隧道采用盾构法施工，隧道洞顶埋深为9～15m，主要穿越中风化灰岩层、全风化页岩和硬塑黏土，主体结构采用单洞单线圆形断面。隧道内径5500mm，管片厚度350mm，管片环宽1.2m。每环管片由6块组成，错缝拼装，管片连接采用弯螺栓连接。

　　区间隧道埋深为10.67～20.2m。隧道顶板穿过的地层为粉质黏土层、黏土

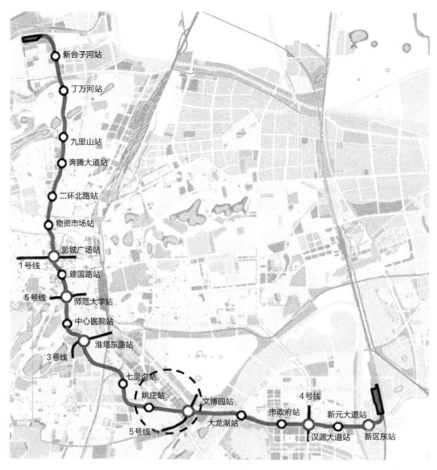

图6-1　X项目线路图

层、全风化页岩层；隧道侧壁穿过的地层为粉质黏土层、黏土层、中风化石灰岩层、全风化页岩层；隧道底板穿过的地层为中风化石灰岩层、全风化页岩层。地下水类型分别为潜水（孔隙水）和承压水（碳酸盐裂隙岩溶水）。

施工难点有：

（1）地下管线的安全和正常使用。

姚庄站位于御景路与三环东路Y形交口北侧、御景湾小区北侧的地块内，沿御景路东西向设置，该地段地下雨污水、燃气及电气管线分布密集，地面车辆较多。其中3号出入口位于御景路南侧，主体和3号出入口之间采用顶管法施工，顶管埋深4.5m左右。因此，对地下管线的探查和保护、防止管线沉降成为施工重点。

（2）确保盾构换刀安全、盾构机自身安全及成型隧道安全。

区间地质复杂，上软下硬地层多，且还有大量溶洞，故保证盾构换刀安全、盾构机自身安全及成型隧道安全是本工程的重点和难点。

（3）控制基坑开挖渗漏水。

基坑开挖过程中控制不当，围护桩接缝可能出现涌水、涌砂，从而影响基坑自身及周边环境安全，因此必须严格控制基坑开挖渗漏水。

（4）控制地表沉降。

开挖破坏土体三相平衡后，地层将进行重新固结，存在地表沉降的风险，加强施工过程控制，应严格控制地表沉降。

综上所述，X项目工期紧、地质条件复杂、专业交叉多、技术难点多，必须准确分析和评估施工过程中可能存在的安全风险因素，进行科学合理的风险应对和预控。

6.2
X项目安全风险因素识别

6.2.1 问卷设计和发放

根据第3章建立的URTC项目安全风险因素清单，设计X项目安全风险调查问卷（详见附录7）。调研共发放问卷25份，回收20份，回收率为80%，其中有效问卷20份，调研对象为X项目各参与方管理人员，包括建设方、施工方、监理方。受访人员基本信息如表6-1所示。

调研受访人员基本信息 表6-1

受访人员信息	类别	样本数	所占百分比	累计百分比
年龄阶段	＜25岁	6	30%	30%
	25～30岁	9	45%	75%
	31～35岁	4	20%	95%
	36～40岁	1	5%	100%
	＞40岁	0	0	100%
教育程度	博士	1	5%	5%
	硕士	3	15%	20%
	本科	12	60%	80%
	专科	4	20%	100%
	中专及以下	0	0	100%

受访人员信息	类别	样本数	所占百分比	累计百分比
项目角色	业主方	1	5%	5%
	项目管理咨询方	1	5%	10%
	施工方	17	85%	95%
	监理方	1	5%	100%
	其他参与方	0	0	100%
参加工作时间	＜2年	3	15%	15%
	2～5年	6	30%	45%
	6～10年	10	50%	95%
	＞10年	1	5%	100%
参与项目数	1个	1	5%	5%
	2～5个	3	15%	20%
	6～10个	13	65%	85%
	＞10个	3	15%	100%

从表6-1可以看出，受访者集中在40岁以下且教育程度普遍较高，本科及以上学历占到总体的80%。这样年龄和学历的受访者普遍处于事业的上升期，并且求知欲相对其他年龄和学历更强，对行业内出现的新事物和思想保持着积极和开放的态度，也能很好地理解本次调查的目的和意图，因此在问卷填写过程中能保持着学习及严谨的态度。由于本书探讨的是施工安全风险，因此85%的受访者来自施工方。受访者基本参与过2个或以上城市轨道交通建设工程项目或相似的工程项目，他们在实际工作中积累了大量与施工安全风险管理有关经验的同时，也对安全风险管理的现状及目前面临的问题有着最为直接的认识。正是因为绝大多数受访者有着学习的态度，对城市轨道交通施工安全风险管理相对熟悉，因此有利于保障调研数据的质量。

6.2.2 X项目安全风险因素识别

首先通过调查问卷得到X项目施工安全风险发生概率的初始判断。考虑到风险的不确定性特征，采用3级量表的方式体现受访者对风险因素发生概率的估计，"Y"选项表示风险因素"存在"，"N"选项表示风险因素"极小可能或不存在"，"X"选项表示风险因素"目前还不确定"。然后结合专家访谈结果对初始判定进行局部修正，最终识别出X项目施工安全风险因素的发生情况如表6-2所示，未列入的因素为选项"X"，不作为证据节点。

序号	风险因素	状态	数量	专家访谈结果
1	SH₂复杂的地质条件	Y	20	区间地质复杂，上软下硬地层多，下方广泛分布有采空区，部分区间下分布有溶洞
2	SH₃不明地下水文条件	Y	20	盾构始发和接收地段存在高地下水压力
3	SH₄周边建（构）筑物探查或保护不足	N	18	车站和隧道区间处于城市周边，周边分布少量居民住宅楼，且已进行现场查勘，但存在未探明建（构）筑物的可能性较低
4	SH₅雨污水管道探查或保护不足	Y	19	七里沟站雨污水管线错综复杂，此外车站主体北侧的DN800雨水管绕车站南侧改迁后距离车站较近，施工过程中需加强管理并随时监测
5	SH₆燃电管道探查或保护不足	Y	18	工程所在区域燃气和电力管道较多，虽已进行现场查勘，但可能存在个别管道未探明的情况，也可能存在虽已探明管道位置，但仍保护不到位的情况
6	SG₁安全管理机构不健全	N	12	在开工前已构建了安全生产组织机构以及各职能部门的安全职责，目标和职责明确
7	SG₂分包单位管理不当	N	13	分包队伍在总包公司颁布的合格分包方名录中择优挑选而定，分包方人员的技术、质量、安全管理能力较好，且具有长期合作经历，能够较好地遵守总包管理规定
8	SG₇现场管理混乱	Y	20	本工程在现场安全管理方面还有待加强，存在信息沟通不及时、管理人员知识和经验不足等现象，没有起到有效指导施工、加强周边环境保护和安全风险预防预控的目的
9	SG₁₀工期压力大	Y	18	目前施工工期压力较大
10	SR₁安全意识不足	Y	12	由于作业工人较多，部分工人安全意识较薄弱，虽然已参加三级安全教育，但为了便捷施工可能仍存在侥幸心理

案例研究 6

6.3
X项目安全风险评估

6.3.1 X项目安全风险状态评估

根据第5章建立的安全风险评估模型，将表6-2中X项目安全风险因素发生情况作为证据节点输入贝叶斯网络模型，其他节点数据保持不变，得到如图6-2所示的安全风险评估模型。

通过因果推理分析得到X项目安全风险值为11.15，属于"一般危险"水平，建议措施为"需要注意"，较一般轨道交通建设项目的风险值（$R_0 = 10.6$）偏高，

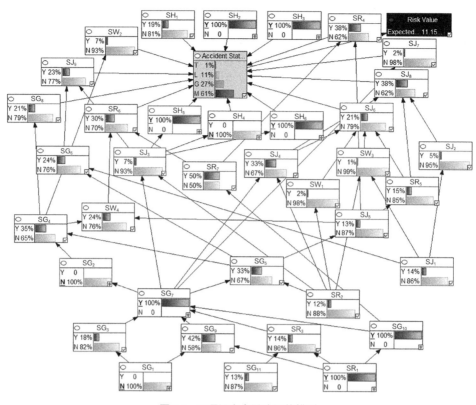

图6-2　X项目安全风险评估模型

且处于一般危险水平的上限（临界值为12），接近显著危险，说明X项目的安全风险水平偏高，需要采取安全风险应对措施来提高系统的整体安全性。

6.3.2　X项目安全风险传递作用分析

根据X项目安全风险评估模型的分析结果，证据节点以外的中间节点风险因素的发生概率如表6-3所示，表中"偏差"表示相较于一般URTC项目安全风险因素发生概率（表5-10），为了体现X项目安全风险因素发生概率的差异，仅标注发生概率的百分比偏差大于5%的风险因素。

X项目安全风险因素后验概率　　　　　表6-3

编号	风险因素	后验概率	偏差	编号	风险因素	后验概率	偏差
SH$_1$	自然灾害	19.2%	—	SJ$_1$	勘察或补勘不足	14.2%	—
SG$_3$	安全管理制度不完善	2.3%	↓19.4%	SJ$_2$	设计缺陷	5.0%	—
SG$_4$	安全检查不足	35.2%	—	SJ$_3$	监测方案及其落实不足	7.4%	↓6.8%
SG$_5$	安全培训不足	33.4%	↑15.4%	SJ$_4$	施工方案不当	33.4%	↑14.5%
SG$_6$	应急预案及演练不足	24.2%	—	SJ$_5$	安全交底不充分	12.8%	—

编号	风险因素	后验概率	偏差	编号	风险因素	后验概率	偏差
SG_8	安全防护不足	21.4%	—	SJ_6	施工质量缺陷	21.1%	—
SG_9	施工组织协调不力	41.6%	↑24.3%	SJ_7	模板支撑体系缺陷	2.3%	—
SG_{11}	监理监管不足	13.3%	—	SJ_8	基坑支护体系缺陷	37.8%	—
SR_2	施工技术欠缺	13.3%	—	SJ_9	补救措施不足	23.3%	—
SR_3	违章指挥	13.7%	—	SW_1	材料选择不当	2.5%	—
SR_4	违章施工作业	37.7%	↑11.9%	SW_2	材料设备堆放不合理	6.7%	—
SR_5	未按设计要求施工	15.0%	—	SW_3	机械设备选型不当	0.9%	—
SR_6	吊车起重或设备操作不当	29.7%	↑19.7%	SW_4	设备设施故障	23.8%	—
SR_7	工人疲劳作业	50.0%	↑48.3%				

可以看出，风险因素SR_7工人疲劳作业（50.0%）、SG_9施工组织协调不力（41.6%）、SJ_8基坑支护体系缺陷（37.8%）、SR_4违章施工作业（37.7%）、SG_4安全检查不足（35.2%）、SG_5安全培训不足（33.4%）、SJ_4施工方案不当（33.4%）的发生概率较高。其中，SR_7工人疲劳作业、SG_9施工组织协调不力、SG_5安全培训不足、SJ_4施工方案不当这四个安全风险因素不在一般URTC项目高发安全风险因素之列，体现了X项目作为一个特定的工程项目，其安全风险系统不同于一般URTC项目的独特特点。

除此之外，SR_7工人疲劳作业的发生概率由1.7%增大到50%，是因为SG_{10}工期压力大的发生概率在X项目中指定为100%，父节点因素发生概率的更新导致子节点因素的后验概率发生变化。同样，SG_9施工组织协调不力的发生概率由17.3%增大到41.6%，是因为受SR_1安全意识不足因素的因果作用影响，SG_5安全培训不足的发生概率由18%增大到33.4%、SJ_4施工方案不当的发生概率由18.9%增大到33.4%，均是源自其父节点SG_7现场管理混乱的因果传递作用。

同时还应注意，SR_4违章施工作业的发生概率由25.8%增大到37.7%，SR_6吊车起重或设备操作不当的发生概率由10%增大到29.7%，说明X项目中人员施工和设备操作是目前安全管理的短板，此外因素SG_3的发生概率由18%下降到2.3%，说明X项目中安全管理制度的建立相对较完善。

对X项目安全风险评估模型进行敏感性分析，以重大事故等级下敏感性因素为例，得到安全风险因素敏感值如表6-4所示，敏感性因素如图6-3中深色节点所示。敏感性因素的敏感值由高到低为：SW_1材料选择不当、SR_6吊车起重或设备操作不当、SW_2材料设备堆放不合理、SJ_2设计缺陷、SR_5未按设计要求施工、SR_4违章施工作业、SJ_5安全交底不充分、SJ_9补救措施不足。

序号	风险因素	最大敏感值	偏差
1	SW_1材料选择不当	14500	↓ 300
2	SR_6吊车起重或设备操作不当	6550	↑ 2880
3	SW_2材料设备堆放不合理	3890	↓ 1190
4	SJ_2设计缺陷	1770	↓ 300
5	SR_5未按设计要求施工	989	↓ 91
6	SR_4违章施工作业	411	↑ 15
7	SJ_5安全交底不充分	280	↑ 10
8	SJ_9补救措施不足	69	↓ 7

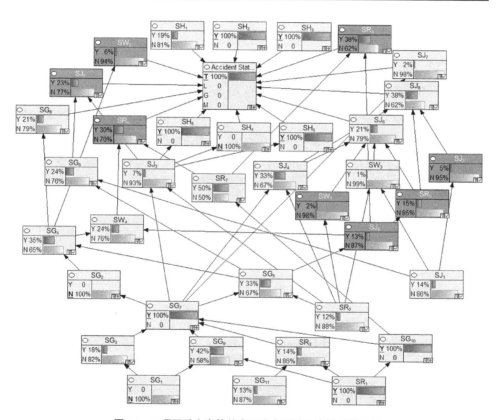

图6-3　X项目重大事故状态下安全风险因素敏感性分析

相较于一般URTC项目安全风险因素的敏感值（表5-14），由于在X项目中已指定证据节点因素为发生或不发生，因此，X项目安全风险系统的敏感性有所降低，敏感性安全风险因素的数量由19个降低为8个。值得注意的是，由于受SR_7因素发生概率变动的影响，在敏感性因素中SR_4、SR_6的敏感值有所上升，说明这两个因素发生概率的范围更大，不确定性更高。

此外，由于安全风险因素间的条件概率不改变，因此在无案例库更新的情况下，不同项目中的关键风险传递路径不变，因此X项目的安全风险因素传递路径如图5-14所示，共形成27条安全风险因素关键传递路径。

6.3.3 X项目多维度安全风险评估

综合表6-3中安全风险因素的发生概率及其安全风险传递强度（表4-24），绘制X项目安全风险因素重要度散点图（图6-4），对X项目安全风险因素重要度等级进行划分。

将X项目安全风险识别阶段已识别出发生状态为"Y"的7个安全风险因素，与图6-4中高概率、高传递值的6个安全风险因素，合并为A类重要安全风险因素，共计13个；图6-4中中概率、中传递值的9个安全风险因素列为B类较重要安全风险因素，共9个；将已识别发生状态为"N"的3个安全风险因素，与图6-4中低概率、低传递值的12个安全风险因素，合并为C类一般安全风险因素，共计15个。综上所述，得到X项目安全风险因素重要度等级如表6-5所示。

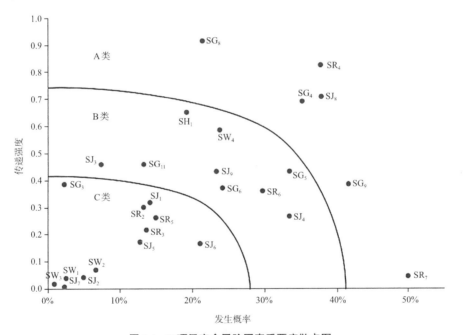

图6-4　X项目安全风险因素重要度散点图

X项目安全风险因素重要度等级 表6-5

编号	类别	风险因素
A类	重要安全风险因素	SH_2、SH_3、SH_5、SH_6、SG_4、SG_7、SG_8、SG_9、SG_{10}、SR_1、SR_4、SR_7、SJ_8
B类	较重要安全风险因素	SH_1、SG_5、SG_6、SG_{11}、SR_6、SJ_3、SJ_4、SJ_9、SW_4
C类	一般安全风险因素	SH_4、SG_1、SG_2、SG_3、SR_2、SR_3、SR_5、SJ_1、SJ_2、SJ_5、SJ_6、SJ_7、SW_1、SW_2、SW_3

由于篇幅所限，仅对 X 项目中 A 类重要安全风险因素进行解释如下：

（1）SH_2 复杂的地质条件：七里沟站、姚庄站及两个隧道区间范围内地质异常区较多，区间隧道穿越中风化灰岩，灰岩岩溶发育，多为填充型溶洞，局部存在的空洞对盾构掘进有影响。此外，盾构通过上软下硬复合地层，盾构机姿态控制难度大，掘进较为困难，复杂的地质条件给施工安全带来较大的安全隐患。

（2）SH_3 不明地下水文条件：勘察期间观测到的 X 项目地区地下水类型分别为潜水和承压水，可能受降雨和季节影响发生动态变化，此外，雨污水管道的渗漏可能造成周边土体长期被水浸泡软化，形成空洞、富水等异常区域，地下水文条件存在较多的不确定性。

（3）SH_5 雨污水管道探查或保护不足：七里沟站地下雨污水管线数量、种类繁多，经勘查包含铸铁、混凝土等管线 32 条，且管道直径尺寸较大、埋深不一，有部分管道由于年代久远，存在渗水隐患。姚庄站管线数量不多，但车站西侧为盾构始发站，部分大直径（$DN1000$、$DN800$ 各 1 条）的雨水管线会增加盾构机出洞的安全风险，因此应重点保护和监控雨污水管道，防止管道被破坏或发生沉降。

（4）SH_6 燃电管道探查或保护不足：经勘察，七里沟车站包含燃气管道 3 条，另有 6 条电力管线和 4 条弱电管线，姚庄车站包含燃气管道 1 条，另有 3 条电力管线和 2 条弱电管线，这些管线埋深不同，部分管线距离基坑较近，直接或间接导致燃气和电力管道破坏，因此应保护和监控燃气和电力管道，防止发生燃气泄漏或触电事故。

（5）SG_4 安全检查不足：虽然 X 项目部已经制定安全检查和安全责任制度，交叉进行定期和不定期安全检查，但由于管理人员和安全员的知识和经验有限，安全教育和培训工作可能存在盲区，再加上个别管理层及施工人员存有侥幸心理等多重因素的影响，使得 X 项目中 SG_4 因素的发生概率高、风险传递强度大，应作为重要安全风险因素考虑。

（6）SG_7 现场管理混乱：X 项目工期紧、场地有限，项目经理及项目部管理人员需要在工期目标和场地限制条件下安排合理的施工工序、组织工序间的穿插搭接施工，但本工程在现场安全管理方面还有待加强，项目部管理人员较年轻，可能存在信息沟通不及时、安全管理知识和经验不足等情况。由于 SG_7 因素的风险传递性强，可能会导致其子节点 SG_5 安全培训不足、SJ_4 施工方案不当等多个因素的发生，因此将 SG_7 因素列为 X 项目重要安全风险因素。

（7）SG_8 安全防护不足：在 X 项目中 SG_8 因素的发生概率不高，但也可能存在围栏围挡等防护设施由于材料老化造成的防护盲点，此外，个别工人由于安全意识不足，可能存在不佩戴安全帽、安全带的现象。由于该因素受SG_4、SG_7等其他因素影响，且易于和SR_4、SR_6等多个因素发生耦合，因此将SG_8因素列为X项目重要安全风险因素。

（8）SG_9施工组织协调不力：X项目专业和参与人众多，外部组织协调的对象包括业主、监理单位、设计单位、相邻标段承建商、管道产权单位等，外部组织协调的工作量较大且较为烦琐，内部组织协调的对象包括各分包单位、施工工序等，尤其是土石方开挖的组织，以及车站施工与其区间隧道的衔接协调是施工组织协调的难点。因此，在X项目中SG_9因素发生概率较高，应作为重要安全风险因素考虑。

（9）SG_{10}工期压力大：七里沟站为全长461m，采用半盖挖法施工，场地狭小、工程量大且局部工作面靠近居民区，夜间施工难度大，时间、空间均制约施工。此外，两个区间单线总长2290m，其中硬岩段全长1050m，硬岩强度高达140MPa，盾构掘进困难，换刀频率高，因此施工工期压力较大。

（10）SR_1安全意识不足：X项目在高峰期间约400人同时施工，少量工人为临时作业人员，这些人虽然已参加三级安全教育，但为了便捷施工可能仍存在侥幸心理、冒险心理等不当的安全意识，再加上SR_1因素的风险传递强度高，因此列为X项目的重要安全风险因素。

（11）SR_4违章施工作业：由于受工人疲劳作业、现场管理混乱等因素的影响，在X项目中现场工人出现违章施工作业的发生概率为38%，再加上SR_4容易和SG_8因素耦合，因此将SR_4因素作为重要安全风险因素考虑。

（12）SR_7工人疲劳作业：受施工工期压力大的影响，尤其是在赶工时期，现场存在加班作业、超时作业的情况，工人疲劳作业的发生概率为50%，远超一般URTC项目，而且SR_7因素会增加SR_4违章施工作业的发生概率，因此在X项目中需予以重视。

（13）SJ_8基坑支护体系缺陷：七里沟和姚庄站均为两层双跨结构，标准段底板埋深分别为16.4m和17.40m，属于深基坑工程。此外，姚庄站西侧半幅施作铺盖系统，现场施工荷载较大，对盖板承受能力要求较高，且盖挖法施工时间较长，若支护结构不及时或存在缺陷，则影响围护结构的稳定性。X项目中SJ_8因素主要受多个父节点因素的影响，具有较强的不确定性，且一旦发生很可能造成特大等级安全事故，因此作为X项目的重要安全风险因素予以考虑。

6.4

X项目安全风险应对策略

将X项目安全风险因素的重要度和紧急度等级绘制在一个矩阵中，形成如图6-5所示的安全风险应对策略矩阵，形成X项目安全风险因素等级划分，其中I级"不可接受"安全风险因素共11个，II级"不愿接受"安全风险因素共14个，III级"可接受"安全风险因素共12个。

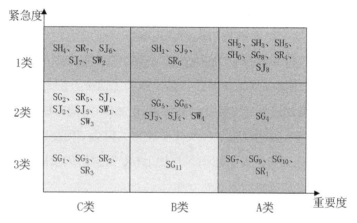

图6-5　X项目安全风险因素等级划分矩阵

将安全风险因素应对等级、敏感性因素、耦合因素集成到安全风险关键传递路径中，形成X项目关键安全风险传递网络，如图6-6所示。

6.4.1 I级安全风险因素应对策略

X项目I级安全风险因素包括SH_1、SH_2、SH_3、SH_5、SH_6、SG_4、SG_8、SR_4、SR_6、SJ_8、SJ_9共11个因素，为"不可接受"风险，其中环境类因素占比较高，主要因为X项目周边环境复杂、不可控性高，且环境因素容易和其他因素发生耦合，使得安全风险系统涌现出不安全状态。安全风险应对策略具体分析如下：

SR_4违章施工作业、SG_8安全防护不足、SJ_8基坑支护体系缺陷这三个因素同属既重要又紧急的A1区间，SR_4、SG_8因素具有高耦合性，应从避免发生耦合的角度进行应对。SJ_8因素被影响度较高，易受其父节点风险传递的影响较大，且一旦发生容易造成重大安全事故，应从控制其自身和父节点因素发生概率的角度进行应对。

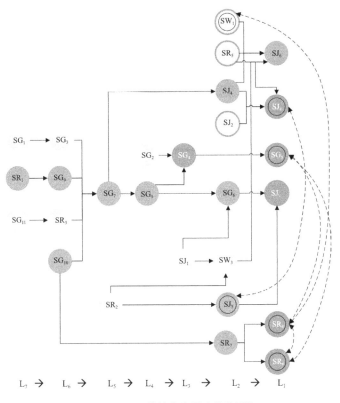

图6-6　X项目关键安全风险传递网络

A1区间的其他因素SH_2复杂的地质条件、SH_3不明地下水文条件来源于项目外部，为独立因素、不可控因素，应通过加强对地质和地下水文情况的监测，达到提前预控的目的。SH_5、SH_6为雨污水管道和燃电管道探查和保护，可以通过降低其父节点"SJ_3监测方案及其落实"来同时降低SH_5、SH_6因素的发生概率。

SH_1自然灾害、SR_6吊装起重或设备操作不当、SJ_9补救措施不足同属B1区间，为较重要紧急因素，风险应对的优先性略低于A1区间。SR_6、SJ_9为敏感性因素，因此建议监控和控制其父节点，从而降低因素的发生概率。

SG_4安全检查不足属于重要不紧急的A2区间，应采取优先改善的应对策略，包括降低其父节点SG_2对分包单位管理不当、SG_5安全培训不足的发生概率，并定期评估其子节点SW_2材料设备堆放不合理、SG_8安全防护不足的风险状态。

6.4.2　Ⅱ级安全风险因素应对策略

X项目Ⅱ级安全风险因素包括SH_4、SG_5、SG_6、SG_7、SG_9、SG_{10}、SR_1、SR_7、SJ_3、SJ_4、SJ_6、SJ_7、SW_2、SW_4共14个，为"不愿接受"风险。具体分析如下：

SH_4周边建（构）筑物探查或保护不足、SR_7工人疲劳作业、SJ_6结构自身缺陷、SJ_7模板支撑体系缺陷、SW_2材料设备堆放不合理这五个安全风险因素隶属于不重要紧急的C1区间，应持续监测并尽可能尽快处理。

SG_7现场管理混乱、SG_9施工组织协调不力、SG_{10}工期压力大、SR_1安全意识不足这四个安全风险因素隶属于重要但不紧急的A3区间，应作为日常安全风险预控的常态，不断持续改善和提升。

SG_5安全培训不足、SG_6应急预案及演练不足、SJ_3监测方案及其落实不足、SJ_4施工方案不当、SW_4设备设施故障这五个安全风险因素处于B2区间，为较重要较紧急风险，应根据项目部的安全风险管理进展情况逐步采取应对措施。

6.4.3　Ⅲ级安全风险因素应对策略

X项目Ⅲ级安全风险因素包括SG_1、SG_2、SG_3、SG_{11}、SR_2、SR_3、SR_5、SJ_1、SJ_2、SJ_5、SW_1、SW_3共12个因素，为"可接受"风险，建议风险自留，予以定期监测和控制，防止其发展为Ⅱ级安全风险因素。

在上述安全风险因素应对策略的基础上，对每个安全风险因素编制精准应对策略和控制措施。由于篇幅所限，仅对X项目Ⅰ级安全风险因素提出精准应对策略如表6-6所示。

6.5
本章小结

以X项目为例，对已构建的安全风险评估模型进行实证检验，实际安全施工风险情况与模型结果基本相符。研究表明基于风险传递的安全风险评估模型能够较好地仿真安全风险系统的演化过程，验证了数据挖掘方法在城市轨道交通建设项目安全风险分析领域的适用性，能够为城市轨道交通建设各单位提供有效的安全风险评估和预控，提供合理可行的风险应对策略。

表6-6

X项目I级安全风险因素精准应对策略

区间	风险因素	发生概率	因果强度	父节点因素	子节点因素	耦合强度	耦合集	敏感值	风险应对策略
A1	SH₂复杂的地质条件	100%	0	—	—	0.54	SJ₁、SJ₃ SH₁、SJ₈	—	①降低其自身的发生概率，如加强地质勘察、地质超前预报，提前对溶洞及采空区注浆处理等； ②跟踪和监测耦合因素，如加密地质勘察，提前对溶洞及采空区注浆处理，加强地质监测工作，加强天气监测和恶劣天气预案预警，保证基坑降水排水支护体系的质量等
A1	SH₃不明	100%	0	—	—	0.67	SJ₁、SJ₃ SH₁、SH₅、SR₄、SW₄	—	①降低其自身的发生概率，如加强地质勘察，提前做好排水降水方案并严格执行等； ②跟踪和监测耦合因素，如密集地质勘察，加强天气监测和恶劣天气预案预警，加强对施工作业人员的变形和沉降观测，规范施工作业，加强对设备设置的检查和排障等
A1	SH₅雨污水管道探查或保护不足	100%	0	SJ₃	—	0.41	SG₈、SH₁ SH₃	—	①降低其自身的发生概率，施工前按照设计要求采用改桩、悬吊等措施进行保护等；②控制父节点因素的发生概率，严密监测其变形量，从而保证基坑周边的管线正常使用，如对基坑周边进行监测，基坑周边无水管渗漏，无土体松散；③跟踪和监测耦合因素，如加强基坑周边围挡和安全警示标志，加强天气监测和恶劣天气预案预警，加强对地下水文条件的地质超前预报等
A1	SH₆燃电管道探查或保护不足	100%	0	SJ₃	—	0.08	SG₈	—	①降低该因素自身发生概率，如施工前提前补勘并进行标示，并按设计标准进行加固或保护等；②控制父节点因素的发生概率，如在燃气和电气管线周边设置探测器，严密监测其有无泄漏或破坏，从而保证电管道的正常使用；③跟踪和监测耦合因素，如加强施工作业工人的劳保防护，保证工人在危险区域作业时必要的安全防护等

城市轨道交通建设项目安全风险数据挖掘及量化评估

210

区间	风险因素	发生概率	因果强度	父节点因素	子节点因素	耦合强度	耦合集	敏感值	风险应对策略
A1	SR₈违章施工作业	38%	0.20	SR₇ SJ₅	—	0.62	SG₈ SH₃ SW₄	411	①降低该因素自身发生概率，如通过经济奖惩措施激励施工作业人员规范其自身行为等；②控制父节点因素，如赶工时期通过增加施工人数量而不是一味加班来缩短工期，定期安全交底并提高安全交底的针对性等；③跟踪和监测耦合因素，如加强基坑周边挡围栏和安全警示标志，加强对地下水文条件的地质超前预报，加强对设备设置的检查和排障等；④降低该因素的敏感度，如通过加强安全教育、安全交底、安全检查制度降低违章施工作业的风险波动范围等
A1	SG₈安全防护不足	21%	0.37	SG₄	—	0.54	SH₅ SH₆ SR₄ SR₆ SW₄	—	①降低该因素自身发生概率，如增加安全投入、做好现场安全防护设施和场地内外的警示标志等；②控制父节点因素的发生概率，如加强现场安全检查力度，提前发现安全防护隐患等；③跟踪和监测耦合因素，如加强对周边地下管道的变形和沉降观测，规范施工作业人员的施工操作，加强对设备设施的检查设置及时防障等
A1	SJ₈基坑支护体系缺陷	38%	0.30	SR₈ SJ₂ SJ₄	—	0.41	SJ₃ SH₁ SH₂	—	①降低该因素自身发生概率，如合理分层分段分块开挖，挖槽对设备支撑，确保基坑支护体系的稳定等；②控制父节点因素的发生概率，如严格按设计要求施工，及时支撑，确保基坑支护体系的稳定等；③控制子节点因素的发生概率，对危险性较大的分部分项工程进行方案论证并严格执行等；③跟踪和监测耦合因素，如设专人专用设备对基坑的力学性能进行实时监测，利用信息化施工提前发现安全隐患，同时加强施工期天气监测和恶劣天气预案预警，加强对地质条件的超前预报等
B1	SH₁自然灾害	19%	0	—	—	0.65	SR₄ SJ₃ SW₈ SH₂ SJ₈ SH₁ SH₅	—	①降低该因素自身发生概率，如天气恶劣的情况下停工，根据天气预报提前做好现场保护工作等；②跟踪和监测耦合因素，如规范施工作业人员的施工操作，加强对基坑土体的受力性能监测，加强对周边地下管道的变形和沉降观测，减少基坑顶边地面荷载并严禁超载等

区间	风险因素	发生概率	因果强度	父节点因素	子节点因素	耦合强度	耦合集	敏感值	风险应对策略
B1	SJ$_9$补救措施不足	23%	0.43	SG$_6$	—	—	—	69	①降低该因素自身发生概率，如保障应急物资的充足性等；②控制父节点因素的发生概率，如在施工过程中择机对预案进行演练，总结经验，对应急预案进行修订、完善等；③降低该因素的敏感值，如通过加强应急预案的演练降低补救措施不足的风险波动范围等
B1	SR$_6$吊装起重或设备操作不当	30%	0.20	SR$_7$ SW$_4$	—	0.16	SG$_8$	6550	①降低该因素自身发生概率，如强化吊装作业人员操作的规范性，严禁吊装物体超过吊装机械吊装最大荷载等；②控制父节点因素的发生概率，如提前保障吊装作业人员的健康情况，定期保养并保持完好等；③跟踪和监控耦合因素，如加强基坑和临边洞口等危险区域的围挡围栏和安全警示标志等，保证吊装作业区域内作业人员安全防护和安全到位等；④降低该因素的敏感值，如通过加强安全教育、安全交底、安全检查制度降低吊装起重或设备操作施工作业的风险波动范围等
A2	SG$_4$安全检查不足	35%	0.70	SG$_2$ SG$_5$	SG$_8$ SW$_2$	—	—	—	①降低该因素自身发生概率，如细化和落实安全检查责任制，建立危险源监控制度等；②控制子节点因素的发生概率，由于已识别出SG$_2$因素不足，因此仅控制SG$_8$因素，如落实三级安全教育的有效性，特种作业持证上岗等；③跟踪和监测子节点的发生概率，如加强基坑和临边洞口等危险区域的安全防护和安全警示标志，严格控制设备的堆放和安全保管等

案例研究 6

7

结论与展望

7.1

研究总结

城市轨道交通建设项目安全事故时有发生，造成巨额经济损失、人员伤亡和负面社会影响。本书以系统工程理论为指导，利用文本挖掘、自然语言处理和贝叶斯网络等方法，构建了基于数据挖掘的城市轨道交通建设项目安全风险分析模型，揭示了风险传递作用下安全风险系统的演化过程，并通过实际案例验证了模型的适用性，为城市轨道交通建设项目安全风险分析和应对提供新的理论和方法支撑。

取得的主要结论如下：

（1）以系统工程理论为指导，分析了城市轨道交通建设项目安全风险系统，指出安全风险传递包括因果传递和耦合传递，安全风险系统功能由安全风险因素、安全风险传递关系、系统结构层级共同决定。安全风险系统反映了城市轨道交通建设项目安全事故致因的复杂性特征，为安全风险传递分析奠定了理论基础。在城市轨道交通项目安全风险系统分析的基础上，提出了城市轨道交通建设项目安全风险传递的来源、概念、类型和数学表达，构建了安全风险传递网络，为城市轨道交通建设项目安全风险传递分析提供了方法支撑。

（2）引入信息熵描述安全风险因素在事故调查报告中分布的不确定性，提出基于熵权词频的特征表示参数和基于累积熵权词频的高频词阈值界定方法，经与高频词界定公式及累积词频界定方法进行比较和验证，表明该方法能够较好地筛选出事故调查报告语料库中较为重要的安全风险因素词汇，适用于从段落型文本语料库中提取出重要词汇的特征选择需求。

（3）利用文本挖掘技术，从城市轨道交通建设项目安全事故调查报告案例库中挖掘出城市轨道交通建设项目安全风险因素，经与国家标准进行比较分析，验证了挖掘出的因素能够反映城市轨道交通建设项目安全事故的主要致因。

（4）在支持度、置信度关联规则框架下，构建了关联规则有趣性筛选条件，以"$X<\text{cau}>Y=\{\text{Asso}(X, Y), \text{Conviction}=\infty\}$"为准则共筛选23条安全风险因素因果规则，以$\text{Corr}(X, Y)=\{\text{Asso}(X, Y), \text{Lift}>1, \text{Conviction}>1, 0<\text{Match}\leqslant 1\}$为准则共筛选207条安全风险因素相关规则，作为语义依存分析的对象。

（5）利用自然语言处理方法中的语义依存分析，提出了事故调查报告中表达显式因果、耦合关系的语言模式，对不同语言模式下的语义依存关系进行分析，构建了从XML语言中自动抽取因果关系和耦合关系的模式和流程。最终在相关规则中发现105条安全风险因素因果关系和23条安全风险因素耦合关系，构建了安全风险传递数值矩阵，该矩阵反映了城市轨道交通建设项目中安全风险因素的直接因果作用和多因素耦合作用。

（6）运用DEMATEL方法中的影响度、被影响度及原因度指标，分析了安全风险因素间的因果作用，将安全风险因素划分为独立、原因类和结果类因素，提出以中心度指标代表安全风险传递强度。通过安全风险传递强度分析，揭示了城市轨道交通建设项目中安全风险传递关系的大小。

（7）借助解释结构模型构建贝叶斯网络拓扑结构，针对局部贝叶斯网络中多因一果的情况，引入Leaky Noisy-Max模型修正网络结构，使得条件概率的计算量由指数级降到线性级，然后通过机器学习自动生成贝叶斯网络概率参数，构建了基于客观数据的安全风险评估模型，弥补了贝叶斯网络应用中先验概率主要依靠专家判断的不足。

（8）运用安全风险评估模型分析城市轨道交通建设项目安全风险状态，提出目前我国URTC项目不同安全事故等级的发生概率，指出URTC项目整体安全风险处于一般危险水平，反映了目前我国URTC项目安全风险管理的现状。运用安全风险评估模型分析安全风险的因果作用，发现重大事故时安全风险因素的发生概率普遍高于其他事故等级状态，不同事故等级下的高概率风险因素较为一致，主要集中在SH_2、SH_3、SH_5、SG_4、SG_7、SG_8、SR_1、SR_4、SJ_8、SJ_9这10个因素，环境类风险因素发生概率最高，管理类、人员类、技术类风险因素居中，物料类风险因素发生概率最低。运用安全风险评估模型分析安全风险的耦合作用，发现耦合作用不是所有安全事故发生的必要条件，但会放大安全事故造成的损失，耦合因素的数量和发生概率成反比，和事故严重程度成正比。

（9）运用安全风险评估模型分析城市轨道交通建设项目安全风险的敏感性和传递路径，发现不同安全事故等级下敏感性因素相同，包括SJ_7、SR_3、SG_{10}等19个因素，这些因素小幅度的变化会对URTC项目安全系统造成较大的扰动，利用BN网络的影响力分析，提出27条城市轨道交通建设项目安全风险传递关键路径，路径越短说明风险因素距离安全事故越近，越容易引发安全事故。

（10）以安全风险因素发生概率及风险传递强度作为安全风险因素重要度评价维度，将安全风险因素重要度划分为A、B、C三个等级，按照安全风险系统结构层级将风险因素紧急度划分为1类、2类、3类三个等级，构建了基于重要度-紧急度的URTC项目多维度安全风险评估标准，丰富了城市轨道交通建设项目安全风险评估的研究视角。从降低安全风险因素发生概率和阻断风险传递的角度，提出了基于反传递的城市轨道交通建设项目安全风险分级应对策略和精准应对策略，以提升安全风险应对的效率和效益。

7.2
研究展望

7.2.1 数据挖掘在建筑业的发展趋势

早期的数据挖掘应用主要集中在帮助企业获得竞争优势，尤其在电子商务领域取得了重要突破。当前，数据挖掘已在建筑业取得越来越多的应用，如基于大数据的房价预测、基于图像数据挖掘的施工安全报警等。一般的数据挖掘模型在处理特定应用问题时可能存在局限性，所以开发面向特定领域的数据挖掘系统和工具，以及将数据挖掘功能嵌入到其他服务平台中已成为一种趋势。

1. 多源异构数据挖掘与知识发现

每个轨道交通建设项目都存在大量数据，如国家及行业标准、施工组织设计、安全技术方案、事故调查报告以及各种技术及管理资料等，但这些数据多数存在于非结构化的文本文档、半结构化的表格和网页及结构化的专家系统平台中，甚至还有大量的视频、图像、传感数据等存放在电脑硬盘里。这些数据中蕴含了大量的知识，形成城市轨道交通建设行业大数据。然而，这些大量的多源异构数据为领域知识提供丰富来源的同时也增加了知识获取的难度，现有的数据资源得不到有效利用。

每个行业的知识根据其适用范围可以划分为两大类：领域通用知识、企业专用知识。领域通用知识是指整个行业都适用知识，如各类法律法规、标准、操作规程、施工方法等；企业专用知识是指适用于特定企业的知识，如某企业规章制度、具体工程相关知识等。这两类知识之间可以相互转化，如企业可以将通用的施工方法与工程结合形成具体工程的施工方案，而政府主管部门也可以把某个具体工程的事故知识公开形成典型事故案例，以供行业内所有企业学习。部分行业已经开始构建基于知识图谱的领域通用知识平台，如医疗、电商、金融等行业，实现行业内的万物互联，借助于人工智能领域相关技术能够实现领域知识图谱的快速构建。其中，知识图谱（Knowledge Graph，KG）作为一种大规模知识库工具，提供了一种良好组织、管理和理解互联网海量知识的工具，通过语义网络结构能够有效集成多源异构知识，从而为各种应用场景提供丰富而全面的知识支持。自然语言处理（Natural Language Processing，NLP）提供了一种机器理解人类自然语言的方法，能够进行分词、词性识别、句法分析、信息抽取等，可以用于专业领域知识的自动识别和提取，为领域知识的持续动态积累提供了自动处理工具。数据挖掘能够从大量数据中揭示出隐含的、规律性的、人们事先未知的但又是潜在有用的并且最终可理解的信息和知识，尤其是基于深度神经网络的深度学习模型，通过模仿人脑机制学习数据内在的规律和特征，在知识图谱基础上能够提供智能搜索、个性化推荐、智能决策等知识支持。因此，面向多源异构数据的数据挖掘与知识可视化，已成为提升建筑业管理效率和效益的重要方向。

2. 深度学习和人工智能技术的融合应用

人工神经网络作为一种先进的人工智能技术，具备自身自行处理、分布存储和高度容错等特性，非常适合处理非线性的以及模糊、不完整、不严密的知识或数据。虽然深度学习需要海量数据的"喂养"，如果训练数据少，深度学习的性能未必比传统方法更好。但是，随着建筑业数据采集的标准化和规范化，深度学习和人工智能技术在数据挖掘领域的融合应用将带来巨大价值。目前基于深度学习的计算机视觉、语音识别、自然语言处理等已经在建设工程领域得到广泛应用。

典型的神经网络模型主要分为三大类：第一类是以用于分类预测和模式识别的前馈式神经网络模型，其主要代表为函数型网络、感知机；第二类是用于联想记忆和优化算法的反馈式神经网络模型，以 Hopfield 的离散模型和连续模型为代表；第三类是用于聚类的自组织映射方法，以ART模型为代表。虽然神经网络有多种模型及算法，但在特定领域的数据挖掘中使用何种模型及算法并没有统一的规则，而且人们很难理解网络的学习及决策过程。

深度学习主要包括卷积神经网络（CNN）和循环神经网络（RNN）两种典型结构。传统的机器学习方式是先把数据预处理成各种特征，然后对特征进行分类，分类的效果取决于特征选取的好坏，而深度学习则是把大量数据输入一个模型，让模型自己探索有意义的中间表达，即让神经网络自己学习如何抓取特征。

3.基于大数据的工程运维

建筑业的专业化运维服务是指针对用户使用建筑产品所派生的相关服务需求，建筑企业向建筑产品的下游产业链条方向延伸，除了提供优质建筑产品外，还提供专业化运维服务。随着建造技术的升级加快，现代建筑产品特别是公共建筑、基础设施等，体量规模越大，所含技术越来越高新化、专业化，建筑产品运营维护的要求也更高。因此，为了提供更节能、舒适、安全的建筑使用环境，需要从大数据的角度提供智能化、精准化的运维服务。例如，利用分布在整个建筑物内的温度、湿度、气流、空气质量等传感器，采集供热通风与空气调节系统的数据；利用安装在顶棚上或连接到灯具上的光电传感器，采集照明系统的数据；利用智能电表和高级计量基础设施，采集用电数据；在使用天然气或其他能源的建筑物中，对相应能源布置子量表，收集该能源系统的功能信息，数据采集系统可以将以上数据自动上载到基于云的服务器，进行过滤、储存和分析，运用数据挖掘方法，监测和跟踪指定报告期内各类能源的消耗情况，发现能耗高的相关设施，并对其进行重点优化，保持建筑低能耗状态下的最佳性能。

7.2.2 城市轨道交通建设项目安全风险挖掘研究展望

1.城市轨道交通建设项目安全管理大数据库

目前不管是建设主管部门还是工程建设各方，都比较重视单个在建项目数据存储和资料归档，但尚缺乏从整个行业的角度存储和积累历史数据，使得大量的基础数据未能从大数据的角度得到充分利用。因此，如何构建一个标准的城市轨道交通建设项目安全管理大数据库，从而为更深入的数据挖掘提供基础，成为后续研究需要思考的问题。

2.基于数据挖掘和人工智能的安全风险管理知识挖掘系统

随着城市轨道交通建设项目的大规模建设和发展，仍会出现新的安全事故案例，这些案例体现了新时代下安全管理的新特点，本书仅提出如何将事故调查报告的数据转化为风险管理知识的其中一个路径，因此构建一个基于数据挖掘和人工智能的安全风险管理知识挖掘系统，有利于不断补充新的案例数据，自动修正和完善安全风险评估模型。此外，除安全事故调查报告外，在城市轨道交通建设过程中还伴随产生了大量的其他安全生产资料，例如施工日志、安全检查记录等，对这些资料的挖掘会从其他角度补充和完善安全风险评估和管理，从而进一步提升安全管理水平。

附　录

附录1

自定义城市轨道交通建设项目安全风险词汇　　　　　　　附表1

一级分类	二级分类	三级分类
地质条件	地形地貌	高原、山地、平原、丘陵、盆地
	地质构造	褶皱、节理、断层、劈理
	岩石种类	岩浆岩、沉积岩、变质岩
	土种类	碎石土、砂土、粉土、黏性土、特殊性岩土
	土的物理性质指标	颗粒级配、比重、天然含水量、天然密度、塑限、液限、有机质含量、孔隙比、孔隙率、饱和度、最佳含水率、初始含水量
	岩石参数指标	含水率、颗粒密度、块体密度、吸水率、膨胀率、耐崩解性、单轴抗压、软化系数、冻融质量损失率、冻融系数、弹性模量、平均泊松比、抗拉强度、点载荷强度、围岩抗力系数、围岩压力、破碎角
	工程地质问题	岩溶、采空区、有害气体、溶洞、高应力地层、软弱地层、膨胀地层、卵石地层、漂石地层、饱水地层、空洞、无黏聚力地层、岩石蠕变、土体松散、滑坡、地裂缝、泥石流
地下水文条件	地下水类型	渗入水、凝结水、初生水、埋藏水、孔隙水、裂隙水、岩溶水、上层滞水、潜水、承压水
	地下水参数	水位、导水系数、释水系数、给水度、越流系数、越流因数、单位吸水率、渗透系数、毛细水上升高度、水压力、临界水力梯度、出水量
	工程水文问题	流沙层、淤泥层、流塑层、液化土层、富水地层、暗河、上软下硬地层、地下水渗流
自然灾害		降雨、降雪、大风、地震、洪水
周边环境		建筑物、构筑物、燃气管道、电力管道、雨水管道、污水管道、既有线路、城市道路、架空线缆、地表水体
地质勘察		初步勘察、详细勘察、专项勘察、补勘、钻孔取样、勘察报告、地质资料
图纸设计		设计参数、设计计算、图纸审查、施工图、设计要求、设计变更
基坑支护体系	支护体系	钻孔灌注桩、连续墙(地下连续墙)、旋喷桩、锚杆支护、冠梁、钢支撑(钢管撑)、钢筋混凝土支撑、搅拌桩、SMW桩
	土石方	土石方开挖(土方开挖)、回填土、填土层、土石方回填(土方回填)、渣土
	地基处理	搅拌桩、旋喷桩、粉喷桩、钻孔灌注桩、混凝土垫层、抗拔桩
	降水	集水明排、井点降水

一级分类	二级分类	三级分类
主体结构	结构工程	模板及支架、钢筋工程、混凝土工程、脚手架、桩基础、钢管柱
	防水层	水泥砂浆防水层、卷材防水层、涂料防水层、金属板防水层、塑料板防水层、防水毯防水层
	砌体结构	砖砌体、空心砌块、石砌体、填充墙、配筋砖
	附属工程	出入口、通道、风井、风道、风亭
	超前支护	管棚、超前小导管、超前锚杆、超前加固
	竖井	基坑围护、竖井土方、竖井衬砌
	横通道	横通道、联络通道
	隧道开挖	全断面、台阶法、CD法、CRD法、隧道爆破、渣土运输
	桩基托换	既有工程加固、底层加固、托换过程界面处理、托换梁、托换桩、托换承台
	初期支护	喷射混凝土、锚杆、钢筋网、格栅钢架、型钢钢架
	衬砌	复合衬砌（复合式衬砌）、二次衬砌（二衬）、锚喷衬砌（锚衬）
	盾构	盾构始发、盾构接收、盾构掘进、管片、管片制作、管片拼装、开仓换刀、空推过站、盾构穿越
技术与管理	现场人员管理	人员资质、特种作业、人员配置、人员健康情况、违章施工、不安全行为
	现场材料管理	材料质量、材料检验、材料验收、材料现场布置、材料堆放
	现场机械设备管理	老化（老损）、设备操作、设备故障、设备检查
	安全管理制度	管理制度、管理标准、管理规范、安全生产管理体系
	安全防护措施	防护措施、防护用品、安全警示（安全标志）、安全帽、安全带、防护网、防护栏杆
	施工方案	施工方案、专项方案、施工组织设计、方案评审（方案论证）、专家认证、审核审批、应急预案
	安全检查	危险源、安全隐患、安全检查
	安全交底	安全交底（技术交底）、交底记录、安全培训（安全教育）
	施工监测	地表沉降、地下管线沉降、拱顶沉降、水平位移、垂直位移、超前地质预报
人员与材料设备	临时设施	临时设施、临时用水、临时用电、临时用火
	施工人员	木工、架子工、钢筋工、抹灰工、油漆工、混凝土工、砌筑工、防水工、电工、电焊工、起重机驾驶员、挖掘机驾驶员、塔式起重机驾驶员、推土机驾驶员、桩工机械操作工、建筑机械操作工、起重司索信号工、盾构机操作工
	施工材料	水泥、砂石、石材、混凝土（砼）、砂浆、钢筋、钢丝绳、线缆、防水材料、泡沫橡胶、止水条、胶粘剂、石膏、板材、砌块、减水剂、引气剂、早强剂、防冻剂、速凝剂、防水剂、玻璃棉
	机械设备	塔式起重机（塔吊）、汽车式起重机、铲车、挖掘机、自卸汽车、长螺旋钻机、压桩机、钻机、混凝土输送泵、水泵、搅拌机、空压机、电焊机、打夯机、振捣器、电刨、电锯、通风机、混凝土喷射机、抽水机、凿岩机、盾构机、成槽机、桩机、龙门吊

附录2

序号	前项	后项	规则描述	支持度百分比（%）	置信度百分比（%）	提升度	信任度	匹配度
			关联规则有趣性分析指标（SG_7因素）				附表2	
1A	SG_1	SG_7	安全管理机构不健全→现场管理混乱	1.7	100.0	2.79	∞	0.65
1B	SG_7	SG_1	现场管理混乱→安全管理机构不健全	1.7	4.7	2.79	1.03	0.05
2A	SG_7	SJ_5	现场管理混乱→安全交底不充分	2.3	100.0	2.79	∞	0.65
2B	SJ_5	SG_7	安全交底不充分→现场管理混乱	2.3	2.3	2.79	1.02	0.02
3A	SG_7	SG_2	现场管理混乱→对分包单位管理不当	4.1	90.0	2.51	6.42	0.59
3B	SG_2	SG_7	对分包单位管理不当→现场管理混乱	4.1	20.9	2.51	1.16	0.20
4A	SG_{11}	SG_7	监理监管不足→现场管理混乱	10.8	81.3	2.27	3.42	0.52
4B	SG_7	SG_{11}	现场管理混乱→监理监管不足	10.8	30.2	2.27	1.24	0.26
5A	SR_2	SG_7	施工技术欠缺→现场管理混乱	9.2	78.6	2.19	2.99	0.48
5B	SG_7	SR_2	现场管理混乱→施工技术欠缺	9.2	25.6	2.19	1.19	0.22
6A	SR_3	SG_7	违章指挥→现场管理混乱	7.5	75.0	2.09	2.57	0.44
6B	SG_7	SR_3	现场管理混乱→违章指挥	7.5	20.9	2.09	1.14	0.17
7A	SG_7	SR_6	现场管理混乱→吊装起重或设备操作不当	3.6	72.7	2.03	2.35	0.41
7B	SR_6	SG_7	吊装起重或设备操作不当→现场管理混乱	3.6	18.6	2.03	1.12	0.15
8A	SG_7	SG_5	现场管理混乱→安全培训不足	6.7	71.4	1.99	2.25	0.43
8B	SG_5	SG_7	安全培训不足→现场管理混乱	6.7	34.9	1.99	1.27	0.27
9A	SG_7	SG_8	现场管理混乱→安全防护不足	7.7	68.0	1.90	2.01	0.41
9B	SG_8	SG_7	安全防护不足→现场管理混乱	7.7	39.5	1.90	1.31	0.29
10A	SG_7	SJ_9	现场管理混乱→补救措施不足	8.6	67.9	1.89	2.00	0.42
10B	SJ_9	SG_7	补救措施不足→现场管理混乱	8.6	44.2	1.89	1.37	0.33

序号	前项	后项	规则描述	支持度百分比（%）	置信度百分比（%）	提升度	信任度	匹配度
11A	SJ₃	SG₇	监测方案及其落实不足→现场管理混乱	4.5	66.7	1.86	1.93	0.35
11B	SG₇	SJ₃	现场管理混乱→监测方案及其落实不足	4.5	23.3	1.86	1.14	0.17
12A	SG₉	SG₇	施工组织协调不力→现场管理混乱	11.7	66.7	1.86	1.93	0.37
12B	SG₇	SG₉	现场管理混乱→施工组织协调不力	11.7	32.6	1.86	1.22	0.24
13A	SG₆	SG₇	应急预案及演练不足→现场管理混乱	6.7	65.2	1.82	1.85	0.36
13B	SG₇	SG₆	现场管理混乱→应急预案及演练不足	6.7	30.2	1.82	1.24	0.25
14A	SG₇	SG₄	现场管理混乱→安全检查不足	11.3	62.5	1.74	1.71	0.40
14B	SG₄	SG₇	安全检查不足→现场管理混乱	11.3	28.1	1.74	1.59	0.19
15A	SJ₄	SG₇	施工方案不当→现场管理混乱	6.8	62.5	1.74	1.71	0.33
15B	SG₇	SJ₄	现场管理混乱→施工方案不当	6.8	34.9	1.74	1.23	0.23
16A	SG₃	SG₇	安全管理制度不完善→现场管理混乱	13.3	61.5	1.72	1.67	0.33
16B	SG₇	SG₃	现场管理混乱→安全管理制度不完善	13.3	37.2	1.72	1.25	0.24
17A	SR₅	SG₇	未按设计要求施工→现场管理混乱	5.0	61.1	1.71	1.65	0.30
17B	SG₇	SR₅	现场管理混乱→未按设计要求施工	5.0	25.6	1.71	1.14	0.17
18A	SH₄	SG₇	周边建（构）筑物探查或保护不足→现场管理混乱	5.0	60.0	1.67	1.60	0.26
18B	SG₇	SH₄	现场管理混乱→周边建（构）筑物探查或保护不足	5.0	14.0	1.67	1.07	0.09
19A	SJ₈	SG₇	基坑支护体系缺陷→现场管理混乱	10.4	54.8	1.53	1.42	0.29
19B	SG₇	SJ₈	现场管理混乱→基坑支护体系缺陷	10.4	53.5	1.53	1.40	0.29
20A	SR₁	SG₇	安全意识不足→现场管理混乱	20.0	53.3	1.49	1.38	0.28
20B	SG₇	SR₁	现场管理混乱→安全意识不足	20.0	55.8	1.49	1.41	0.29

序号	前项	后项	规则描述	支持度百分比（%）	置信度百分比（%）	提升度	信任度	匹配度
21A	SG_{10}	SG_7	工期压力大→现场管理混乱	1.7	50.0	1.40	1.28	0.15
21B	SG_7	SG_{10}	现场管理混乱→工期压力大	1.7	4.7	1.40	1.01	0.02
22A	SJ_2	SG_7	设计缺陷→现场管理混乱	2.5	50.0	1.40	1.28	0.15
22B	SG_7	SJ_2	现场管理混乱→设计缺陷	2.5	7.0	1.40	1.02	0.03
23A	SJ_7	SG_7	模板支撑体系缺陷→现场管理混乱	0.5	50.0	1.40	1.28	0.14
23B	SG_7	SJ_7	现场管理混乱→模板支撑体系缺陷	0.5	2.3	1.40	1.01	0.01
24A	SW_2	SG_7	材料设备堆放不合理→现场管理混乱	1.8	50.0	1.40	1.28	0.15
24B	SG_7	SW_2	现场管理混乱→材料设备堆放不合理	1.8	9.3	1.40	1.03	0.04
25A	SW_4	SG_7	设备设施故障或操作不当→现场管理混乱	5.9	46.4	1.30	1.20	0.14
25B	SG_7	SW_4	现场管理混乱→设备设施故障或操作不当	5.9	30.2	1.30	1.10	0.11
26A	SH_6	SG_7	燃电管道探查或保护不足→现场管理混乱	4.2	45.5	1.27	1.18	0.11
26B	SG_7	SH_6	现场管理混乱→燃电管道探查或保护不足	4.2	11.6	1.27	1.03	0.04
27A	SR_4	SG_7	违章施工作业→现场管理混乱	5.9	43.3	1.21	1.13	0.10
27B	SG_7	SR_4	现场管理混乱→违章施工作业	5.9	30.2	1.21	1.08	0.08
28A	SW_1	SG_7	材料选择不当→现场管理混乱	14.2	40.5	1.13	1.08	0.07
28B	SG_7	SW_1	现场管理混乱→材料选择不当	14.2	39.5	1.13	1.08	0.07
29A	SJ_6	SG_7	结构自身质量缺陷→现场管理混乱	3.6	40.0	1.12	1.07	0.05
29B	SG_7	SJ_6	现场管理混乱→结构自身质量缺陷	3.6	18.6	1.12	1.02	0.03
30A	SR_7	SG_7	工人疲劳作业→现场管理混乱	0.8	35.7	1.00	1.00	0.00
30B	SG_7	SR_7	现场管理混乱→工人疲劳作业	0.8	11.6	1.00	1.00	0.00
31A	SG_7	SJ_1	现场管理混乱→勘察或补勘不足	5.0	14.0	0.99	1.00	0.00
31B	SJ_1	SG_7	勘察或补勘不足→现场管理混乱	5.0	35.3	0.99	0.99	−0.01

序号	前项	后项	规则描述	支持度百分比（%）	置信度百分比（%）	提升度	信任度	匹配度
32A	SH_1	SG_7	自然灾害→现场管理混乱	6.7	34.8	0.97	0.98	−0.01
32B	SG_7	SH_1	现场管理混乱→自然灾害	6.7	18.6	0.97	0.99	−0.01
33A	SH_2	SG_7	复杂的地质条件→现场管理混乱	0.8	33.3	0.93	0.96	−0.03
33B	SG_7	SH_2	现场管理混乱→复杂的地质条件	0.8	2.3	0.93	1.00	0.00
34A	SH_3	SG_7	不明地下水文条件→现场管理混乱	7.5	27.3	0.76	0.88	−0.12
34B	SG_7	SH_3	现场管理混乱→不明地下水文条件	7.5	20.9	0.76	0.92	−0.10
35A	SH_5	SG_7	雨污水管道探查或保护不足→现场管理混乱	7.5	27.3	0.76	0.88	−0.12
35B	SG_7	SH_5	现场管理混乱→雨污水管道探查或保护不足	7.5	20.9	0.76	0.92	−0.10

附录3

安全风险因素因果规则及语义描述　　　　　　附表3

序号	因果关系	事故调查报告中的语义描述	语言模式
1	SG_1安全管理机构不健全→SG_2对分包单位管理不当	施工单位**安全管理机构**不健全、安全制度不完善，因而专业**分包安全管理**不到位。	模式④
2	SG_1安全管理机构不健全→SG_7现场管理混乱	施工单位**安全管理机构**不健全导致现场安全**管理**不足。	模式①
3	SG_7现场管理混乱→SG_2对分包单位管理不当	**现场安全管理**不到位，致使施工单位对专业**分包安全管理**出现漏洞。	模式①
4	SG_7现场管理混乱→SG_5安全培训不足	施工单位对现场**安全管理**落实不力，使得对职工**安全培训**不力、**安全交底**和**按章作业**未落实到实处。	模式①
5	SG_7现场管理混乱→SJ_5安全交底不充分	施工单位对现场**安全管理**落实不力，使得对职工**安全培训**不力、**安全交底**和**按章作业**未落实到实处。	模式①
6	SG_7现场管理混乱→SR_6吊装起重或设备操作不当	施工单位**安全管理**不完善，在吊装时未能及时安排管理人员到场，**造成**作业人员**吊装**操作不当。	模式①
7	SG_{10}工期压力大→SG_5安全培训不足	为了赶**工期**，未能对现场作业人员进行**安全培训**。	模式③
8	SG_{10}工期压力大→SG_8安全防护不足	项目**工期**较紧张，**因此**未能及时完善现场安全**防护**。	模式④
9	SG_{10}工期压力大→SR_7工人疲劳作业	施工人员**工作时间长**（24h分两班工作）造成施工人员身心**疲劳**、反应迟缓。	模式①
10	SG_{11}监理监管不足→SG_4安全检查不足	现场**监理**人员监管不足，**因而**未尽到**安全检查**的责任。	模式③
11	SG_{11}监理监管不足→SG_7现场管理混乱	现场**监理**人员未能做到严格监理，**使得现场管理**混乱。	模式①
12	SJ_5安全交底不充分→SW_4设备设施故障或操作不当	工人在**操作设备**时未充分考虑现场安全隐患，**部分原因是安全交底**不到位。	模式②
13	SR_2施工技术欠缺→SG_4安全检查不足	由于施工人员**技术**不足，没有及时**检查**出安全隐患。	模式③
14	SR_2施工技术欠缺→SJ_9补救措施不足	**技术**人员在危机征兆出现时判断不足，**导致**缺乏有效及时的**补救**措施，事故损失扩大。	模式①
15	SR_3违章指挥→SG_7现场管理混乱	施工单位管理人员**违章指挥**，**致使**现场交叉作业，**安全管理**控制失效。	模式①
16	SR_5未按设计要求施工→SJ_8基坑支护体系缺陷	现场人员盲目采用机械方式一次开挖成型约4.5m的沟槽，超出设计深度1m，也未及时进行支护，且放坡不足，**致使支护**坑壁支撑力不足，为后续施工留下隐患。	模式①

备注：表中灰色背景表示因果提示词，加粗字体表示原因因素或者结果因素。

安全风险数据挖掘及量化评估　城市轨道交通建设项目

序号	因果关系	事故调查报告中的语义描述	语言模式
1	SG_1安全管理机构不健全→SG_3安全制度及其落实不足	完善施工单位安全管理机构及人员配备，以落实安全生产责任制和安全管理制度。	模式④
2	SG_1安全管理机构不健全→SG_9施工组织协调不力	现场施工组织协调不足，一部分原因是施工单位安全管理机构不健全。	模式②
3	SG_2对分包单位管理不当→SG_4安全检查不足	由于现场分包单位管理薄弱，未能及时进行发现安全隐患。	模式③
4	SG_3安全制度及其落实不足→SG_4安全检查不足	通过建立健全安全管理规章制度，以加强施工单位安全培训和安全检查力度。	模式④
5	SG_3安全制度及其落实不足→SG_5安全培训不足	施工单位应加强安全制度及其落实，以强化安全培训的力度和水平。	模式④
6	SG_3安全制度及其落实不足→SG_6应急预案及演练不足	加强安全管理制度，从而进一步完善和及时启动应急预案。	模式④
7	SG_3安全制度及其落实不足→SG_7现场管理混乱	安全生产责任不落实不到位使得现场管理薄弱。	模式①
8	SG_4安全检查不足→SG_8安全防护不足	现场管理人员必须强化现场的安全检查力度，从而完善有关的安全防护设施。	模式④
9	SG_4安全检查不足→SW_2材料堆放不合理	施工单位安全监管、检查不到位，因此未能及时发现盾构施工区域材料堆放过多。	模式④
10	SG_4安全检查不足→SW_4设备设施故障或操作不当	定期进行安全检查工作，以提前发现并排查设备故障。	模式④
11	SG_5安全培训不足→SG_4安全检查不足	施工人员未经培训上岗，造成理应在施工过程中发现安全隐患而未能及时发现。	模式①
12	SG_5安全培训不足→SG_6应急预案及演练不足	进一步强化施工单位安全培训，促使应急预案能够组织演练到位。	模式①
13	SG_5安全培训不足→SJ_5安全交底不充分	施工人员未组织好安全培训工作，影响安全交底的效果。	模式①
14	SG_5安全培训不足→SJ_9补救措施不足	有必要加强对相关人员的培训，使其在险情状态下能够果断采取应急补救措施，减小事故损失。	模式①
15	SG_5安全培训不足→SR_4违章施工作业	要不间断地进行安全教育、安全培训，以减少违规作业的情况发生。	模式④
16	SG_5安全培训不足→SR_7吊装起重或设备操作不当	吊车司机及信号工未进行施工前安全培训，导致在起吊作业时对吊物斜拉拖拽，造成事故发生。	模式①
17	SG_5安全培训不足→SW_4设备设施故障或操作不当	定期进行安全教育和培训工作，以加强特种设备的使用管理。	模式④
18	SG_6应急预案及演练不足→SJ_9补救措施不足	事故发生后未积极采取补救措施，主要原因在于未能制定科学合理的应急预案。	模式②
19	SG_7现场管理混乱→SG_4安全检查不足	未严格进行现场管理，导致危险作业区监督检查力度不足，未及时发现现场事故隐患。	模式①
20	SG_7现场管理混乱→SG_6应急预案及演练不足	施工单位安全生产管理力度不够强，因而未能制定科学合理的应急预案。	模式④

序号	因果关系	事故调查报告中的语义描述	语言模式
21	SG_7现场管理混乱→SG_8安全防护不足	施工现场安全管理存在盲点,导致移动操作平台没有设置护栏等安全防护措施且验收通过。	模式①
22	SG_7现场管理混乱→SJ_3监测方案及其落实不足	施工单位安全生产管理力度不足,使监测方案未能有效落实。	模式①
23	SG_7现场管理混乱→SJ_4施工方案不当	由于项目部技术管理力量薄弱,在基坑施工中采取分层开挖横向支撑时,对处置纵向留坡的留设方案和落实措施不力。	模式③
24	SG_7现场管理混乱→SJ_6结构自身质量缺陷	施工管理控制失效,造成支撑体系中的围檩施工质量差,强度不足局部支撑增大压力导致对应位置的围檩变形失稳、钢支撑失效。	模式①
25	SG_7现场管理混乱→SJ_7模板支撑体系缺陷	因施工管理力量薄弱,在搭设模板支撑结构时未能严格执行标准规范,使得模板支撑体系结构产生局部失稳坍塌。	模式①+③
26	SG_7现场管理混乱→SJ_8基坑支护体系缺陷	由于承包商施工管理力量薄弱导致基坑钢支撑架设缓慢。	模式①+③
27	SG_7现场管理混乱→SJ_9补救措施不足	施工单位精细化管理有欠缺,故而采取的补救措施未能充分体现精细化管理要求。	模式④
28	SG_7现场管理混乱→SR_4违章施工作业	施工单位对现场安全管理落实不力,使得对职工安全培训不力、安全交底和按章作业未落实到实处。	模式①
29	SG_7现场管理混乱→SR_5未按设计要求施工	施工单位现场安全管理失效,致使擅自改变设计做法或简化工序流程。	模式①
30	SG_7现场管理混乱→SW_2材料设备堆放不合理	施工单位因管理措施不到位,将建筑材料堆放在管道上方,离基坑过近引起塌方。	模式③
31	SG_7现场管理混乱→SW_4设备设施故障或操作不当	施工现场的设备、设施安全管理存在盲点,导致电机车视频探头缺失、无行车记录等设备、设施操作不当的情况。	模式①
32	SG_9施工组织协调不力→SG_2对分包单位管理不当	因现场施工组织协调不到位、安全生产责任落实不清,造成分包单位安全管理缺乏,分包单位施工人员技术水平不足。	模式①+③
33	SG_9施工组织协调不力→SG_6应急预案及演练不足	加强外部协调和联络,以进一步完善应急救援体系、细化应急救援预案。	模式④
34	SG_9施工组织协调不力→SG_7现场管理混乱	施工现场安全管理不到位,主要在于施工单位项目部组织协调力度不足。	模式②
35	SG_9施工组织协调不力→SH_4周边建(构)筑物探查或保护不足	加强与建设单位、设计单位的协调沟通,以充分考虑地下管线、建筑物等障碍物对地铁施工的影响和相关资料的不确定性,合理选择安全间距。	模式④
36	SG_9施工组织协调不力→SH_5雨污水管道探查或保护不足	加强与建设单位、设计单位的协调沟通,以充分考虑地下管线、建筑物等障碍物对地铁施工的影响和相关资料的不确定性,合理选择安全间距。	模式④
37	SG_9施工组织协调不力→SH_6燃电管道探查或保护不足	加强与建设单位、设计单位的协调沟通,以充分考虑地下管线、建筑物等障碍物对地铁施工的影响和相关资料的不确定性,合理选择安全间距。	模式④

序号	因果关系	事故调查报告中的语义描述	语言模式
38	SG$_9$施工组织协调不力→SJ$_9$补救措施不足	施工单位在事故发生后未能及时**组织协调**相关人员，**影响补救措施**的开展，造成事故损失进一步扩大。	模式①
39	SG$_{10}$工期压力大→SG$_6$应急预案及演练不足	现场**施工工期**紧张，**因此**未能编制**应急预案**，也未进行应急预案演练。	模式④
40	SG$_{10}$工期压力大→SG$_7$现场管理混乱	在**工期紧**、赶工的情况下，**使得**施工项目的**现场管理**失控。	模式①
41	SG$_{10}$工期压力大→SJ$_8$基坑支护体系缺陷	**由于工期压力大**，施工单位开挖超挖造成**基坑支撑**不及时，未能形成有效支撑的闭合环。	模式③
42	SG$_{11}$监理监管不足→SG$_8$安全防护不足	进一步加强**监理监管**的力度和细度，**以**提高现场施工区域的**安全防护**水平。	模式④
43	SG$_{11}$监理监管不足→SJ$_4$施工方案不当	**监理人员**对专项施工方案相关内容缺乏了解，**因而**不能及时纠正**施工方案**忽视后续施工安全条件、一次开挖成型较深沟槽的错误做法。	模式④
44	SG$_{11}$监理监管不足→SR$_3$违章指挥	**监理人员**没有认真履行监理职责，而未能及时制止施工方管理人员**违章指挥**以及施工人员进行支架搭设和地梁倒筋绑扎等**违章作业**。	模式④
45	SG$_{11}$监理监管不足→SR$_4$违章施工作业	**监理人员**没有认真履行监理职责，而未能及时制止施工方管理人员**违章指挥**以及施工人员进行支架搭设和地梁倒筋绑扎等**违章作业**。	模式④
46	SG$_{11}$监理监管不足→SR$_5$未按设计要求施工	同时，**监理人员**也未尽到监管责任，进一步**造成**施工作业未符合**设计要求**。	模式①
47	SG$_{11}$监理监管不足→SR$_6$吊车起重不当	司机**吊装**作业操作不当，部分原因**来自监理人员**不在场，未尽到监管职责。	模式②
48	SJ$_1$勘察或补勘不足→SG$_6$应急预案及演练不足	**勘察单位**没有查明附近区域的承压水，**致使**施工时没有做好**应急预控**措施。	模式①
49	SJ$_1$勘察或补勘不足→SJ$_2$设计缺陷	**勘察单位**没有查明地下有承压水，是**导致**设计方在基坑稳定性方面**设计不合理**的部分原因。	模式①
50	SJ$_1$勘察或补勘不足→SW$_3$机械设备选型不当	**只有**准确**勘察**和了解地质条件，**才能**对**盾构机**的**选型**和盾构机刀盘、刀具布置等有较准确的判别。	模式③
51	SJ$_2$设计缺陷→SJ$_8$基坑支护体系缺陷	基坑开挖卸荷，围护形式**设计刚度**不足以将基坑变形控制在可控范围，**造成支护体系**存在缺陷。	模式①
52	SJ$_3$监测方案及其落实不足，SH$_4$周边建（构）筑物探查或保护不足	地铁公司要加强对**施工监测**的管理，以及时将地下水位、自来水和雨水、污水等各类**管线**及周边建、构筑物的变形等监测数据反馈给有关各方，实现信息化施工和正确决策。	模式④
53	SJ$_3$监测方案及其落实不足，SH$_5$雨污水管道探查或保护不足	地铁公司要加强对**施工监测**的管理，以及时将地下水位、自来水和雨水、污水等各类**管线**及周边建、构筑物的变形等监测数据反馈给有关各方，实现信息化施工和正确决策。	模式④

附录

序号	因果关系	事故调查报告中的语义描述	语言模式
54	SJ_3监测方案及其落实不足，SH_6燃电管道探查或保护不足	地铁公司要加强对**施工监测**的管理，以及时将地下水位、自来水和雨水、污水等各类**管线**及周边建、**构筑物**的变形等监测数据反馈给有关各方，实现信息化施工和正确决策。	模式④
55	SJ_3监测方案及其落实不足→SJ_9补救措施不足	第三方**监测单位**没有及时上传数据并反馈信息，**使得**专家组不能快速做出**补救措施**。	模式①
56	SJ_4施工方案不当→SJ_6结构自身质量缺陷	区间洞门采用大管棚注浆，**由于施工方案**既定的注浆压力未考虑地下水情况，**因此**浆液加固达不到既定的**施工质量**效果。	模式①+④
57	SJ_4施工方案不当→SJ_8基坑支护体系缺陷	施工单位编制的开挖方案无法指导施工，且第四层、第五层土是一次挖成的，**因而**第四道**支撑系统**（围檩）无法形成完整结构体系，造成支撑不及时，围护体系失稳。	模式④
58	SJ_5安全交底不充分→SJ_6结构自身质量缺陷	施工单位未能充分组织**安全技术交底**，在一定程度上**影响**该部位的施工工艺和**施工质量**。	模式①
59	SJ_5安全交底不充分→SR_4违章施工作业	施工单位**安全技术交底**不到位，而**引发**工人**违规作业**。	模式①
60	SJ_5安全交底不充分→SR_5未按设计要求施工	项目部未充分组织**安全技术交底**，**使得**施工作业人员未能充分掌握工序的作业标准和**设计要求**。	模式①
61	SJ_5安全交底不充分→SR_6吊车起重不当	作业人员**起重吊装**作业时擅离岗位，部分原因是施工单位未进行**安全技术交底**，未充分了解危险点和应对措施。	模式②
62	SR_1安全意识不足→SG_3安全制度及其落实不足	项目部有关人员**安全意识淡薄**，一定程度上**致使安全制度**和责任落实不清。	模式①
63	SR_1安全意识不足→SG_4安全检查不足	**由于**管理层**安全意识**不强，执行技术标准不严格，**造成**施工作业人员**安全检查**不足。	模式①+③
64	SR_1安全意识不足→SG_6应急预案及演练不足	管理人员缺乏**安全意识**，**因而**未编制合理可行的**应急预案**。	模式④
65	SR_1安全意识不足→SG_7现场管理混乱	施工单位**管理**松散，部分原因**来自**其**心理懈怠**。	模式②
66	SR_1安全意识不足→SG_8安全防护不足	**因**施工人员对危险气体的**认识**不足，带班领导带领盾构机司机在没有采取**安全防护**措施的情况下，冒险再次进入隧道对危害气体做进一步隐患排查，突遇爆炸导致人员死亡。	模式③
67	SR_1安全意识不足→SG_{10}工期压力大	施工人员的**安全生产意识**淡薄归因于**安全教育培训**不到位。	模式②
68	SR_1安全意识不足→SJ_5安全交底不充分	施工人员对**此认识**不足，**而**未能深入细致地进行**安全交底**。	模式④
69	SR_1安全意识不足→SR_3违章指挥	**由于**作业层人员**安全意识**不强，**造成违章作业**。	模式①+③
70	SR_1安全意识不足→SR_4违章施工作业	**由于**操作工本人**安全意识淡薄**，在电机车未能完全制动情况下**违章私自**随意靠近电机车，导致碾压致死。	模式③

序号	因果关系	事故调查报告中的语义描述	语言模式
71	SR_1安全意识不足→SR_5未按设计要求施工	施工人员**安全意识淡薄**，为了施工快捷**而未按设计要求施工**。	模式④
72	SR_1安全意识不足→SR_6吊车起重不当	负责操控起重机的司机存在**侥幸心理**擅自离开岗位**造成吊车车臂发生断裂**。	模式①
73	SR_1安全意识不足→SR_7工人疲劳作业	管理和施工作业人员**安全意识不足**，**使工人连续加班作业**，带来安全隐患。	模式①
74	SR_1安全意识不足→SW_4设备设施故障或操作不当	施工作业人员也应进一步提高自我防范**意识**，**从而明确**自己的岗位和职责，不能擅自操作自己不熟悉或与自己工种无关的**设备设施**。	模式④
75	SR_2施工技术欠缺→SJ_3监测方案及其落实不足	施工人员**技术水平**不足，**因此监测方案**存在技术漏洞，无法适应现场复杂的地质环境监测需要。	模式④
76	SR_2施工技术欠缺→SJ_4施工方案不当	土方施工**开挖方案**不明确，难以指导现场施工，这**和**施工单位人员**技术准备**不足、**技术管理薄弱有关**。	模式②
77	SR_2施工技术欠缺→SJ_5安全交底不充分	由于施工单位**技术准备**不足，在沟槽开挖前未向施工人员进行沟槽开挖的**安全交底**。	模式③
78	SR_2施工技术欠缺→SJ_6结构自身质量缺陷	施工作业人员缺乏专业**技术水平**，**导致施工质量**存在不足。	模式①
79	SR_2施工技术欠缺→SW_1材料选择不当	施工技术人员**技术不足**，**致使**辅助施工**材料选择不当**，不能满足施工要求。	模式①
80	SR_2施工技术欠缺→SW_3机械设备选型不当	施工单位**技术储备**不足，**导致设备选用**过程中出现缺陷。	模式①
81	SR_2施工技术欠缺→SW_4设备设施故障或操作不当	施工和监理人员不熟悉盾构机掘进施工的**技术要求**，**导致**操作人员**不当操作**。	模式①
82	SR_3违章指挥→SR_4违章施工作业	施工管理人员**违章指挥**，**致使**现场人员未遵照标准规范**违章施工作业**。	模式①
83	SR_3违章指挥→SR_6吊车起重不当	现场指挥人员不到位，**使得**吊车司机在无人指挥的情况下**吊装作业**，造成吊车倾覆。	模式①
84	SR_5未按设计要求施工→SJ_6结构自身质量缺陷	浆液配合比未符合**设计要求**，进而**影响**同步注浆**质量**效果。	模式①
85	SR_7工人疲劳作业→SR_4违章施工作业	**因超时作业**，作业工人出现**违章作业**。	模式③
86	SR_7工人疲劳作业→SR_6吊车起重不当	**因工人疲劳作业**，吊车操作人员未能严格按照规章规程施工操作。	模式③
87	SW_1材料选择不当→SJ_6结构自身质量缺陷	由于风井SMW上法圈护桩中H型钢**材料选择不当**，**造成施工质量**较差，整体强度不均匀。	模式①
88	SW_3机械设备选型不当→SJ_6结构自身质量缺陷	钻孔机械选择不当，**使得**超前小导管外插角较大，管棚**质量**不能完全发挥。	模式①
89	SW_4设备设施故障或操作不当→SR_6吊装起重或设备操作不当	由于作业人员**操作不当**，**造成吊装吊臂**倾斜，砸到周边工作人员。	模式①+③

备注：表中灰色背景表示因果提示词，加粗字体表示原因因素或者结果因素。

安全风险传递综合影响矩阵（T）

	SH₁	SH₂	SH₃	SH₄	SH₅	SH₆	SG₁	SG₂	SG₃	SG₄	SG₅	SG₆	SG₇	SG₈	SG₉	SG₁₀	SG₁₁	SR₁	SR₂	SR₃	SR₄	SR₅	SR₆	SR₇	SJ₁	SJ₂	SJ₃	SJ₄	SJ₅	SJ₆	SJ₇	SJ₈	SJ₉	SW₁	SW₂	SW₃	SW₄
SH₁	0.011	0.045	0.038	0.001	0.043	0.000	0.000	0.000	0.000	0.000	0.000	0.000	0.000	0.005	0.000	0.000	0.000	0.004	0.000	0.000	0.053	0.000	0.000	0.000	0.000	0.000	0.024	0.000	0.000	0.000	0.000	0.055	0.001	0.001	0.010	0.000	0.002
SH₂	0.045	0.013	0.005	0.001	0.002	0.000	0.000	0.000	0.000	0.000	0.000	0.001	0.000	0.000	0.000	0.000	0.000	0.065	0.000	0.000	0.003	0.000	0.000	0.000	0.001	0.001	0.024	0.000	0.000	0.000	0.000	0.083	0.001	0.000	0.000	0.000	0.000
SH₃	0.038	0.005	0.014	0.000	0.072	0.000	0.000	0.000	0.000	0.000	0.000	0.001	0.000	0.008	0.000	0.000	0.000	0.040	0.000	0.000	0.078	0.000	0.001	0.000	0.000	0.000	0.016	0.000	0.000	0.000	0.000	0.003	0.001	0.001	0.000	0.000	0.022
SH₄	0.000	0.000	0.000	0.000	0.000	0.000	0.000	0.000	0.000	0.000	0.000	0.000	0.000	0.000	0.000	0.000	0.000	0.000	0.000	0.000	0.000	0.000	0.000	0.000	0.000	0.000	0.000	0.000	0.000	0.000	0.000	0.000	0.000	0.000	0.000	0.000	0.000
SH₅	0.043	0.002	0.072	0.000	0.008	0.001	0.000	0.000	0.000	0.000	0.000	0.000	0.000	0.031	0.000	0.000	0.000	0.003	0.000	0.000	0.009	0.000	0.002	0.000	0.003	0.000	0.002	0.000	0.000	0.000	0.000	0.002	0.000	0.000	0.000	0.000	0.003
SH₆	0.000	0.000	0.000	0.001	0.000	0.000	0.000	0.000	0.000	0.000	0.001	0.001	0.011	0.020	0.000	0.000	0.000	0.000	0.000	0.000	0.001	0.001	0.001	0.000	0.000	0.000	0.001	0.001	0.000	0.000	0.000	0.001	0.001	0.000	0.000	0.000	0.001
SG₁	0.000	0.000	0.000	0.000	0.000	0.000	0.000	0.011	0.005	0.002	0.001	0.001	0.011	0.001	0.005	0.000	0.000	0.003	0.000	0.000	0.001	0.001	0.001	0.000	0.000	0.000	0.001	0.001	0.000	0.003	0.000	0.000	0.001	0.000	0.000	0.000	0.001
SG₂	0.000	0.000	0.000	0.000	0.000	0.000	0.000	0.000	0.000	0.035	0.001	0.000	0.000	0.003	0.000	0.000	0.000	0.000	0.000	0.000	0.000	0.000	0.000	0.000	0.000	0.000	0.000	0.000	0.000	0.000	0.000	0.001	0.000	0.000	0.000	0.000	0.000
SG₃	0.001	0.001	0.001	0.001	0.000	0.000	0.000	0.004	0.000	0.084	0.041	0.032	0.079	0.016	0.000	0.000	0.000	0.006	0.000	0.000	0.007	0.004	0.005	0.000	0.006	0.000	0.004	0.006	0.003	0.003	0.000	0.008	0.011	0.000	0.002	0.000	0.011
SG₄	0.001	0.002	0.002	0.003	0.003	0.000	0.000	0.000	0.000	0.000	0.000	0.000	0.000	0.087	0.000	0.000	0.000	0.000	0.000	0.000	0.007	0.000	0.005	0.000	0.000	0.000	0.000	0.000	0.000	0.000	0.000	0.000	0.000	0.000	0.010	0.000	0.048
SG₅	0.001	0.000	0.001	0.000	0.000	0.000	0.000	0.000	0.000	0.054	0.000	0.035	0.000	0.007	0.000	0.000	0.000	0.000	0.000	0.000	0.011	0.000	0.021	0.000	0.015	0.000	0.000	0.000	0.015	0.000	0.000	0.000	0.071	0.000	0.010	0.000	0.028
SG₆	0.000	0.000	0.000	0.000	0.000	0.000	0.000	0.000	0.000	0.000	0.000	0.000	0.000	0.000	0.000	0.000	0.000	0.000	0.000	0.000	0.000	0.000	0.000	0.000	0.000	0.000	0.000	0.000	0.000	0.000	0.000	0.000	0.000	0.000	0.000	0.000	0.000
SG₇	0.011	0.010	0.009	0.005	0.001	0.000	0.000	0.045	0.000	0.105	0.074	0.077	0.000	0.118	0.000	0.000	0.000	0.001	0.000	0.000	0.076	0.055	0.049	0.000	0.001	0.000	0.054	0.074	0.026	0.044	0.005	0.104	0.091	0.001	0.021	0.000	0.079
SG₈	0.005	0.000	0.000	0.000	0.000	0.000	0.000	0.000	0.000	0.000	0.000	0.000	0.000	0.000	0.000	0.000	0.000	0.000	0.000	0.000	0.000	0.000	0.000	0.000	0.000	0.000	0.000	0.000	0.000	0.000	0.000	0.000	0.000	0.000	0.000	0.000	0.000
SG₉	0.002	0.008	0.000	0.031	0.000	0.000	0.000	0.038	0.000	0.008	0.000	0.060	0.069	0.009	0.000	0.000	0.000	0.000	0.000	0.000	0.062	0.000	0.051	0.000	0.000	0.000	0.054	0.005	0.000	0.000	0.000	0.000	0.074	0.000	0.000	0.000	0.042
SG₁₀	0.001	0.002	0.001	0.000	0.000	0.000	0.000	0.000	0.000	0.002	0.005	0.011	0.010	0.026	0.000	0.000	0.000	0.010	0.000	0.000	0.005	0.004	0.003	0.010	0.000	0.000	0.004	0.005	0.002	0.003	0.000	0.007	0.074	0.000	0.001	0.000	0.006
SG₁₁	0.003	0.001	0.004	0.002	0.001	0.001	0.000	0.003	0.000	0.066	0.005	0.005	0.066	0.057	0.000	0.000	0.000	0.000	0.000	0.030	0.049	0.048	0.036	0.000	0.010	0.000	0.004	0.040	0.002	0.005	0.000	0.011	0.003	0.000	0.002	0.000	0.011
SR₁	0.005	0.007	0.007	0.004	0.002	0.002	0.000	0.004	0.054	0.113	0.009	0.073	0.096	0.114	0.000	0.015	0.000	0.001	0.000	0.045	0.067	0.050	0.052	0.010	0.001	0.000	0.005	0.007	0.032	0.005	0.000	0.013	0.012	0.001	0.003	0.000	0.084
SR₂	0.001	0.002	0.002	0.001	0.001	0.000	0.000	0.004	0.000	0.051	0.030	0.001	0.000	0.006	0.000	0.000	0.000	0.001	0.000	0.000	0.002	0.000	0.002	0.010	0.001	0.000	0.050	0.025	0.005	0.021	0.000	0.003	0.059	0.005	0.001	0.005	0.028
SR₃	0.002	0.002	0.002	0.002	0.002	0.000	0.000	0.000	0.000	0.005	0.003	0.003	0.045	0.007	0.000	0.000	0.000	0.000	0.000	0.000	0.023	0.002	0.022	0.000	0.000	0.000	0.002	0.003	0.001	0.002	0.000	0.005	0.004	0.000	0.001	0.005	0.004
SR₄	0.053	0.003	0.078	0.009	0.000	0.000	0.000	0.000	0.000	0.000	0.000	0.000	0.000	0.062	0.000	0.000	0.000	0.003	0.000	0.000	0.013	0.000	0.004	0.000	0.000	0.000	0.003	0.000	0.000	0.000	0.000	0.003	0.000	0.000	0.001	0.000	0.029
SR₅	0.003	0.005	0.000	0.000	0.000	0.000	0.000	0.000	0.000	0.000	0.000	0.000	0.000	0.000	0.000	0.000	0.000	0.003	0.000	0.000	0.013	0.000	0.003	0.000	0.000	0.000	0.003	0.000	0.000	0.000	0.000	0.060	0.000	0.010	0.001	0.000	0.029
SR₆	0.000	0.000	0.000	0.000	0.000	0.001	0.000	0.000	0.000	0.000	0.000	0.000	0.000	0.050	0.000	0.000	0.000	0.000	0.000	0.000	0.003	0.000	0.003	0.000	0.000	0.000	0.003	0.000	0.000	0.000	0.000	0.000	0.000	0.000	0.000	0.000	0.002
SR₇	0.000	0.000	0.000	0.000	0.000	0.000	0.000	0.000	0.000	0.000	0.000	0.000	0.000	0.000	0.000	0.000	0.000	0.000	0.000	0.000	0.000	0.000	0.000	0.000	0.000	0.000	0.000	0.000	0.000	0.000	0.000	0.000	0.000	0.000	0.000	0.000	0.000
SR₈	0.000	0.000	0.000	0.000	0.000	0.000	0.000	0.000	0.000	0.000	0.000	0.000	0.000	0.000	0.000	0.000	0.000	0.000	0.000	0.000	0.000	0.000	0.000	0.000	0.000	0.000	0.000	0.000	0.000	0.000	0.000	0.000	0.000	0.000	0.000	0.000	0.000

城市轨道交通建设项目
安全风险数据挖掘及量化评估

	SH_1	SH_2	SH_3	SH_4	SH_5	SH_6	SG_1	SG_2	SG_3	SG_4	SG_5	SG_6	SG_7	SG_8	SG_9	SG_{10}	SG_{11}	SR_1	SR_2	SR_3	SR_4	SR_5	SR_6	SR_7	SJ_1	SJ_2	SJ_3	SJ_4	SJ_5	SJ_6	SJ_7	SJ_8	SJ_9	SW_1	SW_2	SW_3	SW_4
SR_7	0.001	0.000	0.001	0.000	0.000	0.000	0.000	0.000	0.000	0.000	0.000	0.000	0.000	0.001	0.000	0.000	0.003	0.000	0.000	0.000	0.015	0.000	0.005	0.000	0.000	0.000	0.000	0.000	0.000	0.000	0.000	0.000	0.000	0.000	0.000	0.000	0.000
SJ_1	0.004	0.065	0.040	0.000	0.003	0.000	0.000	0.000	0.000	0.000	0.000	0.015	0.000	0.000	0.000	0.000	0.003	0.000	0.000	0.000	0.003	0.000	0.000	0.000	0.006	0.020	0.002	0.000	0.000	0.000	0.000	0.006	0.001	0.000	0.000	0.005	0.001
SJ_2	0.001	0.001	0.000	0.000	0.000	0.000	0.000	0.000	0.000	0.000	0.000	0.000	0.000	0.000	0.000	0.000	0.003	0.000	0.000	0.000	0.003	0.000	0.000	0.000	0.000	0.000	0.001	0.000	0.000	0.000	0.000	0.015	0.000	0.000	0.000	0.000	0.000
SJ_3	0.024	0.024	0.017	0.025	0.017	0.010	0.000	0.000	0.000	0.000	0.000	0.000	0.000	0.001	0.000	0.000	0.003	0.000	0.000	0.000	0.003	0.000	0.000	0.000	0.002	0.000	0.003	0.000	0.000	0.000	0.000	0.043	0.040	0.000	0.000	0.000	0.000
SJ_4	0.003	0.004	0.000	0.000	0.000	0.000	0.000	0.000	0.000	0.000	0.000	0.000	0.000	0.000	0.000	0.000	0.003	0.000	0.000	0.000	0.000	0.005	0.000	0.000	0.000	0.000	0.002	0.000	0.000	0.045	0.000	0.050	0.000	0.000	0.000	0.000	0.045
SJ_5	0.001	0.000	0.002	0.000	0.000	0.000	0.000	0.000	0.000	0.000	0.000	0.000	0.000	0.000	0.000	0.000	0.003	0.000	0.000	0.000	0.016	0.000	0.006	0.000	0.000	0.000	0.000	0.000	0.000	0.005	0.000	0.000	0.000	0.000	0.000	0.000	0.000
SJ_6	0.000	0.000	0.000	0.000	0.000	0.000	0.000	0.000	0.000	0.000	0.000	0.000	0.000	0.000	0.000	0.000	0.003	0.000	0.000	0.000	0.000	0.000	0.000	0.000	0.000	0.000	0.000	0.000	0.000	0.000	0.000	0.000	0.000	0.000	0.000	0.000	0.000
SJ_7	0.055	0.083	0.003	0.001	0.003	0.000	0.000	0.000	0.000	0.000	0.000	0.000	0.000	0.000	0.000	0.000	0.003	0.000	0.000	0.000	0.003	0.000	0.000	0.000	0.005	0.000	0.043	0.000	0.000	0.000	0.000	0.011	0.002	0.000	0.001	0.000	0.000
SJ_8	0.000	0.000	0.003	0.000	0.000	0.000	0.000	0.000	0.000	0.000	0.000	0.000	0.000	0.000	0.000	0.000	0.003	0.000	0.000	0.000	0.000	0.000	0.000	0.000	0.000	0.000	0.000	0.000	0.000	0.000	0.000	0.000	0.000	0.000	0.000	0.000	0.000
SW_1	0.001	0.000	0.001	0.000	0.000	0.000	0.000	0.000	0.000	0.000	0.000	0.000	0.000	0.001	0.000	0.000	0.003	0.000	0.000	0.000	0.010	0.000	0.000	0.000	0.000	0.000	0.000	0.000	0.000	0.005	0.000	0.001	0.000	0.000	0.000	0.000	0.000
SW_2	0.010	0.000	0.000	0.000	0.000	0.000	0.000	0.000	0.000	0.000	0.000	0.000	0.000	0.000	0.000	0.000	0.003	0.000	0.000	0.000	0.001	0.000	0.000	0.000	0.000	0.000	0.000	0.000	0.000	0.000	0.000	0.000	0.000	0.000	0.000	0.000	0.000
SW_3	0.000	0.000	0.000	0.000	0.000	0.000	0.000	0.000	0.000	0.000	0.000	0.000	0.000	0.000	0.000	0.000	0.003	0.000	0.000	0.000	0.000	0.000	0.000	0.000	0.001	0.000	0.000	0.000	0.000	0.000	0.000	0.000	0.000	0.000	0.000	0.000	0.000
SW_4	0.002	0.000	0.022	0.000	0.003	0.001	0.000	0.000	0.000	0.000	0.000	0.000	0.000	0.043	0.000	0.000	0.003	0.000	0.000	0.000	0.029	0.000	0.027	0.300	0.001	0.000	0.000	0.000	0.000	0.000	0.000	0.000	0.000	0.000	0.000	0.003	0.003

附录

附录5

安全风险因素可达矩阵（K）

附表6

	SH₁	SH₂	SH₃	SH₄	SH₅	SH₆	SG₁	SG₂	SG₃	SG₄	SG₅	SG₆	SG₇	SG₈	SG₉	SG₁₀	SG₁₁	SR₁	SR₂	SR₃	SR₄	SR₅	SR₆	SR₇	SJ₁	SJ₂	SJ₃	SJ₄	SJ₅	SJ₆	SJ₇	SJ₈	SJ₉	SW₁	SW₂	SW₃	SW₄
SH₁	1	0	0	0	0	0	0	0	0	0	0	0	0	0	0	0	0	0	0	0	0	0	0	0	0	0	0	0	0	0	0	0	0	0	0	0	0
SH₂	0	1	0	0	0	0	0	0	0	0	0	0	0	0	0	0	0	0	0	0	0	0	0	0	0	0	0	0	0	0	0	0	0	0	0	0	0
SH₃	0	0	1	0	0	0	0	0	0	0	0	0	0	0	0	0	0	0	0	0	0	0	0	0	0	0	0	0	0	0	0	0	0	0	0	0	0
SH₄	0	0	0	1	0	0	0	0	0	0	0	0	0	0	0	0	0	0	0	0	0	0	0	0	0	0	0	0	0	0	0	0	0	0	0	0	0
SH₅	0	0	0	0	1	0	0	0	0	0	0	0	0	0	0	0	0	0	0	0	0	0	0	0	0	0	0	0	0	0	0	0	0	0	0	0	0
SH₆	0	0	0	0	0	1	0	0	0	0	0	0	0	0	0	0	0	0	0	0	0	0	0	0	1	0	0	0	0	0	0	0	0	1	0	0	0
SG₁	0	0	0	0	0	0	1	0	0	0	0	0	0	0	0	0	0	0	0	0	0	0	0	0	0	0	0	0	0	0	0	0	0	0	0	0	0
SG₂	0	0	0	0	0	0	0	1	0	0	0	0	0	0	0	0	0	0	0	0	0	0	0	0	0	0	0	0	0	0	0	0	0	0	0	0	0
SG₃	0	0	0	0	0	0	0	0	1	0	0	0	0	0	0	0	0	0	0	0	0	0	0	0	0	0	0	0	0	0	0	0	0	0	0	0	0
SG₄	0	0	0	0	0	0	0	0	0	1	0	0	0	0	0	0	0	0	0	0	0	0	0	0	0	0	0	0	0	0	0	0	0	0	0	0	0
SG₅	0	0	0	0	0	0	0	0	0	0	1	0	0	0	0	0	0	0	0	0	0	0	0	0	0	0	0	0	0	0	0	0	0	0	0	0	0
SG₆	0	0	0	0	0	0	0	0	0	0	0	1	0	0	0	0	0	0	0	0	0	0	0	0	0	0	0	0	0	0	0	0	0	0	0	0	0
SG₇	0	0	0	0	0	0	0	0	0	0	0	0	1	0	0	0	0	0	0	0	0	0	0	0	0	0	0	0	0	0	0	0	0	0	0	0	0
SG₈	0	0	0	0	0	0	0	0	0	0	0	0	0	1	0	0	0	0	0	0	0	0	0	0	0	0	0	0	0	0	0	0	0	0	0	0	0
SG₉	0	0	0	0	0	0	0	0	0	0	0	0	0	0	1	0	0	0	0	0	0	0	0	0	0	0	0	0	0	0	0	0	0	0	0	0	0
SG₁₀	0	0	0	0	0	0	0	0	0	0	0	0	0	0	0	1	0	0	0	0	0	0	0	0	0	0	0	0	0	0	0	0	0	0	0	0	0
SG₁₁	0	0	0	0	0	0	0	0	0	0	0	0	0	0	0	0	1	0	0	0	0	0	0	0	0	0	0	0	0	0	0	0	0	0	0	0	0
SR₁	0	0	0	0	0	0	0	0	0	0	0	0	0	0	0	0	0	1	0	0	0	0	0	0	0	0	0	0	0	0	0	0	0	0	0	0	0
SR₂	0	0	0	0	0	0	0	0	0	0	0	0	0	0	0	0	0	0	1	0	0	0	0	0	0	0	0	0	0	0	0	0	0	0	0	0	0
SR₃	0	0	0	0	0	0	0	0	0	0	0	0	0	0	0	0	0	0	0	1	0	0	0	0	0	0	0	0	0	0	0	0	0	0	0	0	0
SR₄	0	0	0	0	0	0	0	0	0	0	0	0	0	0	0	0	0	0	0	0	1	0	0	0	0	0	0	0	0	0	0	0	0	0	0	0	0
SR₅	0	0	0	0	0	0	0	0	0	0	0	0	0	0	0	0	0	0	0	0	0	1	0	0	0	0	0	0	0	0	0	0	0	0	0	0	0
SR₆	0	0	0	0	0	0	0	0	0	0	0	0	0	0	0	0	0	0	0	0	0	0	1	0	0	0	0	0	0	0	0	0	0	0	0	0	0
SR₇	0	0	0	0	0	0	0	0	0	0	0	0	0	0	0	0	0	0	0	0	0	0	0	1	0	0	0	0	0	0	0	0	0	0	0	0	0
SR₈	0	0	0	0	0	0	0	0	0	0	0	0	0	0	0	0	0	0	0	0	0	0	0	0	0	0	0	0	0	0	0	0	0	0	0	0	0

	SH1	SH2	SH3	SH4	SH5	SH6	SG1	SG2	SG3	SG4	SG5	SG6	SG7	SG8	SG9	SG10	SG11	SR1	SR2	SR3	SR4	SR5	SR6	SR7	SJ1	SJ2	SJ3	SJ4	SJ5	SJ6	SJ7	SJ8	SJ9	SW1	SW2	SW3	SW4
SR7	0	0	0	0	0	0	0	0	0	0	0	0	0	0	0	0	0	0	0	0	1	0	1	1	0	0	0	0	0	0	0	0	0	0	0	0	0
SJ1	0	0	0	0	0	0	0	0	0	0	0	0	0	0	0	0	0	0	0	0	0	0	0	0	1	1	0	0	0	1	0	0	1	0	0	1	0
SJ2	0	0	0	0	0	0	0	0	0	0	0	1	0	0	0	0	0	0	0	0	0	0	0	0	0	1	0	0	0	1	0	0	0	0	0	0	0
SJ3	0	0	0	1	0	0	0	0	0	0	0	0	0	0	0	0	0	0	0	0	0	0	0	0	0	1	1	1	0	0	0	1	0	0	0	0	0
SJ4	0	0	0	0	1	0	0	0	0	0	0	0	0	0	0	0	0	0	0	0	0	0	0	0	0	0	0	1	0	0	0	0	0	0	0	0	0
SJ5	0	0	0	0	0	0	0	0	0	0	0	0	0	0	0	0	0	0	0	0	0	1	0	0	0	0	0	0	1	1	0	1	0	0	0	0	1
SJ6	0	0	0	0	0	0	0	0	0	0	0	0	0	0	0	0	0	0	0	0	0	0	0	0	0	0	0	0	0	1	0	0	0	0	0	0	0
SJ7	0	0	0	0	0	0	0	0	0	0	0	0	0	0	0	0	0	0	0	0	0	0	0	0	0	0	0	0	0	0	1	1	1	0	0	0	0
SJ8	0	0	0	0	0	0	0	0	0	0	0	0	0	0	0	0	0	0	0	0	0	0	0	0	0	0	0	0	0	0	0	1	0	0	0	0	0
SJ9	0	0	0	0	0	0	0	0	0	0	0	0	0	0	0	0	0	0	0	0	0	0	0	0	0	0	0	0	0	1	0	0	1	0	0	0	0
SW1	0	0	0	0	0	0	0	0	0	0	0	0	0	0	0	0	0	0	0	0	0	0	0	0	0	0	0	0	0	0	0	0	0	1	1	0	0
SW2	0	0	0	0	0	0	0	0	0	0	0	0	0	0	0	0	0	0	0	0	0	0	0	0	0	0	0	0	0	0	0	0	0	1	0	0	0
SW3	0	0	0	0	0	0	0	0	0	0	0	0	0	0	0	0	0	0	0	0	0	0	1	0	0	0	0	0	0	0	0	0	0	0	0	1	0
SW4	0	0	0	0	0	0	0	0	0	0	0	0	0	0	0	0	0	0	0	0	0	0	0	0	0	0	0	0	0	0	0	0	0	0	0	0	1

233

附

录

附录6

安全风险因素骨架矩阵 附表7

	SH₁	SH₂	SH₃	SH₄	SH₅	SH₆	SG₈	SR₄	SR₆	SJ₆	SJ₇	SJ₈	SJ₉	SW₂	SG₆	SR₅	SR₇	SJ₂	SJ₃	SJ₄	SW₁	SW₃	SW₄	SG₄	SJ₁	SJ₅	SG₂	SG₅	SG₇	SR₂	SG₃	SG₉	SG₁₀	SR₃	SG₁	SG₁₁	SR₁
SH₁	0
SH₂	0	0
SH₃	0	0	0
SH₄	0	0	0	0
SH₅	0	0	0	0	0
SH₆	0	0	0	0	0	0
SG₈	0	0	0	0	0	0	0
SR₄	0	0	0	0	0	0	0	0
SR₆	0	0	0	0	0	0	0	0	0
SJ₆	0	0	0	0	0	0	0	0	0	0
SJ₇	0	0	0	0	0	0	0	0	0	0	0
SJ₈	0	0	0	0	0	0	0	0	0	0	0	0
SJ₉	0	0	0	0	0	0	0	0	0	0	0	0	0
SW₂	0	0	0	0	0	0	0	0	0	0	0	0	0	0
SG₆	0	0	0	0	0	0	0	0	0	0	0	0	1	0	0
SR₅	0	0	0	0	0	0	0	0	0	1	0	1	0	0	0	0	0
SR₇	0	0	0	0	0	0	0	1	1	0	0	0	0	0	0	0	0	0
SJ₂	0	0	0	0	0	0	0	0	0	0	0	1	0	0	0	0	0	0
SJ₃	0	0	0	1	1	1	0	0	0	0	0	0	0	1	0	0	0	0	0
SJ₄	0	0	0	0	0	0	0	0	0	1	0	1	0	0	0	0	0	0	0	0
SW₁	0	0	0	0	0	0	0	0	0	1	0	0	0	0	0	0	0	0	0	0	0
SW₃	0	0	0	0	0	0	0	0	0	1	0	0	0	0	0	0	0	0	0	0	0	0
SW₄	0	0	0	0	0	0	0	0	1	0	0	0	0	0	0	0	0	0	0	0	0	0	0

	SH₁	SH₂	SH₃	SH₄	SH₅	SH₆	SG₈	SR₄	SR₆	SJ₆	SJ₇	SJ₈	SJ₉	SW₂	SG₆	SR₅	SR₇	SJ₂	SJ₃	SJ₄	SW₁	SW₃	SW₄	SG₄	SJ₁	SJ₅	SG₂	SG₅	SG₇	SR₂	SG₃	SG₉	SG₁₀	SR₃	SG₁	SG₁₁	SR₁
SG₄	0	0	0	0	0	0	1	0	0	0	0	0	0	0	1	0	0	0	0	0	0	0	1	1	0	0	0	0	0	0	0	0	0	0	0	0	0
SJ₀	0	0	0	0	0	0	0	1	0	0	0	0	0	0	0	1	0	0	0	0	0	1	0	0	1	0	0	0	0	0	0	0	0	0	0	0	0
SJ₅	0	0	0	0	0	0	0	0	1	0	0	0	0	0	0	0	1	0	0	0	1	0	0	0	0	1	0	0	0	0	0	0	0	0	0	0	0
SG₂	0	0	0	0	0	0	0	0	0	1	0	0	0	0	0	0	0	1	0	1	0	0	0	0	0	0	1	0	0	0	0	0	0	0	0	0	0
SG₅	0	0	0	0	0	0	0	0	0	0	1	0	0	0	0	0	0	0	1	1	0	0	0	0	0	0	0	1	0	0	0	0	0	0	0	0	0
SG₇	0	0	0	0	0	0	0	0	0	0	0	1	0	0	0	0	0	1	1	0	0	1	0	0	0	0	0	0	1	0	0	0	0	0	0	0	0
SR₂	0	0	0	0	0	0	0	0	0	0	0	0	1	0	0	0	1	0	0	1	0	0	0	0	0	0	0	0	0	1	0	0	0	0	0	0	0
SG₃	0	0	0	0	0	0	0	0	0	0	0	0	0	1	0	1	0	0	0	0	0	0	0	0	0	0	0	0	0	0	1	0	0	0	0	0	0
SG₉	0	0	0	0	0	0	0	0	0	0	0	0	0	0	0	0	0	0	0	0	0	0	0	0	0	0	0	0	0	0	0	1	0	0	0	0	0
SG₁₀	0	0	0	0	0	0	0	0	0	0	0	0	0	0	0	0	0	0	0	0	0	0	0	0	0	0	0	0	0	0	0	0	1	0	0	0	0
SR₅	0	0	0	0	0	0	0	0	0	0	0	0	0	0	0	1	0	0	0	0	0	0	0	0	0	0	0	0	0	0	0	0	0	0	0	0	0
SG₁	0	0	0	0	0	0	0	0	0	0	0	0	0	0	0	0	0	0	0	0	0	0	0	0	0	0	0	0	0	0	1	1	1	1	1	0	0
SG₁₁	0	0	0	0	0	0	0	0	0	0	0	0	0	0	0	0	0	0	0	0	0	0	0	0	0	0	0	0	0	0	0	0	0	0	0	1	0
SR₁	0	0	0	0	0	0	0	0	0	0	0	0	0	0	0	0	0	0	0	0	0	0	0	0	0	0	0	0	0	0	1	0	1	1	0	0	0

235

附
录

附录7

××市城市轨道交通2号线08标段项目安全风险调查

尊敬的受访者：

您好！非常感谢您在百忙之中对本次问卷调查的支持和配合！

本次问卷调查旨在获得××市城市轨道交通2号线08标段项目中影响施工安全的风险因素及其可能的发生概率。

本问卷中的所有问题将不涉及您的工作机密和个人隐私，只需根据您的工作经验和亲身体会认真作答即可。我们在此承诺，对您填写的一切内容将严格保密，并仅供学术研究使用，没有任何商业目的。您的回答将全部采用编码处理，在任何情况下都不可能根据某个答案辨别回答人的身份。

您的宝贵意见对本研究非常重要，再次对您的支持表示由衷的感谢！

联系人：×××

二〇一八年八月十二日

联系电话：×××；Email：×××；邮编：×××

通信地址：×××

第一部分　答卷人背景资料

问卷填写说明：请您根据自己和企业的基本情况在以下问题选项所对应的问题，**直接鼠标单击"□"即可，再次单击则取消**。

1. 您的年龄阶段为：

□<25岁　□25～30岁　□31～35岁　□36～40岁　□>40岁

2. 您的受教育程度为：

□博士　□硕士　□本科　□专科　□中专及以下学历

3. 您从事城市轨道交通施工管理或相关领域工作的时间为：

□<2年　□2～5年　□6～10年　□>10年

4. 您在城市轨道交通项目中的参与角色为：

□业主方　□项目管理咨询方　□施工方　□监理方　□其他参与方

5. 您参与过的城市轨道交通项目数为：

□1个　□2～5个　□6～10个　□>10个

第二部分　城市轨道交通建设项目安全风险调查

问卷填写说明:

1. 以下的37个风险因素是从221例城市轨道交通建设项目安全调查报告中通过数据挖掘方式提取出来的,可能存在一些遗漏或不足,如还有其他风险因素,请您在问卷末尾予以补充。

2. 请您根据工作中的自身感受和体会来判断下列风险因素可能的发生概率,"Y"选项表示风险因素"存在","N"选项表示风险因素"极小可能或不存在","X"选项表示风险因素"目前还不确定"。

周边环境因素的发生概率　　　　　　　　　　　　　　　　　表1

代号	风险因素	对风险因素的解释	发生概率		
			Y	N	X
SH_1	自然灾害	指由于降雨、暴雨、冰雪、飓风、冻害、洪水、泥石流、地震等导致的恶劣自然环境	☐	☐	☐
SH_2	复杂的地质条件	指软土、泥炭土、湿陷性黄土、岩溶、断层等不良地质条件或复杂的特殊岩土层、含有有毒气体土层以及浅覆土层施工、小曲率区段施工、大坡度地段施工、小净距隧道施工、穿越江河段施工等特殊地质条件	☐	☐	☐
SH_3	不明地下水文条件	指由于地下水位高、降水困难、高承压水等导致不良的地下水文条件	☐	☐	☐
SH_4	周边建(构)筑物探查或保护不足	指对邻近或穿越既有或保护性建(构)筑物的探查或保护不足,可能造成沉降、裂缝、变形等影响。建(构)筑物包括房屋建筑物、市政桥涵、市政道路、既有地铁线路、铁路、人防工程、水工建筑、河流湖泊、文物等	☐	☐	☐
SH_5	雨污水管道探查或保护不足	指对邻近雨污水管道的探查或保护不足,也包括雨污水管道因施工操作或自身老化等原因造成破损的可能性	☐	☐	☐
SH_6	燃电管道探查或保护不足	指对邻近燃气、电力管道的探查或保护不足,也包括燃气、电力管道因施工操作或自身老化等原因造成破损的可能性	☐	☐	☐

安全管理因素对施工安全的影响程度　　　　　　　　　　　　表2

代号	风险因素	对风险因素的解释	发生概率		
			Y	N	X
SG_1	安全管理机构不健全	指施工总包单位未设置健全的安全管理组织机构,或在组织机构设置上不合理、权责不清等	☐	☐	☐

附录

代号	风险因素	对风险因素的解释	发生概率		
			Y	N	X
SG_2	分包单位管理不当	指施工总包单位对其分包单位的资质、从业人员、分包施工监管上的管理不足	☐	☐	☐
SG_3	安全管理制度及其落实不足	指安全管理规章制度不完善、安全管理责任和管理目标不明确、安全生产考核不明确或者不合理等	☐	☐	☐
SG_4	安全检查不足	指未严格落实安全检查制度、未按规定进行安全检查或虽已检查但危险源隐患排查不到位等	☐	☐	☐
SG_5	安全培训不足	指未严格落实安全培训制度、未按规定进行三级安全培训或虽已培训但流于形式、安全教育依然不足等	☐	☐	☐
SG_6	应急预案及演练不足	指应急预案及演练缺乏计划和准备，包括缺乏专项应急预案、应急预案不完善、不具有现场适用性和可操作性等	☐	☐	☐
SG_7	现场管理混乱	指施工总包单位现场安全监管不到位，包括安全管理人员不足、施工作业无管理人员监管、查出安全隐患后未能及时纠正等	☐	☐	☐
SG_8	安全防护不足	指施工现场安全防护措施和现场工作人员安全防护用具不到位、安全警示标志布置不足，包括未佩戴安全帽、安全带等防护措施，洞口安全防护不到位、高处吊装缺乏有效防坠落措施、场地内和周边缺乏安全警示标志等	☐	☐	☐
SG_9	施工组织协调不力	指施工单位在组织施工过程中在各专业施工进度协调、专业接口和界面处理等现场施工组织工作的不到位	☐	☐	☐
SG_{10}	工期压力大	指建设项目工期目标不合理或有效施工工期过紧	☐	☐	☐
SG_{11}	监理监管不足	指监理人员不到场、监理巡视不到位、发出不当指令等监理监管不足或监理失职行为	☐	☐	☐

人员因素对施工安全的影响程度　　　　　　　　表3

代号	风险因素	对风险因素的解释	发生概率		
			Y	N	X
SR_1	安全意识不足	指安全管理人员、施工作业人员安全意识不足、安全管理思想上有懈怠	☐	☐	☐
SR_2	施工技术欠缺	指施工作业人员的专业知识储备、专业技术水平、施工经验等技术知识、行为习惯方面的不足	☐	☐	☐
SR_3	违章指挥	指施工单位管理人员对现场施工的不当指挥行为，未按安全生产法规和施工方案等盲目组织施工、危险区域作业时无人指挥或违章指挥、下达不当的施工命令等	☐	☐	☐

代号	风险因素	对风险因素的解释	发生概率		
			Y	N	X
SR₄	违章施工作业	指施工作业人员在现场施工作业时的不当行为，包括未按施工方案、规章制度、标准规范等擅自作业或简化工序流程等	☐	☐	☐
SR₅	未按设计要求施工	指施工作业人员由于不了解图纸、未理解图纸含义或者为了简便施工等原因而未按设计要求施工或擅自改变做法	☐	☐	☐
SR₆	吊车起重或设备操作不当	指在吊装起重、施工用车辆操作、机械设备设施操作等过程中的不当行为，包括吊车自重过载、吊臂碰撞、机械设备不当操作等	☐	☐	☐
SR₇	工人疲劳作业	指施工作业工人在身体和心理上的疲劳、动作反应迟缓等	☐	☐	☐

技术因素对施工安全的影响程度　　　　　　　　表 4

代号	风险因素	对风险因素的解释	发生概率		
			Y	N	X
SJ₁	勘察或补勘不足	指勘察或补勘上的不足，包括勘察方案不全面、不良工程地质与水文地质及周边环境影响未探明、工程勘察与环境调查报告有误、特殊地质条件下未开展专项勘察、未及时补勘等	☐	☐	☐
SJ₂	设计缺陷	指设计上的不足，包括地层物理力学参数的取值不当、工程荷载与计算模型不当、工况选取不当或失误、结构形式与施工方法不适应、现场施工场地及周边环境条件限制施工等	☐	☐	☐
SJ₃	监测方案及其落实不足	指监测方案本身不合理或方案落实不足，包括监测不及时、监测频率不足、监测精度不足、监测数据未能及时上报给管理人员等	☐	☐	☐
SJ₄	施工方案不当	指施工方案的内容不合理或编制审批流程上存在不足，包括施工工艺的选择和论证、施工方法的安全性和可行性不当、缺乏专项方案或专项方案缺少专家论证、施工方案的可操作性、计算的合理性存疑，或施工方案未按要求评审等	☐	☐	☐
SJ₅	安全交底不充分	指施工作业人员在施工前未进行安全交底或交底不充分，包括未组织安全交底、安全交底内容不深不细、三级安全交底未落实等	☐	☐	☐
SJ₆	结构自身质量缺陷	指已完成的永久结构工程自身质量不符合国家标准或未全部合格、未按照标准要求检测和验收，存在安全隐患	☐	☐	☐

代号	风险因素	对风险因素的解释	发生概率		
			Y	N	X
SJ₇	模板支撑体系缺陷	指混凝土模板支撑体系存在设计或施工上的缺陷，包括高大模板支撑体系专项方案不健全、模板支架搭设不规范、提前拆模等	☐	☐	☐
SJ₈	基坑支护体系缺陷	指基坑以及隧道支护结构由于未超前支护，或已支护但存在结构上的不足，包括支护桩（墙）和支撑（或锚杆）、超前支护、临时支护、初期支护和二次衬砌等结构自身或施工缺陷	☐	☐	☐
SJ₉	补救措施不足	指风险事件发生后采取的补救措施不当、不及时，抢险物资配备不足或准备不充分等	☐	☐	☐

材料设备因素对施工安全的影响程度　　　表5

代号	风险因素	对风险因素的解释	发生概率		
			Y	N	X
SW₁	材料选择不当	指施工材料的选择不当，包括所选材料规格和性能不足、产品质量不合格以及施工单位以次充好等	☐	☐	☐
SW₂	材料设备堆放不合理	指施工现场材料设备的堆放位置存在安全隐患	☐	☐	☐
SW₃	机械设备选型不当	指施工机械、设备设施的选择不当，包括选型不当、产品质量不合格等	☐	☐	☐
SW₄	设备设施故障	指设备设施自身存在功能缺陷、老损等安全隐患，如盾构刀头及刀具磨损、管片破损等	☐	☐	☐

补充内容：

若您认为尚有其他因素对于施工安全有显著影响，请在下表中列出：

代号	风险因素	对风险因素的解释	发生概率		
			Y	N	X
1			☐	☐	☐
2			☐	☐	☐
3			☐	☐	☐

参考文献

［1］Gnoni MG，Andriulo S，Maggio G，Nardone P. Lean occupational safety：an application for a near-miss management system design[J]. Safety Science. 2013，53：96–104.

［2］Ministry of Housing and Urban-Rural Construction of the People's Republic of China. Report on safety of municipal works production in 2016[EB/OL]. http：//www. mohurd.gov.cn/wjfb. 2016.

［3］Project Management Institute. A guide to the project management body of knowledge （PMBOK）（Sixth edition）[M]. Peking：Publishing House of Electronics Industry，2017.

［4］Esmaeili，B，Hallowell，M. Attribute-based risk model for measuring safety risk of struck by accidents[C]. Construction Research Congress. 2012：289-298.

［5］吴宏建.城市轨道交通工程建设风险与保险[M].北京：北京大学出版社，2012.

［6］Bozena，H.，Mariusz，S. Methodology of analysing the accident rate in the construction industry[J]. Procedia Engineering. 2017，172：355-362.

［7］雅科夫·y·海姆斯.风险建模、评估和管理（第2版）[M].西安：西安交通大学出版社，2007.

［8］Yu A T W，Shen Q，Kelly J，et al. An empirical study of the variables affecting construction project briefing/architectural programming[J]. International Journal of Project Management，2007，25（2）：198-212.

［9］中华人民共和国住房和城乡建设部.城市轨道交通地下工程建设风险管理规范：GB 50652—2011[S].北京：中国建筑工业出版社，2011.

［10］中国国家标准化管理委员会.风险管理 风险评估技术：GB/T 27921—2011[S].北京：中国标准出版社，2011.

［11］Önder Ökmen，Ahmet Öztas. Construction project network evaluation with correlated schedule risk analysis model[J]. Journal of Construction Engineering and Management，2008，134（1）：49-63.

［12］中国国家标准化管理委员会.项目风险管理 应用指南：GB/T 20032—2005/IEC

62198：2001[S].北京：中国标准出版社，2005.

［13］Young Hoon Kwak B M S. Managing risks in mega defense acquisition projects：performance，policy，and opportunities[J]. International Journal of Project Management，2009（27）：812-820.

［14］闫坤如.工程风险感知及其伦理启示探析[J].东北大学学报（社会科学版），2016（1）：1-5.

［15］Antoine J.-P. Tixier，Matthew R. Hallowell，Balaji Rajagopalan，Dean Bowman. Construction safety clash detection：identifying safety incompatibilities among fundamental attributes using data mining[J]. Automation in Construction，2017，74（2）：39-54.

［16］Jia wei Han，Micheline Kamber，Jian Pei. Data Mining Concepts and Techniques[M]. 北京：机械工业出版社，2016.

［17］崔冬梅.大数据时代之统计数据挖掘实证[J].统计与决策，2016，4（48）：180-182.

［18］中华人民共和国住房和城乡建设部.城市公共交通分类标准：CJJ/T 114—2016[S]. 北京：中国建筑工业出版社，2016.

［19］中国国家标准化管理委员会.职业健康安全管理体系 要求：GB/T 28001—2011[S]. 北京：中国计划出版社，2016.

［20］Wang，S，Dulaimi. Risk management framework for construction projects in developing countries[J]. Construction Management and Economics，2004，22（3）：237-252.

［21］Yu，Z. Integrated risk management under deregulation[C]. Power Engineering Society Summer Meeting，2002，3：251-255.

［22］Baloi，P.，Price，A. Modelling global risk factors affecting construction cost performance[J]. International Journal of Project Management，2003，21（4）：261-269.

［23］乔国厚.煤矿安全风险综合评价与预警管理模式研究[D].北京：中国地质大学，2013.

［24］丁烈云.数字建造导论[M].北京：中国建筑工业出版社，2020.

［25］廖玉平.加快建筑业转型推动高质量发展——解读《关于推动智能建造与建筑工业化协同发展的指导意见》[J].中国勘察设计，2020（9）：20-21.

［26］丁烈云.智能建造推动建筑产业变革[N].中国建设报，2019-06-07（8）.

［27］Riaan Van Wyk P B A A. Project risk management practice：the case of a South African utility company[J]. International Journal of Project Management，2008（26）：149-163.

［28］聂凌毅，邓隆添.公私合作模式下城市轨道交通项目风险识别研究[J].铁路工程

造价管理，2010（5）：27-30.

［29］Pinto，A.，Nunes，I.，Ribeiro，R.Occupational risk assessment in construction industry-overview and reflection[J]. Safety Science，2011，49（5）：616-624.

［30］Mitropoulos，P.，Namboodiri，M. New method for measuring the safety risk of construction activities：task demand assessment[J]. Journal of Construction Engineering and Management，2011，137（1）：30-38.

［31］Mitropoulos，P.，Cupido，G.，Namboodiri，M. Cognitive approach to construction safety：task demand-capability model[J]. Journal of Construction Engineering and Management，2009，135（9）：881-889.

［32］Zhou，Z.P.，Irizarry，J. Integrated framework of modified accident energy release model and network theory to explore the full complexity of the Hangzhou subway construction collapse[J]. Journal of Management in Engineering，2016，32（5）：131-139.

［33］孙海忠.关于上海某基坑坍塌事故的分析研究[J].地下空间与工程学报，2012，8（a02）：1743-1750.

［34］International Tunneling Insurance Group. A Code Practice For Risk Management of Tunnel Works[R]，2006.

［35］解东升，钱七虎.地铁工程建设安全风险管理研究[J].土木工程与管理学报，2012，29（1）：61-67.

［36］刘念，孙建，许永莉.地下工程建筑企业事故统计分析[J].工业安全与环保.2009，35（2）：57-59.

［37］刘辉，张智超，王林娟.2004-2008年我国隧道施工事故统计分析[J].中国安全科学学报，2010（1）：96-100.

［38］李启明，王盼盼，邓小鹏，吴伟巍.地铁盾构坍塌事故中施工人员安全能力分析[J].灾害学，2010，25（4）：73-77.

［39］张旷成，李继民.杭州地铁湘湖站"08.11.15"基坑坍塌事故分析[J].岩土工程学报，2010，32（增刊1）：338-342.

［40］上海隧道工程股份有限公司.上海轨道交通4号线（董家渡）修复工程[M].上海：同济大学出版社，2008.

［41］邓小鹏，李启明，周志鹏.地铁施工安全事故规律性的统计分析[J].统计与决策，2010（9）：87-89.

［42］胡群芳，秦家宝.2003～2011年地铁隧道施工事故统计分析[J].地下空间与工程学报，2013（3）：705-710.

［43］王梦恕，张成平.城市地下工程建设的事故分析及控制对策[J].建筑科学与工程学报，2008，25（2）：1-6.

［44］周红波，蔡来炳，高文杰.城市轨道交通车站基坑事故统计分析[J].水文地质工

程地质，2009（2）：67-71.

［45］周洁静.地铁施工项目风险评价研究[D].大连：大连理工大学，2009.

［46］侯艳娟，张顶立，李鹏飞.北京地铁施工安全事故分析及防治对策[J].北京交通大学学报（自然科学版），2009（3）：52-59.

［47］周志鹏，李启明，邓小鹏，蔡园. 基于事故机理和管理因素的地铁坍塌事故分析——以杭州地铁坍塌事故为实证[J].中国安全科学学报，2009（9）：139-145.

［48］[48] 崔玖江，崔晓青.地铁工程建设风险控制与管理[J].施工技术，2011，40（10）：8-16.

［49］钱七虎.地下工程建设安全面临的挑战与对策[J].岩土力学与工程学报，2012，31（10）：1945-1956.

［50］杨晨，张佐汉.深圳地铁二期工程建设期安全事故分析[J].铁道建筑，2013（1）：45-48.

［51］许娜，轨道交通项目安全事故发生趋势和诱因分析[J]，华侨大学学报（自然科学版），2016，38（5）：84-89.

［52］Marekar Mayur shivajirao, Rahul Pati, Chirag Tank. Risk assessment for infrastructure projects case study：pune metrorail project[J]. International Journal of Engineering and Management Research，2014，4（5）：152-155.

［53］Debasis Sarkar，Goutam Dutta. A framework of project risk management for the underground corridor construction of metro rail[C]. Indian Institute of Management Ahmedabad. India. 2011：1-27.

［54］庄晶晶.基于FMECA技术的城市轨道交通项目施工风险评价研究[D].石家庄：石家庄铁道大学，2012.

［55］王洪林.城市轨道交通项目施工风险管理研究[D].徐州：中国矿业大学，2014.

［56］赵世龙.基于综合评价的城市轨道交通项目施工阶段安全管理研究[D].徐州：中国矿业大学，2014.

［57］Patrick X.W. Zou, Jie Li. Risk identification and assessment in subway projects：case study of Nanjing Subway Line 2[J]. Construction Management and Economics，2010，28（12）：1219-1238.

［58］Abdolreza Yazdani-Chamzini. Proposing a new methodology based on fuzzy logic for tunnelling risk assessment[J]. Journal of Civil Engineering and Management，2014，20（1）：82-94.

［59］聂菁，苏会卫，张念.基于AHP的轨道交通施工风险模糊综合评价方法——以福州轨道交通1号线为例[J].自然灾害学报，2014（5）：246-252.

［60］阚玉婷.基于结构方程模型的施工企业安全绩效影响因素研究[D].长沙：中南大学，2013.

［61］徐田坤.城市轨道交通网络运营安全风险评估理论与方法研究[D].北京：北京交

244

通大学，2012.

［62］秦晓楠，卢小丽.基于BP-DEMATEL模型的沿海城市生态安全系统影响因素研究[J].管理评论，2015，（5）：48-58.

［63］Shin M，Lee H S，Park M，et al. A system dynamics approach for modeling construction workers' safety attitudes and behaviors[J]. Accident Analysis & Prevention，2014，68（2）：95.

［64］Hallowell M R，Gambatese J A. Activity-based safety risk quantification for concrete formwork construction[J]. Journal of Construction Engineering and Management，2009，135（10）：990-998.

［65］Rodrigues A. The role of system dynamics in project management：a comparative analysis with traditional modles[J]. Int System Dynamics Conference. 1994：214-225.

［66］王核成，陶力一，张远福.项目风险分析与管理[J].中国管理科学，1998，6（4）：15-21.

［67］Willett A H. Risk and Insurance Economy Theory[D]. NK，USA：Columbia University，1901.

［68］A.b.huseby S S. Dynamic risk analysis：the dynrisk concept[J]. International Journal of Project Management，1992（3）：160-164.

［69］刘筱驹，王越.系统集成项目的工期风险传递算法及评价控制[J].运筹与管理，2004，13（1）：38-43.

［70］邓明然，夏喆.企业风险传导及其载体研究[J].财会通讯，2006：21-25.

［71］赵道致，王元明.基于PERT的项目工期风险传递机制[J].工业工程，2008，11（4）：14-18.

［72］李植.基于风险传导模式的供应链风险识别研究[J].中国商贸，2010：57-59.

［73］叶厚元，邓明然.企业风险传导的六种方式及其特征[J].管理现代化，2005（6）：38-40.

［74］王元明，赵道致.建筑项目质量风险传递模型与控制研究[J].商业经济与管理，2008，1（6）：15-20.

［75］王元明，赵道致，徐大海.项目供应链的风险单向传递机理及其对策[J].北京交通大学学报（社会科学版），2009，8（4）：47-52.

［76］Mihalis Giannakis M L. A multi-agent based framework for supply chain risk management[J]. Journal of Purchasing and Supply Management. 2010，17（1）：23-31.

［77］夏喆，邓明然.企业风险传导过程中的规律研究[J].当代经济管理，2010，28（5）：32-34.

［78］叶厚元，洪菲.不同生命周期阶段的企业风险传导强度模型[J].武汉理工大学学报，2010，32（3）：437-441.

［79］赵新娥.项目投资风险传导及柔性管理研究[J].武汉理工大学学报，2010，32
（2）：315-319.

［80］肖依永，常文兵，张人千.基于质量供需链的质量风险传递模型研究[J].项目管
理技术，2009，7(8)：13-17.

［81］梁展凡，袁泽沛.基于复杂系统理论的项目群互动风险及机理研究[J].经济问题，
2010(10)：62-65.

［82］梁展凡.投资建设项目群链式风险分析、评估及其仿真研究[M].武汉：武汉大学
出版社，2011.

［83］李存斌，王恪铖.网络计划项目风险元传递解析模型研究[J]. 中国管理科学，
2007，15(3)：108-113.

［84］李存斌，王建军，李菊.项目经济评价中NPV和IRR的风险传递关系研究[J].技
术经济，2008，27(8)：57-61.

［85］刘学艳.工程项目关键要素风险传递管理研究[D].北京：华北电力大学，2008.

［86］王建军.广义项目风险元传递理论算法及软件实现[D].北京：华北电力大学，
2008.

［87］王恪铖.网络计划项目风险元传递理论模型及其应用研究[D].北京：华北电力大
学，2008.

［88］Cunbin Li K W. The risk element transmission theory research of multi-objective risk-
time-cost trade-off[J]. Computers and Mathematics with Applications. 2009(57)：
1792-1799.

［89］李存斌.项目风险元传递理论与应用[M].北京：中国水利水电出版社，2009.

［90］David B. Ashley，Joseph J. Bonner. Political risks in international construction[J].
Journal of Construction Engineering and Management，1987，113(3)：447-467.

［91］H Ren. Risk lifecycle and risk relationships on construction projects[J]. International
Journal of Project Management，1994，12(2)：68-74.

［92］Taroun A. Towards a better modelling and assessment of construction risk：insights
from a literature review[J]. International Journal of Project Management，2014，32
（1）：101-115.

［93］Bu-Qammaz A S，Dikmen I，Talat Birgonul M. Risk assessment of international
construction projects using the analytic network process[J]. Canadian Journal of Civil
Engineering，2009，36(7)：1170-1181.

［94］Van Truong Luu，Soo-Yong Kim，Nguyen Van Tuan，Ogunlana，S O. Quantifying
schedule risk in construction projects using Bayesian belief networks[J]. International
Journal of Project Management，2009，27(1)：39-50.

［95］Matineh Eybpoosh，Irem Dikmen. Identification of risk paths in international
construction projects using structural equation modeling[J]. Journal of Construction

Engineering and Management，2011，137（12）：1164-1175.

［96］Frank·Marle Ludovic-Alexandre Vidal. Project risk management processes：improving coordination using a clustering approach[J]. Research in Engineering Design，2011，22（3）：189-206.

［97］Sou-Sen Leu，Ching-Miao Chang. Bayesian-network-based safety risk assessment for steel construction projects[J]. Accident Analysis and Prevention，2013，（54）：122-133.

［98］Balkiz Oztemir，Sandra Weber. BOT risks and their correlation[C]. Construction Congress Ⅳ. 2000：837-846.

［99］Hannaneh Etemaneh，Mehdi Tavakolan. Fuzzy weighted interpretive structural modeling：A new method for risk path identification of infrastructure projects[C]. Construction Research Congress. 2016：2841-2850.

［100］向鹏成，刘丹.基于ISM的高速铁路工程项目风险关系分析[J].世界科技研究与发展，2016，38（2）：409-414.

［101］Dai Tran，Sai Bypaneni. Impact of correlation on cost-risk analysis for construction highway projects[C]. Construction Research Congress. 2016：668-678.

［102］夏喆.企业风险传导的机理与评价研究[D].武汉：武汉理工大学，2007.

［103］王建秀，林汉川，王玉燕.企业风险传导的关联耦合效应研究——基于业务关联的视角[J].经济问题，2015（1）：89-93.

［104］刘堂卿，罗帆.空中交通安全风险构成及耦合关系分析[J].武汉理工大学学报，2012，34（1）：93-97.

［105］吴贤国，吴克宝，沈梅芳，陈跃庆，张立茂.基于N-K模型的地铁施工安全风险耦合研究[J].中国安全科学学报，2016，26（4）：96-101.

［106］乔万冠，李新春，刘全龙，等.N-K模型下煤矿重大瓦斯事故风险耦合致因分析[J].科技管理研究，2017（2）：196-200.

［107］贾立校，胡甚平.水上交通风险成因耦合作用诊断[J].中国航海，2016（4）：91-96.

［108］陈福真，张明广，王妍，等.油气储罐区多米诺事故耦合效应风险分析[J].中国安全科学学报，2017（10）：111-116.

［109］LUU V T，KIM S Y，TUAN N V，et al. Quantifying schedule risk in construction projects using Bayesian belief networks[J]. International Journal of Project Management，2009，27（1）：39-50.

［110］Xin-Li Zhang K Z. Using genetic algorithm to solve a new multi-period stochastic optimi-zation model[J]. Journal of Computational and Applied Mathematics. 2009（231）：114-123.

［111］Xiao-Hua Jin G Z. Modelling optimal risk allocation in PPP projects using artificial neural networks[J]. International Journal of Project Management. 2010：13-26.

［112］贾焕军.贝叶斯方法在工程建设项目风险分析中的应用[J].数理统计与管理，2005，24（3）：10-14.

［113］刘军，王金玉，田喜龙.基于贝叶斯方法的项目建设工期的风险预测[J].技术经济与管理研究，2006（5）：56-57.

［114］Matias J M，Rivas T，Martin J E. A machine learning methodology for the analysis of workplace accidents[J]. International Jounal of Computer Mathmatics，2008，85（3）：559-578.

［115］胡书香，莫俊文，赵延龙.基于贝叶斯网络的工程项目质量风险管理[J].兰州交通大学学报，2013（1）：44-48.

［116］赵冬安.基于故障树法的地铁施工安全风险分析[D].武汉：华中科技大学，2011.

［117］王书灵，袁汝华.基于FTA-BN的工程安全管理决策方法研究[J].武汉理工大学学报（信息与管理工程版），2016，38（4）：401-404.

［118］Cheng C W，Lin C C，Sousen L. Use of association rules to explore cause-effect relationships in occupational accidents in the Taiwan construction industry[J]. Safety Science，2010，48（4）：436-444.

［119］郭圣煜，骆汉宾，滕哲，等.地铁施工工人不安全行为关联规则研究[J].中国安全生产科学技术，2015，11（10）：185-190.

［120］马明焕，王新浩，许晓辉，等.基于数据挖掘技术的事故隐患预警方法研究[J].中国安全生产科学技术，2017，13（7）：11-17.

［121］肖斌，肖亚飞.时序关联规则在钻井事故中的应用[J].计算机应用，2017，37（s1）：308-311.

［122］李奇，钱葆生.基于聚类方法的事件感知和主题排名研究[J].信息科学，2013：523-543.

［123］张磊.基于文本挖掘的项目风险分析方法研究[D].山东：山东大学：2015.

［124］胡东滨.基于文本挖掘的海外矿产资源开发项目动态风险评价特征选择算法研究[J].科技进步与对策，2014，11（31）：51-55.

［125］张长鲁.煤矿事故隐患大数据处理与知识发现分析方法研究[J].中国安全生产科学技术，2016，12（9）：176-181.

［126］谭章禄，陈晓，宋庆正，等.基于文本挖掘的煤矿安全隐患分析[J].安全与环境学报，2017，17（4）：1262-1266.

［127］吴伋，江福才，姚厚杰，黄明，马全党.基于文本挖掘的内河船舶碰撞事故致因因素分析与风险预测[J].交通信息与安全，2018，3（36）：8-18.

［128］郭飞.工程规则初探——从事故致因理论引入[J].华中科技大学学报（社会科学版），2008（6）：83-89.

［129］Hosseinian S S，Torghabeh Z J. Major theories of construction accident causation models：A literature review[J]. International Journal of Advances in Engineering & Technology，2012，4（2）：53-60.

［130］Moraru R I，Babut G B，Cioca L I. Linking risk prevention in working system to occupational accident causation theories[C]. International Conference on Manufacturing Science and Educations. 2013.

［131］傅贵，索晓，贾清淞，付明明.10种事故致因模型的对比研究[J].中国安全生产科学技术，2018，14（2）：58-63.

［132］王在俊.基于Reason模型的航空维修产品质量监控研究[J].中国民航飞行学院学报，2008，19（4）：22-24.

［133］傅贵，殷文韬，董继业，Di FAN，Cherrie Jiuhua ZHU.行为安全"2-4"模型及其在煤矿安全管理中的应用[J].煤炭学报，2013，38（7）：1123-1129.

［134］傅贵，王秀明，李亚.事故致因"2-4"模型及其事故原因因素编码研究[J].安全与环境学报，2017，17（3）：1003-1008.

［135］王瑛，汪送，管明露.复杂系统风险传递与控制[M].北京：国防工业出版社，2015.

［136］Fujita Y，Hollnagel E. Failures without errors：quantification of context in HRA[J]. Realiability Engineering and System Safety，2004，83（2）：145-151.

［137］刘杰，阳小华，余童兰，等.基于STAMP模型的核动力蒸汽发生器水位控制系统安全性分析[J].中国安全生产科学技术，2014（5）：78-83.

［138］刘春阳.复杂系统事故分析模型研究[D].北京：首都经济贸易大学，2017.

［139］郁滨，等.系统工程理论[M].合肥：中国科学技术大学出版社，2009.

［140］钱学森.大力发展系统工程，尽早建立系统科学的体系[N].光明日报，1979-11-10.

［141］颜泽贤，范冬萍，张华夏.系统科学导论[M].北京：人民出版社，2006.

［142］陈伟珂，郭明宇.基于灰色关联理论的地铁施工安全评价模型研究及应用[J].工程管理学报，2014，28（5）：52-56.

［143］Marian Bosch-rekveldt Y J H M. Grasping project complexity in large engineering projects：The TOE framework[J]. International Journal of Project Management，2011，29（6）：728-739.

［144］陈磊，李晓松，姚伟召.系统工程基本理论[M].北京：北京邮电大学出版社，2013.

［145］Auyang S Y. Foundations of complex system theories[M]. Cambridge：Cambridge University Press，1998.

［146］Simon Collyer C M J W. Project management approaches for dynamic environments[J]. International Journal of Project Management，2009（27）：355-364.

[147] 姚云晓.刍议我国隧道及地下工程建设风险管理实行统一规范的必要性[J].隧道建设（中英文）.2012，32（1）：19-25.

[148] Chao Fang，Franck Marle，Enrico Zio，Jean-Claude Bocquet. Network theory-based analysis of risk interactions in large engineering projects[J]. Reliability Engineering and System Safety，2012，106（2）：1-10.

[149] FeldmanR，Hirsh H. Finding Associations in Collections of Text[J]. Machine Learning and Data mining，1998：223-240.

[150] 袁军鹏，朱东华，李毅等.文本挖掘技术研究进展[J].计算机应用研究，2006，2：1-4.

[151] Esmaeili，B.，Hallowell，M.，Rajagopalan，B. Attribute-based safety risk assessment Ⅱ：predict-ing safety outcomes using generalized linear models[J]. Journal of Construction Engineer -ing and Management，2015，141（8）：15-22.

[152] Gholizadeh，Pouya. Esmaeili，Behzad. Electrical contractors' safety risk management：an attribute-based analysis[C]. 2015 International Workshop on Computing in Civil Engineering. 2015：181-189.

[153] Tixier，J.，Hallowell，M.，Rajagopalan，B. Automated content analysis for construction safety：A natural language processing system to extract precursors and outcomes from unstructured injury reports[J]. Automation in Construction，2016（62）：45-56.

[154] 李福鑫.基于本体论的铁路风险关联知识发现研究[D].北京：北京交通大学，2017.

[155] Sousa，V.，Almeida，N.，Dias，L. Risk-based management of occupational safety and health in the construction industry-Part 2：Quantitative model[J]. Safety Science，2015（74）：184-194.

[156] 王德鲁，宋学锋.基于云模型关联规则的企业转型战略风险预警[J].中国管理科学，2009，17（2）：152-159.

[157] 佐飞，张尧.考虑风险间关联作用的项目风险应对策略优选方法[J].技术经济，2014，33（6）：67-71.

[158] Cooper，G.F.，Herskovits，E. A Bayesian method for the induction of probabilistic networks from data[J]. Machine Learning，1992，9（4）：309-347.

[159] 黄友平.贝叶斯网络研究[D].北京：中国科学院研究生院（计算技术研究所），2005.

[160] 曹军海，杜海东，申莹.基于改进Bayes-Bootstrap方法的系统可靠性仿真评估[J].装甲兵工程学院学报，2016，30（1）：95-98.

[161] Peal J. Probabilistic reasoning in intelligent systems：network of of plausible inference[M]. San Francisco，CA，USA. Morgan Kaufman Publishers Inc，1988.

［162］Peal J. Causality：Models，Reasoning，and Inference[M]. Cambridge：Cambridge University Press，2000.

［163］王昕，徐友全，高妍方.基于贝叶斯网络的大型建设工程项目风险评估[J].工程管理学报，2011，25（5）：544-547.

［164］张连文，郭海鹏.贝叶斯网引论[M].北京：科学出版社，2006.

［165］秦佳佳.基于贝叶斯网络的兰州地铁施工风险研究[D].兰州：兰州交通大学，2016.

［166］中国国家标准化管理委员会.风险管理　术语：GB/T 23694—2013/ISO Guide 73：2009[S].北京：中国标准出版社，2013.

［167］Weng，J.，Zheng，Y.，Yan，X. Development of a subway operation incident delay model using accelerated failure time approaches[J]. Accident Analysis and Prevention，2014（73）：9-12.

［168］胡东滨，李雪，徐丽华.基于文本挖掘的海外矿产资源开发项目动态风险评价特征选择算法研究[J].科技进步与对策，2014（11）：81-86.

［169］胡燕，吴虎子，钟珞.中文文本分类中基于词性的特征提取方法研究[J].武汉理工大学学报，2007，29（4）：132-135.

［170］刘奕杉，王玉琳，李明鑫.词频分析法中高频词阈值界定方法适用性的实证分析[J].数字图书馆论坛，2017，160（9）：42-49.

［171］安兴茹.基于正态分布的词频分析法高频词阈值研究[J].情报杂志，2014，33（10）：129-136.

［172］魏瑞斌.基于关键词的情报学研究主题分析[J].情报科学，2006，9：1400-1404.

［173］刘敏娟，张学福，颜蕴.基于词频、词量、累积词频占比的共词分析词集范围选取方法研究[J].图书情报工作，2016，60（23）：135-142.

［174］崔南方，罗雪.维修备件基于AHP的ABC分类模型[J].工业工程与管理，2004，9（6）：33-36.

［175］中华人民共和国住房和城乡建设部.地铁工程施工安全评价标准：GB 50715—2011[S].北京：中国计划出版社，2011.

［176］北京市住房和城乡建设委员会.城市轨道交通工程建设安全风险技术管理规范：DB 11/1316—2016[S].2016.

［177］中华人民共和国住房和城乡建设部.城市轨道交通工程安全质量管理暂行办法：建质2010[5]号[S].2010.

［178］丁烈云，吴贤国，骆汉宾，付菲菲.地铁工程施工安全评价标准研究[J].土木工程学报.2011，44（11）：121-127.

［179］Gambatese，J.，Behm，M.，Rajendran，S. Design's role in construction accident causality and prevention：Perspectives from an expert panel[J]. Safety Science，2008，46（4）：675-691.

[180] Tian Hongwei. Research on construction safety management of high-rise buildings based on the grey hierarchy evaluation model[C]. 4th International Conference on Structures and Building Materials（ICSBM）, Guangzhou, PEOPLES R CHINA, 2014: 1477-1481.

[181] 王勇.地铁工程施工安全事故致因因素及对策措施研究[D].西安：西安科技大学，2017.

[182] 林文书.地铁工程建设安全影响因素实证分析研究[D].武汉：华中科技大学，2006.

[183] 李解，王建平，许娜，周哲.基于文本挖掘的地铁施工安全风险事故致险因素分析[J].隧道建设，2017，37（2）：160-166.

[184] 李晓琳，王晓耘.数据挖掘技术在果蔬配送中的应用[J].物流工程与管理，2013（12）：63-65.

[185] 陈伟珂.基于多维关联规则和RFID的地铁施工实时动态监控研究[J].武汉理工大学学报，2012，36（4）：726-730.

[186] 李世盛.基于BIM技术的盖挖法地铁车站施工安全管理系统研究[D].徐州：中国矿业大学，2017.

[187] 尹士闪，马增强，毛晚堆.基于频繁项目集链式存储方法的关联规则算法[J].计算机工程与设计，2012，33（3）：1002-1007.

[188] 国家技术监督局.汉语信息处理词汇　01部分：基本术语：GB 12200.1—1990[S].北京：中国标准出版社，1990.

[189] 裘江南.汉语文本中突发事件因果关系抽取方法研究[D].大连：大连理工大学，2011.

[190] 李生.自然语言处理的研究与发展[J].燕山大学学报，2013，37（5）：377-384.

[191] Garcia D, COATIS. A n NIP system to locate expressions of actions connected by causality links[C]. Proc of the 10th European workshop on Knowledge Acquisition, Modeling and Management. Catalonia, Spain, 1997: 347-352.

[192] Khoo C, Komfilt J, Oddy R, et al. Automatic extraction of cause-effect information from newspaper text without knowledge-based inferencing[J]. Literary and Linguistic computing, 1998, 13（4）: 177-186.

[193] 李玲，何聚厚.基于语义依存分析的句子相似性度量算法及应用研究[J].计算机应用与软件，2017，34（7）：244-248.

[194] 丁宇.基于依存图的中文语义分析[D].哈尔滨：哈尔滨工业大学，2014.

[195] 梅家驹，竺一鸣，高蕴琦，等.同义词词林[M].上海：上海辞书出版社，1983.

[196] 张钧.蕴含因果关系的单句语义分析研究[D].内蒙古：内蒙古师范大学，2006.

[197] 杜纯，王瑛，汪送，管明露.集成DEMATEL/ISM的复杂系统安全事故致因因素分析[J].数学的实践与认识，2012，42（22）：143-151.

［198］苟敏，赵金先.基于ISM模型的地铁盾构施工风险分析[J].沈阳建筑大学学报（社会科学版），2014，16（4）：390-394.

［199］徐青，何松，魏可可，等.基于复杂网络理论的地铁深基坑施工事故致因研究[J].安全与环境工程，2017，24（1）：152-157.

［200］蔡建国，赛云秀.基于ISM的棚户区改造项目风险影响因素分析[J].科技管理研究，2014，49（6）：240-244.

［201］谢洪涛.基坑工程施工坍塌事故致因相互影响关系研究[J].安全与环境学报，2014，14（4）：151-155.

［202］XU Na，WANG Jianping，LI Jie，NI Guodong. Analysis on relationships of safety risk factors in metro construction[J]. Journal of Engineering Science and Technology Review. 2016，9（5）：150-157.

［203］张俊光，徐阵超，贾赛可.基于Noisy-or Gate和贝叶斯网络的研发项目风险评估方法[J].科技管理研究，2015，37（1）：193-198.

［204］肖蒙，张友鹏.小数据集条件下的多态系统贝叶斯网络参数学习[J].计算机科学，2015，42（4）：253-257.

［205］丁蓓妍.基于贝叶斯网络的公路养护作业风险评价与控制研究[D].西安：长安大学，2017.

［206］光辉，曹立梅，邹强.顾及风险影响因子的LEC法在公路隧道施工安全评价中应用研究[J].公路工程，2016，41（5）：151-155.

［207］江敏.贝叶斯优化算法的若干问题研究及应用[D].上海：上海大学，2012.

参考文献